天

Borderless

下

博稽古今　融汇天下

基本权利的规范建构

|第三版|

张 翔 著

法律出版社
LAW PRESS·CHINA
北京

图书在版编目(CIP)数据

基本权利的规范建构 / 张翔著. -- 3版. -- 北京 :
法律出版社, 2023(2024.11重印)
ISBN 978-7-5197-8125-5

Ⅰ. ①基… Ⅱ. ①张… Ⅲ. ①宪法—权利—研究—中国 Ⅳ. ①D921.04

中国国家版本馆CIP数据核字(2023)第138600号

基本权利的规范建构(第三版)
JIBEN QUANLI DE GUIFAN JIANGOU
(DI-SAN BAN)

张 翔 著

责任编辑 张心萌 孔明林
装帧设计 贾丹丹

出版发行 法律出版社
编辑统筹 学术·对外出版分社
责任校对 张翼羽
责任印制 胡晓雅 宋万春
经 销 新华书店

开本 710毫米×1000毫米 1/16
印张 20 字数 274千
版本 2023年10月第3版
印次 2024年11月第2次印刷
印刷 三河市兴达印务有限公司

地址:北京市丰台区莲花池西里7号(100073)
网址:www.lawpress.com.cn
投稿邮箱:info@lawpress.com.cn
举报盗版邮箱:jbwq@lawpress.com.cn

销售电话:010-83938349
客服电话:010-83938350
咨询电话:010-63939796

书号:ISBN 978-7-5197-8125-5
定价:88.00元
凡购买本社图书,如有印装错误,我社负责退换。电话:010-83938349

目　录

第一章　导　论

第一节　研究背景：中国宪法学的法解释学转向

中国的宪法学正在经历一场法解释学的转向。

当下的宪法学界有一个共识，就是认为过去 20 年的宪法学研究总体上略显宏大和抽象，宪法学与政治学特别是政治哲学纠缠不清。我们习惯于高屋建瓴，习惯于宏大叙事，习惯于讨论抽象价值，而在一定程度上却缺乏建构宪法规范的理论自觉，缺乏解释宪法和裁判宪法案件的自我训练。我们的研究在问题的具体化和实证化方面总体上是欠缺的。法学的基本任务是法解释学，也就是通过分析和解释法律文本，确立法律条款的规范内涵，为具体案件的法律判断确定大前提。但是，在相当长的时间里，宪法学在完成自身作为法学的基本任务方面是有所欠缺的。

这种理论建构的不足直接导致宪法学面对现实问题时的失语和无力。以 2001 年齐玉苓案为标志，多年来中国在基本权利的领域出现了许多“试探性案件”（test cases），而中国宪法学似乎没有为这些案件的解释和分析提供足够的宪法知识。我们似乎无法运用体系化的宪法基本权利原理去对这些案件作出判断。这种理论建构的欠缺在某种意义上阻碍了宪法上的基本权利条款在现实生活中的落实。一个法律体系不能把无力实行看成一件无关紧要的事情。[①] 宪法学人必须对宪法学作为实用科学与规范科学的要求作出反应。

如果我们希望把宪法当作法律去适用,我们就必须建立中国的宪法解释学体系。其主要任务是通过阅读和分析宪法文本,从宪法文本中建构宪法规范。通过这种宪法解释学的自我训练,我们在面对具体宪法案件时才会具备依据宪法文本作出宪法判断的基本能力。也只有如此,宪法学才能够真正成为一门法学,展现其不同于政治学的独立学术品格。

在笔者看来,中国的宪法学正在展示这种法律叙事层面上的独立性和自足性,其重要的表现就是韩大元教授所倡导的宪法解释学[②]以及林来梵教授所倡导的规范宪法学[③]的建立与逐步成熟(在笔者看来,二者同实只是异名而已)。[④] 从更深刻的背景来看,以宪法解释为最终指向的宪法解释学的展开,是与多年来中国的社会现实对宪法学的要求分不开的。2001 年的齐玉苓案、2006 年关于物权法草案的争议等与宪法相关的事件,都要求宪法学作出合乎法理的严格逻辑推演和规范论证,在这里,出于抽象政治倾向的判断是缺乏说服力的。这种解释宪法的实践需求,尽管不会像宪法诉讼制度那样对宪法解释学有着那么直接的推动力,但客观上也在催生着基于中国宪法文本的法律实证主义意义上的中国宪法解释学。

一个实现良好的宪法之治的国家,不仅需要一个好的宪法文本和保障宪法实现的各种具体制度,也需要来自法律人共同体的法律

---

① 参见[美]约翰·罗尔斯:《正义论》,何怀宏等译,中国社会科学出版社 1988 年版,第 227 页。

② 参见韩大元:《现代宪法解释学:基本框架与方法》,载韩大元等:《现代宪法解释基本理论》,中国民主法制出版社 2006 年版,第 1 ~24 页。

③ 参见林来梵:《从宪法规范到规范宪法——规范宪法学的一种前言》,法律出版社 2001 年版,“绪论”。

④ 秦前红教授在中国法学会宪法学研究会 2006 年年会上也认为,在规范分析上从粗糙到精细是中国当下宪法学的发展趋势。

技术层面的保障。美国宪法的实践经验可以概括为:"政治问题法律化,法律问题技术化。"前一点好理解,后一点则意味着法官具备充分的技巧和能力去应对作为法律问题出现的宪法案件。美国宪法能有如此顽强的生命力和崇高的地位,不只是因为那个简单而高明的宪法典,更是因为美国有一个法学训练深湛、思维精致巧妙的法律人共同体。美国在 20 世纪之前的宪法学,主要就是收集和分析作为宪法解释的具体表现的宪法判例,并构建逻辑完整的论理体系。而 20 世纪的法律现实主义,也是在批判和反思这一学术主流的基础上展开的,而这种反思和批判主要是对法解释中的心理和经济等因素进行实证的分析,并质疑裁判过程中传统法学所承诺的客观性。这种表面上的颠覆性实际上加强而不是削弱了从文本开始的法解释在法学研究中的中心地位。

德国在摆脱了法西斯统治后,在制定了一部以"自由民主基本秩序"为价值核心的基本法后,通过宪法法院的宪法裁判迅速地整合了凋敝的德国社会,使德国在极短的时间里,从一个战争策源地迅速转变成了民主自由国度。这种令人讶异的转变,与德国悠久的法治传统和德国数百年的法教义学积淀是分不开的。德国国法学(宪法学)在 1871 年俾斯麦宪法之后开始形成并成熟,这与拉班德(Paul Laband)将产生于民法解释学的法学方法导入宪法学是分不开的。[①] 这种方法将政治、社会、历史、伦理的要素从法学中排除,仅仅将成文法的规范作为法学的研究对象。拉班德认为,所有非法律的因素对于实定法的注释都是没有意义的。他希望排除所有"外部"因素,通过价值中立的和逻辑周延的方法去形塑法律规范、阐释

① 拉班德个人的学术生涯可以反映出德国宪法学的产生脉络。拉班德最初是民法和罗马法的教授,在他将传统法学方法运用于宪法的解释后,他最终成为德国国家法学的奠基人。他的著名著作《德意志帝国国家法》建立了一个完整的国家法理论体系,成为国家法的研究标准,他个人作为斯特拉斯堡大学的公法教授成为帝国的法律事务的顾问,并与他人共同创办了德意志帝国最重要的公法期刊。他之所以被看作德国宪法学的奠基人,是因为他开始运用传统法学方法去解释宪法,使宪法学真正落实成为一门法学。See Peter C. Caldwell, *Popular Sovereignty and the Crisis of German Constitutional Law: The Theory & Practice of Weimar Constitutionalism*, Durham and London: Duke University Press, 1997, p. 15 – 16.

法律真实的内涵。他毕生的目标就是把那些反复无常的政治偏见、缺乏专业性的业余研究、新闻报道式的通俗话语从法律科学中排除出去。尽管这种法律实证主义屡屡遭人诟病,但是这种法律传统的工具性价值是不容置疑的。在战后德国经历的"自然法的复兴"之后,这种法学传统又迅速地服务于德国基本法所确立的自由民主基本秩序,为德国战后宪法的落实提供了充分的技术保障。

所以,在笔者看来,中国法治建设的现实需要正在推动中国的宪法学完成一次法解释学的转向。这种转变是以宪法文本和宪法实践为归依的,是规范导向和实践导向的。而且也只有在完成了这个转向后,才能够形成宪法学知识积累的坚实基础,并最终形成宪法学的独立学科品格。中国宪法学的法解释学转向是本书所作研究的一个基本背景。

第二节　研究目的与研究范围:基本权利规范分析框架的建立

所谓"基本权利的规范建构",按照笔者的理解,就是从宪法文本出发去分析和确定宪法上基本权利条款的规范内涵。这项研究的最终目标是:尝试建立一套基于中国宪法文本的基本权利的宪法解释框架,厘清宪法中基本权利条款的规范内涵和规范结构,使之在技术层面上成为可以适用的规范。

笔者所尝试的是一项基本权利总论研究,而非针对某个具体基本权利的个别研究。作为一项基础性、框架性的研究,必然会有一个理论上的假想框架的预设。笔者所构想的分析基本权利规范内涵的理论框架有四项基本的内容,分别是:(1)原理;(2)主体;(3)权能;(4)关系。

原理是指引导基本权利条款阐释的权利理论和政治哲学观念。在不同的权利理论和政治学说的背景下,对同样的基本权利条款的阐释,有可能产生完全不同的解释结果。所以,建构基本权利的规范内涵必须具备超越文本与规范层面的理论关切。这涉及宪法学对自身逻辑自足的反思，以及社会科学对法学的"祛魅"问题。

主体是指基本权利的权利主体与义务主体。在传统的宪法学框架下，基本权利的权利主体是个人，而义务主体是国家，这几乎成为基本权利分析无须检讨的基本框架。但在当代权利理论发展、科学技术进步、国家主权内涵变迁等背景下，基本权利的权利主体和义务主体的问题又有了许多可以讨论的空间。

权能是指基本权利的不同功能层次，也就是指基于基本权利条款，公民究竟有着怎样的权利，国家有着怎样的义务。[①] 也就是说，基于某一基本权利条款，公民究竟可以要求国家做什么、不可以要求国家做什么，国家针对这些请求应当做什么、不应当做什么，以及国家在没有个人的具体请求的情况下，应当为基本权利的实现做什么。对基本权利的权能进行分解研究，可以条理清晰地确定个人与国家之间的权利义务关系的内容。

关系是指不同基本权利之间的相互关系。基本权利是个内容丰富的体系。各个基本权利之间有可能发生保障范围上的重合，也有可能发生保障价值之间的对立。这就是基本权利的竞合和冲突问题。探讨基本权利的相互关系，将最终厘清基本权利的规范内涵，使得基本权利成为一个逻辑严谨、内容和谐的规范体系。

以上是本书的理论构想与研究布局。从以上说明可以看出，就厘清基本权利条款的规范内涵而言，对"基本权利的功能"和"基本权利的关系"两个部分的研究更为直接和关键，故而，本书也主要侧重探讨这两个部分。关于"基本权利的主体"，笔者只在本书的第二

---

① 对国家义务进行研究的另一个动机是希望对当前中国知识界争论热烈的问题——国家职能问题，给出宪法学上的解答。20世纪90年代中后期至今，中国学术界最大的论战是自由主义与所谓"新左派"的论战，其核心问题之一是国家在社会生活中的角色问题。论战双方对"国家应当做什么，不应当做什么"展开了激烈的争论，而这一争论根植于我国社会变革中出现的各种现实问题。学者们在哲学、政治学、社会学、经济学等不同领域对这一问题展开了深入的讨论，但是，这些讨论仅停留在"应然性"层面。国家应当承担怎样的职能最终只能取决于宪法的规定。所以，有必要从宪法学的角度对这一问题加以研究，确立在宪法之下国家应当履行的义务，以此来解答社会现实所提出的有关国家职能的各种问题。这也是本书的另一个问题关切之所在。

章初步分析了基本权利的义务主体问题,而对于基本权利的权利主体的相关问题(如法人、社群、外国人、胎儿等作为基本权利主体的问题,基本权利主体的权利能力、行为能力的问题等)都没有太多涉及。而这项研究的另一个重要部分——“原理”,也就是基本权利条款解释的理论导向,虽然在研究中时时感觉到这个问题的存在,感觉到社会科学的知识和方法对宪法学影响的存在,却还未形成系统的思考和研究。

第三节　研究方法

一、法教义学方法

本书将以法教义学方法作为基本方法。

法学的基本形态是法教义学,也就是从成文法开始的理解和阐释法律规则的学问。法律文本被看作真理的表达,具有绝对的权威。法教义学运用文法学、修辞学和辩证法的方法对法律文本进行分析和说明,由此建立法律规范的体系。所以,作为法学最初形态的法教义学,主要是对法律这一权威文本的理解和认识的学问。“法教义学”是对德语“juristische Dogmatik”或者“Rechtsdogmatik”的翻译,其他的译法还包括“法释义学”“法解释学”“法律信条学(论)”等。(本书也在不加区分的意义上使用“法教义学”和“法解释学”两个术语)“法教义学”这一中文译名容易被误解为对一种法学流派的指称,实际上,在德国人的观念中,法教义学乃是法学的本义,或者说“法学=法教义学”,其他如法哲学、法社会学、法史学,只是基于其他学科的视野和方法而对法律的观察和研究。在德国的法学文献中,“法教义学”这一术语的用法有多个不同的层次:可以在学科整体意义上使用,如“民法教义学”“刑法教义学”,可以在某个领域层次上使用,如“基本权利教义学”“基本权利保护义务的教义学”,也可以在非常具体的层次上使用,如“基本法第2条第1款的教义学”“平等原则的教义学”,甚至可以称为“某判决的教义学”。围绕整个法律文本或者个别法律条文的解释和适用而形成的规则和理论，就是法教义学。

法教义学，简单而言，就是“对于法律素材的科学体系化的预备”（die gesamte wissenschaftliche Aufbereitung des Rechtsstoffes），[①] 或者“对给定的法律素材的体系性建（重）构”［die systematische（Re）konstruktion eines gegebennen Rechtsstoffes］。[②] 按照魏德士的概括，法教义学提供对实定法的论证，给出法律问题的解决模式，“包括一切可以在法律中找到的理论规则、基本规则和原则，也包括法学与法律实践为法律增加的理论规则、基本规则和原则”。[③] 阿列克西将法教义学概括为三个不同的面向：（1）描述—经验面向（deskriptiv-emporische）。（2）逻辑—分析面向（logisch-analytische）。（3）规范—实践面向（normtiv-praktische），分别是指：①对现行有效法律的描述；②对贯穿于现行法律中的概念和体系的研究；③给出解决法律争议问题的建议。[④] 法教义学是围绕现行有效法律而进行的概念的、逻辑的和体系化的工作，其最终目标指向法律争议的解决，要为法律争议的处理预先给出方案。通过对实定法的解释，将复杂的规范进行类型化，建构统一的知识体系和思考框架，并设定分析案件的典范论证步骤，教义学为法规范的适用提供统一的、标准的概念和结构，从而为实践问题的解决提供建议。

法教义学的主要工作在于解释和体系化，也就是确定一些具有可操作性的方法，来解释抽象而不确定的法律文本，建构出合理的概念和逻辑体系，使抽象而呆板的法律能够在面对具体细微而不断变迁的社会现实时依然具有可适用性，从而保证法律的可预见性和确定性。应该说，法治主义必然要求法教义学的建立和完善，除非我们放弃法治的信仰，在法教义学上的努力就应该是法学家的核心

---

① Uwe Volkmann, Veränderung der Grundrechtsdogmatik, JZ2005, S. 261(262).

② Wolfram Cremer, Freiheitsgrundrechte: Funktionen und Strukturen, 2003, S. 17f.

③ 参见［德］魏德士：《法理学》，丁晓春、吴越译，法律出版社 2005 年版，第 137 页。

④ Robert Alexy, Theorie der juristischen Argumentation, 1991, S. 308f.

任务。[①] 宪法教义学的出发点也是法律文本(法典)。宪法学作为法学的组成部分,也应当以宪法文本的理解和阐释为基本内容,以法解释学方法作为宪法学的基本方法。

(一)宪法学的自我观察与异观察

但是,我们同时也必须意识到:当代的法学早已超越了法教义学的层面。对于法律这一现象,可以从不同的视角,以不同的方法进行研究,由此形成了法社会学、法史学、法哲学、法伦理学等诸多分支学科,法学的范围在当代被大大扩展了。在这种背景下,传统法学方法在宪法研究中的地位就是一个需要检讨的重要问题。

另外,宪法是"政治法",宪法学与政治学之间有着非常复杂的联系。宪法上的一切具体制度规定,如权力分立、联邦制、代议制、地方自治、人民代表大会制、选举制度、基本权利等,莫不能从政治原理中找到依据。而一切的宪法现象,也莫不能作政治学上的分析与评价。所以,从政治学的视角研究宪法是非常自然的,宪法学与政治学在某些领域几乎是水乳交融、不分彼此的。

这里一个自然的问题是:究竟什么是宪法学?是否只要是以宪法现象和宪法问题为对象的研究就都是宪法学?我们是否能区分"宪法学"和"对宪法的研究",以及是否有必要区分?

在笔者看来,这种区分是必要的和可能的。这是因为,宪法学与其他学科对宪法的研究是有着不同的任务的,从而其问题视角也不相同,这些决定了它们在研究的方法上也不尽相同。宪法学是在法体系内的、规范导向的、直接或间接为宪法解释服务的研究,是法律系统的"自我观察"。而其他学科对宪法的研究是法律系统之外的"异观察",其问题视角和基本任务与核心意义上的宪法学

---

① 当然,这种法学的体系化思维在当代必须是建基于深刻的自省基础上的。建立概念法学主张的那种绝对的概念清晰和逻辑严密自足的法律体系是不可能的。但是,诚如舒国滢教授所言,"法学有自己的'范式',这些范式就是法律共同体经过多年的法律实践积淀而成并通过职业教育传授的基本法律理论、法律信念、法律方法以及规范标准,等等"。尽管法学不可能实现那种像数学一样精确的"法律公理之梦",但"在不完全排斥法学接引现代科学的前提下,怀抱一种谦谨的情怀去珍视法学的古老传统"却是必要的。舒国滢:《法学的立场之辨》,载北大法律信息网,http://article. chinalawinfo. com/article/user/article_display. asp? ArticleID = 34775,最后访问日期:2007 年 6 月 25 日。

(宪法教义学)是不同的。尽管这些研究构成宪法学的知识背景,但不是严格意义上的宪法学。

哈特曾经在其名著《法律的概念》中区分了对待法律的两种不同观点:“内在观点”和“外在观点”。① 所谓“内在观点”是指论者在本身接受法律规则约束的前提下对法律规则的理解与说明。而“外在观点”则是论者置身于法律规则之外,在并不受法律规则约束的情况下,从外部观察法律的规律性。所以,对法律的研究要么是“内在观点”,要么是“外在观点”。二者有着不同的观察视角,也服务于不同的研究目的。

(二)宪法社会学、宪法史学、宪法哲学以及政治学的问题视角和基本任务

宪法社会学、宪法史学、宪法哲学属于广义上的宪法学,是以法学以外的其他学科的视角和方法对宪法进行研究而形成的交叉学科,与传统的法教义学或法解释学意义上的宪法学有较大的差异。我们可以大致地对这些学科的问题视角和基本任务进行概括:

宪法社会学:宪法社会学是把宪法作为一个社会现象来研究,考察宪法在社会发展过程中的实际作用,宪法的产生与发挥作用的社会条件,以及宪法在特定的社会条件下是否具有真正的实效性。

宪法史学:宪法史学考察宪法的历史演进,历史事件和历史事实对宪法的影响。这种考察有助于我们理解当前宪法的实际情况。

宪法哲学、宪法伦理学:宪法哲学或者宪法伦理学则主要关注对宪法规范的价值评判问题。以阐释和建构宪法规范为任务的宪法解释学,并不能对宪法规范本身是否合乎正义、道德、善、公平等问题作出评价,或者说法学的主要任务不是进行这些评价,此种任务是由宪法哲学或者宪法伦理学所承担的。

政治学:政治学的目标在于研究人类的政治现象和政治发展规律,从中探究政治逻辑。政治学对宪法的研究只是将宪法作为一种政治现象进行研究,其最终目标在于探究政治的发展规律和政治

---

① 参见[英]哈特:《法律的概念》,张文显等译,中国大百科全书出版社1996年版,第90页。

逻辑。

(三)政治学、宪法社会学等与宪法解释学的关联

政治学和以上这些广义宪法学的组成部分与狭义的宪法学(宪法解释学)当然是相互关联的,从其他学科的视角对宪法研究有助于对宪法的理解和解释。我们在解释宪法文本和建构宪法规范的时候,当然要考虑宪法制定当时的社会状况、宪法在当前适用的社会条件,考察宪法规范的实际效力。同时,价值判断也经常进入宪法文本的阐释。在法学方法上,历史解释、社会学解释和目的解释等也都体现了这些交叉学科对于宪法学(宪法解释学)的影响。而政治学更是为宪法的理解与阐释提供了很多观念背景。正如德国学者拉伦兹所言,"法学经常必须让其他学科先表示意见……因为唯有通过他们才能确切说明:被建议的规定方式在不同的社会事实领域中将发生何等影响、在该当事物范围究竟有哪些可供选择的做法、有哪些可供抉择的手段、其各自的优缺点如何。研究法律政治的法律家必须由各该当学科寻找必要的资料、经验素材"。[①] 也就是说,只有通过其他学科提供的知识支持,宪法学才能寻找到对宪法文本的合理的理解和解释。"这样的外在论证之所以可能,是因为现行法律本身已经并入了目的论内容和道德原则,尤其是已经吸纳了政治立法者的决策理由。"[②]从外部对法体系、法效果、法历史以及法律的相关社会现实的描述、阐释与分析,有助于从内部对法规范的内涵进行合理性的解释。

我们可以举一个例子来说明其他学科的知识和方法对于宪法解释学的背景支持意义。在著名的布朗案中,[③]马歇尔大法官就使用了心理学家和社会学家对种族问题的研究成果,指出种族隔离的教育制度极大地伤害了黑人学生的自尊心,造成了他们的自卑感。在种族隔离制度下,黑人儿童根本无法获得白人儿童从教育中获得

---

① [德]卡尔·拉伦茨:《法学方法论》,陈爱娥译,台北,五南图书出版股份有限公司1996年版,第86页。

② [德]哈贝马斯:《在事实与规范之间》,童世骏译,生活·读书·新知三联书店2003年版,第256页。

③ Brown v. Board of Education of Topeka,347 U. S. 483(1954).

的同样能力和健康心理，从而说明，隔离从根本上造成了不平等。这里，马歇尔法官就是利用其他学科的研究方法和成果去确定宪法条文的内涵，也就是说，对宪法第十四修正案关于“法律的平等保护”规定的合理解释无法包含“隔离”的因素。

但是这种广义宪法学，从“外部观点”对宪法的研究毕竟不是纯粹的外在研究。从上面的例子我们可以看出，外部观点最终是指向内部观点的，是为内部观点提供支持和辅助的。“外在观点的论述只是拿来作为一种证立规范主张或建议的论据而已。”①这是因为，由其基本任务决定，法学只能是规范科学，法学研究必须是规范性的研究。

（四）宪法学的规范性

宪法学毕竟不同于其他学科对宪法的研究，宪法学家毕竟不同于社会学家、史学家、哲学家和政治学家，这是因为，宪法学有着其他同样研究宪法的学科所不具备的“法学品格”。在笔者看来，宪法学的这种“法学品格”体现为两个方面：（1）宪法学对于宪法文本的从属性以及以宪法文本研究为核心的法学研究方法；（2）宪法学必须回应面对宪法判断（宪法解释）的需要，为实践中宪法争议问题的解决做准备。我们可以将这两个方面称为宪法学的规范性。在宪法学两个方面的“法学品格”中，后一个方面是决定前一个方面的。法学就其本质而言，是为司法实践服务的，立法、制定规范的任务并非法学的主要任务。宪法学的任务也应该主要是去解释宪法，使宪法被适用和服从。正因为宪法学的主要任务在于解释和应用宪法，从而宪法学就天然地从属于宪法文本，这是宪法学与以宪法为对象的其他学科研究根本性的差异所在。

“一种‘学’（理论体系）的建立应该是对其研究对象有了理论和方法上的自觉。”②而宪法学作为一个独立学科地位的确立，也应该建立在宪法学者对于宪法学的规范性的自觉，否则，宪法学与政

① 颜厥安：《规范、论证与行动——法认识论论文集》，台北，元照出版有限公司2004年版，第21页。

② 汤一介：《和而不同》，辽宁人民出版社2001年版，第26页。

治学之间的区别就会变得极为微小。而其他学科的方法与知识对于宪法学的进入,也应该是以法学的方法(文本分析和解释)为基点的。也就是说,宪法学借鉴其他学科的方法,只是其他学科的方法"融入"宪法学方法,而非"取代"宪法学方法。一位历史学家对于历史学方法的思考有助于我们认识宪法学方法的独立性和完整性。"当此类外来的方法为史学家采用以后,不但其本来的特性消失了,其独立性也不见了,他变成了史学方法的一部分,与其他史学方法相呼应,相辅翼。"①同样的道理,无论宪法学与政治学有着怎样密切的联系,无论其他学科在多大程度上影响了宪法学,宪法学本身的学科特征,也就是以宪法文本分析为中心的"规范性"特征,是不应该被改变的。法学研究无论如何的花样翻新、视角变幻,法学研究的主轴是"内部观点"的研究,是受法律文本约束的研究,这一点是永恒的。美国学者却伯对宪法学的规范性有这样的描述,"宪法学,对于我来说,是一个被限定了的讨论领域,不仅是为宪法文本所限定,而且为人们所普遍接受的文本解释的基本规则所限定。尽管某些宪法条款可能更富于弹性,但没有哪个条款可以被过分歪曲到自我破坏的程度"。② 所以,"认真对待宪法文本和结构",恪守法学的规范性特质,以法解释学的方法为根本方法,是宪法学所必须坚守的基本品格。

---

① 杜维运:《史学方法论·绪论》,载康乐、彭明辉主编:《史学方法与历史解释》,中国大百科全书出版社2005年版,第113页。

② Laurence H. Tribe, *Taking Text and Structure Seriously: Reflections on Free-Form Method in Constitutional Interpretation*, 108 Harv. L. Rev. 1995, p. 1224. 却伯强调"认真对待文本与结构",是对阿克曼将超实证法的政治理论引入宪法解释的批判。在他看来,阿克曼在《我们人民》中,用"宪法时刻"理论来为宪法变迁提供正当性,这是不必要和多余的。因为这种变迁本来就被大多数人认为是正当的,或者仅仅从宪法文本解释中就能够获得正当性。阿克曼把这种非常可疑的理论(指人民的"高级立法")引入宪法研究,只会增加宪法解释的混乱。(p. 1302)却伯举了一个例子,辛辣讽刺了这种"理论的滥用"。他说,如果宪法中关于参议院任职年龄的规定用的是数字"30"而非英文"thirty"的话,"聪明的解释者"甚至会说24岁就符合这个标准,因为八进制中的30按照十进制去换算就等于24($30 = 3 \times 8^1 + 0 \times 8^0 = 24 + 0 = 24$)。这种论证是成立的,可是谁会听啊(but who would listen)?(p. 1224)

二、比较解释方法

（一）比较解释的世界潮流

本书还不可避免地要运用比较方法和比较法论证。

尽管笔者一再强调本书是“基于中国宪法文本”，但大量参照了外国宪法的理论与实践，用来形成中国宪法中基本权利规范内涵建构的论证资料。这可能被批评为学术立场上的动摇，甚至是“挂羊头，卖狗肉”。但笔者相信在当代的宪法研究中，以比较法作为宪法解释的依据是不可避免的，也是有助于一国宪法解释学体系的形成的。

之所以说“不可避免”：一方面是来自对当代宪法学研究现状的观察；另一方面是基于对比较法的功能的考察。

以比较宪法的知识去建立和充实本国的宪法解释学体系，是当代世界各国宪法研究与实务的一个基本潮流。南非、印度、东欧国家等许多国家，都大量地继受和移植先进国家的宪法理论与实践。例如，德国宪法学就对许多传统上属于大陆法系国家的东欧国家，如匈牙利、捷克产生了巨大影响，比例原则、制度性保障等理论都为这些国家的宪法法院所直接借鉴。有意思的是，被许多国家宪法理论奉为圭臬的德国宪法学，也暗度陈仓式地继受了现代成文宪法的母国——美国的许多宪法理论。① 而向来极为自负的美国宪法学，近年来也开始关注比较法的方法。例如，已故美国联邦最高法院首席大法官伦奎斯特在为两位重量级学者杰克逊和图什内特主编的《界定比较宪法的疆域》一书所作的序言中，发表了这样的一番言论，“现在，宪法已经在许多国家牢固扎根，我现在要重复我以前作过的判断：是时候了，美国的法院应该开始从其他国家宪法法院的判决中寻找有助于它们自己作出深思熟虑的判决的知识了。总体来讲，美国的法院和法学者在依靠比较宪法的方面，已经多少落后

---

① 例如，在本书第七章将讨论的德国法上的“基本权利的位阶秩序理论”就显然地受到了美国宪法关于“优位自由权”“基本权利的双重基准”等理论的影响，只不过在论述上显得非常的“德国化”，用德国式的概念体系和逻辑论证将美国的理论消化得了无痕迹而已。

于其他国家的法院和法学者了"。[①] 在这样的比较解释的世界潮流之下,我国宪法研究大量采用比较解释的方法应该也是极为平常的现象。

更为重要的是,比较法对于我们这样一个正在形成中的、不够成熟的法律体系,有着非常积极的作用。这才是采用比较法方法最为重要的原因。从理论的角度来看,比较法的功能在于打破法学的狭隘视野,促进法律体系的成熟和合理化。"比较法可以用于对国内法原理学中的原则与原理的正确与否加以检验,把法律家们从最容易陷入的教条主义危险中拯救出来,抑制对所谓'法律逻辑'的滥用。"[②]也就是说,比较法可以使法学家的视野不再局限于本国法,而是能够通过与其他国家法的比较,找到普遍性和一般性的原理,最终在一种"普遍法学"的背景下,完善本国法学的理论体系。而从实践的角度来看,比较法能够为本国法的解释提供创造性的解释思路,并有助于维护解释的客观性。

但是,在笔者看来,这种比较法的一般性功能,对于中国的宪法学界是不用强调的。中国的宪法学人有着充分的借鉴外国法的理论自觉。在基本权利的领域,大量借鉴外国法的经验与知识,已经成为宪法学界的一种潮流。许多学者有感于我国基本权利解释学的发展滞后和缺乏动力,都提出了在不同层次上借鉴外国法的必要性问题。

接下来的问题在于:我们应该怎样使用比较法,比较法的知识究竟应当处于怎样的地位?下面,笔者想从两个角度探讨宪法学研究中的比较法方法问题,这实际上也是本书在运用比较法方法上的自省和检讨。

---

① *Defining the Field of Comparative Constitutional Law*, Edited by Vicki C. Jackson, Mark Tushnet, Westport: Praeger, 2002, Forword. 当然,援引比较法在美国只是个较新的主张,在具体实践的层面上还不像其他国家那样普遍和经常,有些法官甚至完全排斥比较法的方法。但无论如何,在一个将自己的宪法视为完美(perfect)的国家,出现这种援引比较法的主张,并且出自保守的联邦最高法院首席大法官之口,无疑具有某种标志性意义。

② [日]大木雅夫:《比较法》,范愉译,法律出版社1999年版,第69页。

(二)比较方法 vs. 法解释学方法

传统的法解释学以文义解释、体系解释、历史解释和目的解释为基本方法。这种方法以本国法为中心,在逻辑上不大可能承认比较法对于本国法律的规范内涵的阐释具有意义。比较方法与前面所强调的法解释学方法多少有些方枘圆凿、格格不入。比较法的发展从来都是与"比较法反对论"相伴随的。二者之间到底有无通融的可能,比较方法究竟应怎样与传统法解释学方法接轨?这是我们要探讨的第一个问题。

法学在传统上是一个具有国家关联性的学科。西方在民族国家形成之后,格外强调法律的国家性。著名历史法学派大师萨维尼就将法律看作民族精神的产物。从而,法学的理论与实践必须契合一个国家疆域内的社会现实才是有意义的。而且,法学有着很强的实证主义传统。法学的传统方法是具有很强的封闭性的,文义、体系、历史和目的四种解释方法被认为足以解决一切问题。"法律绝不需要从外在加以填补,因为它在任何时刻都是圆满的,它的内在丰富性,它的逻辑延展力,在自己的领域中任何时刻都涵盖了法律判决的整体需要。"[①]在这样严格的法律实证主义之下,本国法与外国法由于存在法源上的差异,所以是完全互相排斥的。在美国的司法审查中,也极少援引外国法,有人甚至认为"当事人适用外国法的主张本身已经说明他的主张缺乏本国法的支持"。[②] 而斯卡里亚大法官更明确宣称:"比较分析并不适合宪法解释工作。"[③]这与伦奎斯特大法官支持比较解释的态度完全对立。那么,我们的宪法解释和宪法解释学究竟能否进行比较法的论证呢?[④]

---

① [德]亚图·考夫曼:《类推与"事物本质"》,吴从周译,台北,学林文化事业有限公司 1999 年版,第 7 页。

② Sarah K. Harding, *Compartive Reasoning and Judicial Review*, 28 Yale J Int'l L, 2003, p. 439.

③ Printz v. United States, 521 U. S. 898, 921.

④ 我们当前研究中的比较法援引应该说还比较缺乏对这个问题的反思。很多研究直接拿外国法说事,几乎不顾这种外国法资源能否与我国的宪法文本和政治框架相融合。这种生吞活剥式的比较法论证所带来的宪法解释的恣意是不可欲的。而且,脱离一国宪法文本和政治背景的比较法研究也无助于宪法学的学术积累和学术生命力。

对于比较方法的担忧与排斥,主要是因为这种方法并非来自本国的法源,有可能会造成解释者在解释上的恣意性。也就是解释者以其好恶随意摘取外国法中有助于他所希望达成的论证结果的部分。这样就会破坏法的安定性与客观性。这种担忧是不无道理的,但是同样正确的是,比较方法也有助于本国法解释的客观性,可以为本国法规范内涵的阐明提供对话的平台。在与外国法的比较过程中,可以探索法律发展的一般规律、寻找法规范的一般结构,这种阐明不同国家法律中共同基础性问题的方法,对于本国法律理论的完善无疑是有价值的。而这种比较论证的过程在某种意义上是强化而不是削弱了法解释的客观性,因为这种比较解释使解释结果更加符合法律的一般原理和精神。

而要消除比较解释的恣意性,必须使其最终服从于本国法律解释这样一个法解释学的根本任务。这意味着,只有本国法解释中提出的问题在文义、历史、体系、目的等解释方法无法得到明确而令人信服的解释结果时,援引比较法才是有必要的。也就是说,比较解释只能是对传统法解释方法的补充,而不能取代传统法解释方法(当然,由于宪法规范的不确定、不完整性的存在,比较法论证可能有着更大的适用空间)。而且,这种比较法的论证必须是能够为本国法的文本所容纳的。有效的法律文本是法律论证的基础,如果比较论证的结果反过来否定了本国法律文本的有效性,这种比较论证就因为会损害本国法律体系的完整一致而丧失正当性(例如,我们不能基于对其他国家宪法文本的分析而认定,我们的宪法文本的哪些内容是对的,哪些内容是错的,甚至哪些内容是该规定的,而哪些内容是不该规定的)。

(三)功能主义 vs. 结构主义

比较法的借鉴和援引比较容易是功能主义的,也就是将不同法律体系中功能相似的东西进行比较。① 对于后发的、法律体系不成熟的国家而言,功能主义的比较往往是这样的过程:本国法上发生一个事实问题——参考外国法上对此问题的解决办法——得出本

① 参见[日]大木雅夫:《比较法》,范愉译,法律出版社1999年版,第87页。

国法解决这一问题的方案。这种功能主义的比较法借鉴是最常见,也是最有效的。功能的等值性是比较法的前提。正是因为本国法与外国法有共同的问题,我们才会有援引外国法的动力。任何比较法的研究都无法脱离这一基本窠臼。

然而,功能主义的比较研究有着难以避免的潜在缺陷。功能比较的前提是问题的相似性,但是,我们所认定的本国法和外国法上的“同样的问题”是不是真的是同样的?任何的制度都是在一定的制度脉络中发挥功能的,如果不能充分地理解这一意义脉络,我们对我们选择的目标制度的分析就是断章取义、管窥蠡测。

所以,比较法的研究不仅必然是功能主义的,还必须是结构主义的。换言之,把相比较的制度与原理放在各自的意义脉络中进行分析,辨析它们实质上的异与同。在某种意义上,在大致确定了可以与本国问题相参考的外国法的知识后,更重要的任务不是去证明二者之“同”,而是寻找二者之“异”。这样,比较论证的最终结果才是真正落实于本国的实际的。比较法在某种意义上并不是求同的过程,而是寻找差异的过程。这正是在功能主义的比较方法之外强调结构主义的比较方法的原因。

结构主义所要求考察的结构,不仅是指法律制度与法律理论的结构,还包括作为更深远背景的社会结构。这种考察可能是要超越法学视野的,至少是在法社会学和法史学层面上的考察。

三、案例实证方法

以法解释学方法为本项研究的根本方法,必然是以宪法的实践为指向的,也就是必须服务于宪法案件的裁判,用具体鲜活的宪法案件去检验理论。如果用法解释学方法建构起来的概念和逻辑体系在面对具体微妙的案件时无法保证可适用性和可预见性,则这样的研究就是无意义的和失败的。

同时,比较法借鉴的成功与否固然首先要看是否见容于法解释学的体系,其次要看是否能解决本国的实践问题。所以,以对案件的解释力和解决能力为标准来检验借鉴与继受外国法的成功与否就是必要的。

但是,这种案例实证研究在我国显然有着特殊的困难。因为我国合宪性审查制度所提供的案例有限,所以本书将使用一些与宪法相关的“宪法事例”作为分析的对象。这里面的特殊困难在于:我们可能不得不先对案件事实进行一些假设,才有可能作宪法层面的分析。最基本的两种假设可能是:

1. 如果当事人认为自己的权利在普通法律层面无法得到救济,而主张相关法律违反宪法,从而提起宪法诉讼、要求宪法救济,则此案件会转化为宪法案件,我们才可能对其作宪法层面的分析。

2. 如果认为法官负有对法律进行“合宪性解释”的义务,[①]有将宪法的精神通过法律解释贯彻于法体系中的义务,则在普通法律案件中,就有作宪法层面分析的可能。

这样的假设难免会让“案例实证”显得不那么实证,但让宪法学走向实践的努力方向大致是不会错的。但是,必须承认的是:宪法实践缺乏导致材料分析不足,笔者在宪法案例分析方面缺乏训练、能力薄弱,案例实证方法运用在本书中是不够充分的,这也是未来可以努力完善的方向。

第四节　内容概要

以上是对本书的背景、目的、范围、方法的说明,下面,笔者将对本书的内容作出概要的介绍。

第二章到第七章是本书的主体部分,内容概述如下:

第二章分析介绍了本书的理论出发点:“基本权利—国家义务”的对应关系。“权利—义务”是法学思维的一对基本范式,而基本权利对应国家义务也是宪法学的思维定式。我们在分析基本权利的规范内涵之前,首先要对这一理论出发点进行检讨。本章分析指出,在我国和其他一些国家的宪法文本中,基本权利并非只是针对国家的义务,其他主体也有可能被规定为基本权利的义务主体。而

---

① 关于法官对法律的合宪性解释,请参见本书第六章第六节第三部分。

在当代宪法学理论中,“基本权利—国家义务”的对应关系也出现了松动的迹象。本章在进行了文本、理论和中国社会背景的分析后认定,尽管“基本权利—国家义务”的对应关系在当代已经相对化,但仍然可以作为基本权利规范内涵分析的理论出发点。

第三章对基本权利规范内涵分析的框架进行了重构。在当代各项基本权利的性质出现综合化而对应的国家义务出现复合化特征的背景下,传统的基本权利的分析框架——基本权利的分类已经不能适用,从而基本权利的规范建构需要新的分析工具。本章提出借鉴德国宪法学中的“基本权利的功能体系”来重构中国的基本权利规范内涵分析的框架。

第四章分析了基本权利的防御权功能与国家的消极义务。基本权利具有排除国家侵害的防御权功能,国家对此承担消极义务,也就是不侵犯公民基本权利的义务。这一章首先对防御权功能的概念、特征及其在我国宪法上的体现进行了分析,进而讨论了国家消极义务的内涵及其在国家义务体系中的地位,并就国家各机关所须承担的消极义务进行了分析。

第五章分析了基本权利的受益权功能与国家的给付义务。基本权利具有要求国家提供物质上、程序上的利益的功能,国家有通过积极的行为,直接给予公民各种利益的义务。这一章对基本权利的受益权功能进行了界定和分类,并讨论了国家对公民的受益权所承担的司法救济义务和物质性给付义务,以及这些义务在国家各级关之间的分担。

第六章分析了基本权利的客观价值秩序功能与国家的保护义务。除排除侵害和要求给付以外,基本权利还具有约束公权力一切行为的“客观价值秩序功能”,也就是公权力必须以一切可能的方式去促成基本权利的实现。在这一功能之下,国家公权力必须通过建立各种制度和程序来保障公民基本权利的实现,同时要在各种法律关系中保护公民免受来自国家以外主体的侵犯,这些义务可以概括为“国家的保护义务”。这一章对于客观价值秩序功能的性质与地位,以及国家保护义务的性质、范围以及国家各机关分别承担怎样的保护义务进行了研究。

第七章分析了基本权利的构成、限制、竞合与冲突问题。第四章至第六章的研究是对基本权利保障范围的研究,也就是对基本权利构成的研究。基本权利的构成和基本权利的限制从两个方向对基本权利的规范内涵进行了初步界定。在基本权利的规范内涵初步确定后,各项基本权利之间还会发生竞合与冲突的问题。这一章对基本权利的构成、限制、竞合、冲突的概念及相互关系等进行了分析,将有助于最终厘清基本权利的规范内涵,使基本权利成为一个逻辑严谨、内容和谐的规范体系。

第二章 “基本权利—国家义务”的对应关系

第一节 “权利—义务”的对应关系

权利与义务是相互对应的概念。任何真正意义上的权利,都涉及两个法律主体之间的关系,一方是权利的持有人,另一方是义务的承担人。如果说赋予一个人权利是为了维护他的利益,那么必然有人为了这种利益的实现而承担着义务,这种义务要么是直接提供和给予这种利益,要么是不做可能减少这种利益的行为。但是,在法律关系中权利相对于义务具有前提性和主导性,[①]法学理论总是在先确定权利的概念之后才会对义务作出界定,所以对义务的理解需要从对权利的理解开始。权利是什么?这在法哲学上也是一个众说纷纭的概念,学者们将不同的权利学说概括为:利益说、意志说、要求说、资格说、权能说、自由说等,[②]但是若从权利最为根本的特征来看,其本质应当是一种“要求”。要

---

① 参见张文显:《法学基本范畴研究》,中国政法大学出版社1993年版,第73页。

② 参见夏勇:《人权概念起源》(修订版),中国政法大学出版社2001年版,第40~58页;张文显:《法学基本范畴研究》,中国政法大学出版社1993年版,第74~81页。

求说将权利的本质看作一种“要求”或者“主张”,权利被定义为“法律上有效的、正当的、可强制执行的主张”,[①]享有权利就是指可以要求他人为或者不为一定的行为,[②]而义务就是被要求的对象和内容。之所以说“要求”是权利的根本属性,是因为无论权利被看作对利益的维护、人的意志的反映,还是为某种行为的资格,最终都需要通过权利人的主张来实现。所以,权利实际上是人们要求他人为或者不为一定行为的主张。正如分析法学家霍菲尔德所指出的,“权利”概念在通常的法律讨论中被使用得过于宽泛和模糊,而将权利的意义作出明确和适当限定的唯一线索就是作为权利的“相关概念”的“义务”。严格意义上的权利,就是义务的对应物。与此相对应,他用这样一段话来界定义务:“义务或法律责任是指人们应当作或者应当不作。‘义务’与‘权利’是相关术语。一项权利被侵犯,意味着同时有一项义务被违反。”[③]最粗浅的权利观念就是“应该获得”,而最粗浅的义务观念就是“应该提供”。义务实际上就是一种“被要求”,是因他人的权利需求而产生的一种约束或者负担。

正是基于权利与义务的对应关系,本章将“基本权利—国家义务”的对应关系作为分析基本权利规范内涵理论框架的基础。

第二节　基本权利与国家义务的性质

将“权利”定义为法律上有效的、可执行的请求([英]claim,[德]Anspruch),而将“义务”定义为被请求的对象和内容,具备法学研究所要求的概念的明确性和单纯性。但是,宪法毕竟是政治法,宪法学在很大程度上联系着法学与政治哲学、伦理学的理论体系。故而,宪法学的概念很难在法律实证主义的层面获得与普通部

① 参见张文显:《法学基本范畴研究》,中国政法大学出版社1993年版,第75页。

② [美]贝思·J.辛格:《实用主义、权利和民主》,王守昌等译,上海译文出版社2001年版,第17页。

③ Wesley Newcomb Hohfeld, *Fundamental Legal Conceptions*, Edited by Walter Whefler Cook, New Haven: Yale University Press, 1919, p.38.

门法学相当的周延性和逻辑自足。所以,在将法学上权利义务的一般属性赋予基本权利及其对应的国家义务之外,尚需考虑基本权利与国家义务在法律权利与法律义务之外的其他性质。

一、基本权利:“主观权利”还是“客观法”

在当代宪法理论中,基本权利被认为具有“主观权利”和“客观法”双重性质。在“个人得向国家主张”的意义上,基本权利是一种“主观权利”。同时,基本权利又被认为是宪法所确立的“客观价值秩序”,公权力必须自觉遵守这一价值秩序,尽一切可能去创造和维持有利于基本权利实现的条件。在这种意义上,基本权利又是直接约束公权力的“客观规范”或者“客观法”。[①] 在前一种意义上,基本权利就只是上文所定义的“请求”意义上的权利;而在后一种意义上,基本权利就具有“价值”或者“秩序”的性质。

这意味,基本权利不再是“可主张的”,而只是社会共同追求的价值。尽管社会主体必须为实现这种价值而努力,但其行为并非基于基本权利主体的请求。在这种层面上,基本权利并非严格意义上的权利,而是一个总体法律秩序的原则。

二、国家义务:“宪法义务”还是“政治义务”

本书的一项重要主张认为:国家对基本权利的义务应当是宪法义务,宪法义务是具备法律义务特征的义务。也就是说,国家针对公民基本权利的各种活动不再仅仅是服从于政策的国家自由裁量权的行使,而是受宪法上基本权利条款约束的、履行宪法规定的义务的行为。这使得基本权利在实践中更具法律上的实效性,也会促进国家在保障基本权利上的积极性,使宪法所规定的基本权利能够得到完整和充分的实现。作为宪法义务的国家义务,是与基本权利作为“请求”的权利性质相对应的。

但不可否认,国家对基本权利所承担的义务,在很大程度上是

---

① Rudolf Weber-Fas, Der Verfassungsstaat des Grundgesetzes: Entstehung-Prinzipien-Gestalt, Tübingen: Mohr Siebeck, 2002, S. 73ff.

一种“政治义务”。政治义务有两个层次的含义:(1)国家或者政府作为统治者对于人民的服从义务;(2)人民对于国家统治的服从义务。[①] 这里说的是第一个层次的政治义务。按照现代的人民主权学说,人民是国家的主权者,而国家或者政府的权力都来自人民。所以,尽管国家是统治者,但是国家的统治必须基于人民的同意,国家对作为主权者的人民有服从的义务。

政治义务实际上是一种道德义务,[②]从国家伦理学的角度讲,是否服从人民的利益是国家是否具有正当性的基本标准,所以,国家的政治义务实际上是从正当性和道德上对国家的约束或限制。在这个层面上,国家对基本权利的义务并非基于个人的直接要求,而是仅受公权力掌握者的良心与道义约束的义务。不可否认,宪法对于国家尊重保障基本权利的义务的宣告,具有道德权利与道德义务宣告的意味。这种权利义务并不具备法律上的实效性。

三、基本权利的生成过程理论

既然基本权利与国家义务都具有法律实证主义意义上的权利义务之外的性质,那么这一层次的问题是否超出了宪法学的讨论范围,是否于宪法学上无界定之可能呢？这里可供借鉴的是“权利的生成过程”理论。这种理论认为,宪法上的基本权利都有着从道德权利向法律性的权利转化的过程。[③] 按照这一观点,基本权利最初可能仅仅具有价值宣示、道德准则的地位,并不具备法律上的实效性,并不具备可请求、可救济的权利属性。但随着这些权利的展开,这些权利都可能具备可请求的性质,也就是说,基本权利作为“客观价值秩序”向“主观权利”转化的过程。这一过程可以称为“客观价值秩序”的“再主观化”。“如果想避免权利与义务间的断裂,唯一

① 参见陈文政:《政治义务论——政府的义务和人民的服从义务》,载《东海法学研究》1996 年第 10 期。

② 参见陈文政:《政治义务论——政府的义务和人民的服从义务》,载《东海法学研究》1996 年第 10 期。

③ 参见[日]阿部照哉、[日]池田政章、[日]初宿正典、[日]中松秀曲编著:《宪法——基本人权篇》(下册),周宗宪译,中国政法大学出版社 2006 年版,第 41 页。

的选择就是从保护义务条款中导出保护性权利。”①

与此相适应,国家义务也有着从“政治义务”向“宪法义务”生成的过程。国家对基本权利负有某项道德性的政治义务。但如果在某个具体情形下,国家的某项具体措施对于基本权利的实现而言不可或缺,此时应基本权利主体的请求,国家就必须作为,在这种情形下,政治义务就转化为宪法义务。

鉴于基本权利与国家义务具有法律权利和法律义务的性质,或者具有逐步向法律权利和法律义务转化的趋势,所以本书仍然在法律实证主义层面上将基本权利与国家义务对应起来,作为本书建构基本权利规范内涵分析框架的基础。对于基本权利和国家义务作为道德权利、价值秩序以及道德义务、政治义务的性质,在本书的第六章将予以详细研究。

第三节 宪法文本之规定

在各国宪法文本中,基本都确立了“基本权利—国家义务”的对应关系。基本权利被看作个人针对国家行为提出的要求或主张,是对国家活动范围和活动方式的限制。但是由于在历史传统、制宪背景和立宪精神上存在不小的差异,各国宪法对基本权利的义务主体的规定方式和规定内容也不尽相同。而且,在社会主义宪法和西方现代宪法的发展中,这种对应关系似乎有松动之迹象。突出表现为社会主义宪法将整个社会的协同看作基本权利实现的条件;而在西方宪法文本中出现了明文禁止私人对基本权利侵害的内容,甚至概括性地规定基本权利适用于私人与私人之间的关系。无论是宪法文本对“基本权利—国家义务”对应关系的确认,还是这种对应关系的松动,都有宪法原理变迁的背景。但对这一对应关系的分析和检讨,必须从各国宪法文本的规定开始。

---

① Robert Alexy, *A Theory of Constitutional Rights*, trans. by Julian Rivers, New York: Oxford University Press, 2002, p. 302, 326.

一、西方宪法之规定

早期的西方宪法文件并不直接规定国家对基本权利负有义务,而是从国家目的的角度将基本权利与国家义务对应起来。例如,1789 年法国《人权宣言》第 2 条规定:“任何政治结合的目的都在于保存人的自然的和不可动摇的权利。”而美国 1776 年《独立宣言》则宣称,人们成立政府正是为了保障生命、自由和追求幸福等不可转让的天赋权利。这一精神为 1789 年美国联邦宪法所沿袭,该宪法在序言中宣称,建立一个更完备的联邦是为了保证安全与增进人民的一般福利。可以看出,早期的宪法性文件并非直接将国家规定为基本权利的义务主体。

晚近的西方宪法却大多直接对国家的义务主体地位进行概括性规定。例如,1949 年《联邦德国基本法》(以下简称《德国基本法》)在第 1 条第 1 款即开宗明义地规定“人的尊严不受侵犯,尊重和保护它是国家的义务”。在德国宪法理论中,“人的尊严”被看作基本权利的价值基础和概括性规定,所以,这一条实际上概括地规定了国家是基本权利的义务主体。相类似的还有《日本国宪法》(1946 年)第 13 条,该条规定:对于生命、自由及幸福追求之国民权利,“在立法及其他国政上都必须受到最大限度的尊重”。这也是概括性地规定国家对基本权利负有义务。

这种概括式的直接规定并不是一种非常普遍的现象,国家作为基本权利的义务主体更多体现在各具体的基本权利条款之中。例如,美国宪法第一修正案规定:“国会不得制定关于下列事项的法律……”这是直接将国家的立法机关作为言论自由、宗教信仰自由的义务主体,立法机关对言论自由和宗教信仰自由负有不侵犯的义务。又如,德国《魏玛宪法》(1919 年)第 119 条规定:“家庭之清洁健康及社会之改良,为国家与公共团体之任务”,也是将享有公共权力的国家作为基本权利的义务主体。

但是,在以德国《魏玛宪法》为标志的现代宪法时代,各国宪法典的规定在“基本权利—国家义务”的对应关系上却似乎有松动的迹象。这首先表现在某些具体基本权利条款中明文禁止私人对特定权利的侵害。例如,德国《魏玛宪法》第 118 条规定“任何劳动关系或者雇佣关系,均不得妨碍德国人民行使此项权利(言论自由)”;第 159 条规定“对于为维持且改善劳动条件与经济条件之团结自由……加以限制或妨碍之合意及措施,皆属违法”。这种规定明确禁止了国家之外的主体对基本权利的限制。又如,《日本国宪法》第 15 条规定:“对于选举人所作的选择,不论在公私方面,都不得追究。”

如果说这些规定还只是就个别基本权利的特别规定,那么葡萄牙宪法的概括性规定就显得格外特别。《葡萄牙共和国宪法(1976)》第 18 条规定:“有关权利、自由以及保障之宪法规定,直接适用于各公、私实体,并对之有约束力。”这样的规定,从根本上削弱了“基本权利—国家义务”的对应模式,宪法学于学理上必须作出适当的解释。

二、社会主义宪法之规定

同西方宪法一样,社会主义宪法也将国家作为基本权利的义务主体。例如,1977 年《苏联宪法》第 57 条规定:“尊重人格、保护公民的权利和自由,是一切国家机关、社会组织和公职人员的义务。”而我国 2004 年通过的宪法修正案第 24 条也规定:“国家尊重和保护人权。”但是与西方宪法不同的是,社会主义宪法一开始就未将国家作为基本权利唯一的义务主体。1977 年《苏联宪法》在序言中宣称:“这个社会的生活准则是大家关心每个人的福利和每个人关心大家的福利”,这似乎意味每个个人都要对他人的权利承担责任。除了这种一般性宣告之外,一些具体基本权利条款也体现了这一点。例如,1977 年《苏联宪法》第 55 条规定:“苏联公民的住宅不受侵犯。没有合法理由,任何人都无权违背住户的意志进入住宅。”同样是“住宅自由”,美国宪法第二修正案的规定是:“未经户主的许可,平时不得驻扎军队于民房。除依法律所规定的手续外,战时也不得在民房驻扎军队。”美国宪法的规定方式显然是以国家权力为规制对象,而苏联宪法的规定似乎还针对国家之外的其他主体。

我国现行宪法的基本权利条款中,有三个条款明文禁止了国家

之外的主体对基本权利的侵害,包括:

第36条第2款规定:“任何国家机关、社会团体和个人不得强制公民信仰宗教或者不信仰宗教,不得歧视信仰宗教的公民和不信仰宗教的公民。”

第40条规定:“中华人民共和国公民的通信自由和通信秘密受法律的保护。除因国家安全或者追查刑事犯罪的需要,由公安机关或者检察机关依照法律规定的程序对通信进行检查外,任何组织或者个人不得以任何理由侵犯公民的通信自由和通信秘密。”

第41条第2款规定:“对于公民的申诉、控告或者检举,有关国家机关必须查清事实,负责处理。任何人不得压制和打击报复。”

这些规定将国家之外的社会团体和个人也作为基本权利的义务主体。而我国宪法序言中也有类似于苏联宪法的宣告。我国宪法序言最后一段,在规定了宪法的最高地位后,规定“全国各族人民、一切国家机关和武装力量、各政党和各社会团体、各企业事业组织,都必须以宪法为根本的活动准则,并且负有维护宪法尊严、保证宪法实施的职责”。这也就体现了宪法并不仅仅约束国家,因为“社会团体、企业事业组织”显然不能被绝对地归入“国家”范畴内。总体上,包括我国宪法在内的社会主义宪法对于公民基本权利的规定体现出这样的特点:强调国家、社会、个人的相互协同,所谓“人人为我,我为人人”,将基本权利的义务主体模糊化,使基本权利不限于对抗国家,而只是抽象化地把基本权利看作权利人对他人的要求,国家和国家以外的主体都对基本权利的实现承担着责任。①

第四节　原　　理

西方宪法在起源之始就确立了“基本权利—国家义务”的对应模式,这是与自由主义的基本思维模式“个人—国家”是相配合的。

---

①　关于《宪法》第36条第2款、第40条和第41条第2款的解释,请参见本章附录“基本权利的体系思维”第四部分“中国宪法文本下基本权利的体系建构”。

宪法在一开始被认为是“控制国家”的工具，这一点已成为西方宪法所赖以存在的基本架构。正如一位美国学者所说，“尽管在不同的国家，立宪主义的实质内容和结构机制有着不少的差异，但是立宪主义的核心理念——通过一部高级法的实施来控制公权力——仍然为当下所有的立宪政府所宣告”。[①] 社会主义国家虽然并未将宪法的目标限定为“控制国家”，但仍然将宪法看作调整国家与人民之间关系的法，[②]所以，也基本上承袭了“基本权利—国家义务”的对应模式。但是社会主义并不强调公民的基本权利只绝对地针对国家，而是体现出为了保障基本权利而模糊化义务主体的倾向。西方国家的宪法之所以确立这种“基本权利—国家义务”的对应模式，其根源在于作为其宪制基础的“国家与社会二元论”；而社会主义宪法之所以在此问题上与西方宪法有着细微的差别，其根源也在于马克思主义的国家社会关系理论与西方的市民社会理论之间存在差异。

一、国家—社会二元论及其变迁[③]

传统的西方宪法理论之所以认为基本权利仅仅适用于人民与国家之间的关系，将国家作为基本权利的唯一义务主体，其根源是作为西方立宪主义基础的“国家与社会二元论”。国家社会二元论的基本观点是：国家是人们为了维护“秩序与安全”这一特定目的而有意识地建立的，是宪法之下的有限存在。国家的功能仅限于对公共事务的决策和对公共生活的管理，其作用并不及于整个社会生活的每个侧面，由于其仅仅具有公共职能，可以被称为“政治国家”。而在二元论看来，社会却是一个先于国家而存在的人类自发形成的秩序，是在“私法自治”的原理下个人或社会团体依其自由意志而进

---

① Richard s. Kay, *American Constitutionalism*, in *Constitutionalism*, Larry Alexander ed., New York: Cambridge University Press, 1998, p. 16.

② 参见许崇德主编：《中国宪法》，中国人民大学出版社1996年版，第34页。

③ “市民社会”问题是近年来我国学术界热烈讨论的问题，涉及哲学、政治学、经济学、社会学、法学等诸多领域，关于此问题也已有相当的资料积累。这里只讨论这一问题中与“基本权利的义务主体”相关的部分。

行自我发展的领域,这个领域是不应受到国家干预的。社会是排除国家干预的私人活动的空间,因而可称为"市民社会"。政治国家与市民社会是相互对立的范畴,二者各有其功能空间,互不干预。① 宪法上关于基本权利的规定就是要为国家的活动划定一个界限,防止其干预市民社会的运作空间,所以,基本权利就只是针对国家,其义务主体是国家。

国家与社会二元论的最初宗旨是为国家的活动确立一个适当的界限,也就是国家不得干预市民社会。但是,二元论所带来的一个必然后果就是:人的权利的二分。权利就其根本意义而言,是个人对他人提出的作为或不作为的要求,其对象并不应被特定化。但是,在二元论下,权利就被分为两个层次:(1)在"市民社会"中,个人对其他个人或社会主体的主张;(2)在"政治国家"中,个人对国家的主张。例如,作为一项权利的"人的尊严"就会被二分为民法上的"人格权"和宪法上的"人格尊严";尽管二者所保护的利益是完全相同的,但二者所针对的义务主体却不相同。民法上人格权的义务主体是普通的个人与社会团体,而作为宪法上基本权利的"人格尊严"的义务主体只是国家。正如马克思所指出的那样,正是由于国家社会二元论的出现,使人作为自然人和作为公民的权利开始分离:"人权之作为人权是和公民权不同的。和公民不同的这个人究竟是什么人呢? 不是别人,正是市民社会的成员。"②由于人的权利的二分,公民的基本权利就只在个人与国家的关系这一公共领域发生效力;所以基本权利就仅仅是针对国家的,是要求国家作为或者不作为的权利。

所以,"国家社会二元论"是基本权利仅具有针对国家性的理论根源所在。西方宪法是以国家和社会的二元对立为基础的,基本权利条款被看作用来规范和控制国家行为的规定,是个人对于国家的要求和主张,其义务主体只能是国家。在西方立宪主义的发展中,

① 参见葛克昌:《国家与社会二元论及其宪法意义》,载《台大法学论丛》1994 年第 24 卷第 1 期。

② 马克思、恩格斯:《马克思恩格斯全集》(第 1 卷),著作编译局编译,人民出版社 1995 年版,第 437 页。

国家和社会的关系也被不断地重新认识和讨论,但是,国家社会二元论作为西方立宪主义理论基础的地位却并未改变。洛克是国家社会二元论的鼻祖之一。在他看来,为了遏制个人之间的冲突以保证社会的安全,国家的存在是有必要的;但是,他又对国家权力的范围作出了限定。他认为,国家“对于人民的生命和财产不是、并且也不可能是绝对的专断的”,国家的权力,“在最大范围内,以社会的公共福利为限”。[①] 在此,市民社会就获得了独立性,而对国家加以限制的,就是人民的权利。洛克的思想为国家社会二元论奠定了基础。到了资产阶级革命时代,国家社会二元论成为反专制主义的工具,资产阶级革命者希望通过证明社会经济秩序具有相对独立性而使个人能够摆脱封建国家的专制统治。所以,这一时期的国家社会二元论体现了很强的以市民社会来“反对”国家的倾向。这一时期的代表性人物托马斯·潘恩认为,市民社会是个人根据自己与他人彼此的物质需要而自愿结成的社会经济联合。这种基于人自然本性的联合体现出天然的自由平等和竞争互利关系,因而市民社会本身无须国家就可以形成良好和谐的秩序。而国家的存在只是为了防范人的邪恶本性以及补充那些社会还无力涉及的一些事情;而且国家本身也是一种恶,是需要防范的对个人的威胁。[②] 在潘恩的理论中,主要强调的是以市民社会去对抗国家,反对国家干预和侵犯基于个人自由的社会生活。与这种“对抗式”的国家社会二元论相联系,早期西方宪法所规定的基本权利主要是自由权。其针对国家的性质极为鲜明,自由权所防范的是国家的干预,所保障的正是市民社会的秩序。自由权的实现只需要国家承担不侵犯的义务,而无须社会其他主体的作为。在这种“对抗式”理论下,“基本权利—国家义务”的对应关系具有绝对性和唯一性。

对抗式的二元论思想为资产阶级革命提供了理论支持;在二元论的发展中却渐渐开始淡化国家与社会的对抗,转而重视国家与社

---

① [英]洛克:《政府论》(下篇),叶启芳等译,商务印书馆 1964 年版,第 83 页。

② 参见[美]托马斯·潘恩:《潘恩选集》,马清槐译,商务印书馆 1981 年版,第 230 ~ 231 页。

会之间相互协作的层面,重视国家在个人利益实现上的积极作用。例如,在黑格尔看来,国家与社会不应是截然对立的,而是相互关联和相互补充的。黑格尔认为,市民社会是个人为满足自己的特殊利益而形成的体系,其中充满了私利之间的冲突,[①]这种冲突只有一个超越于市民社会之上的公共权威才可以克服。国家正是基于这种要求才出现的;国家代表的是不同于私人特殊利益的普遍的公共利益,是对于只代表私利的市民社会的纠正和补充。黑格尔的理论改变了潘恩式的国家与社会的"对抗模式",代之以国家控制社会的模式;在黑格尔的二元论中,居于主导地位的国家既是对市民社会的超越,又保存了市民社会,在保留市民社会的积极因素的基础上将市民社会带入了更高的协调的整体之中。[②] 国家担负着纠正市民社会缺陷的职责,对自由放任的市民社会所可能导致的不平等的纠正也在国家的职责之内。虽然在黑格尔的"普遍国家"理论之下,国家控制和引导着市民社会,但是黑格尔并不否定国家与社会的二元关系;在他看来,国家只是为了克服市民社会的局限,并不是要取消和否定市民社会。正如马克思所说,"黑格尔的出发点是作为两个永久的对立面、作为两个完全不同的领域的'市民社会'和'政治国家'的分离"。[③] 所以,虽然黑格尔的理论以"协调"代替"对抗",但是并没有否定作为西方宪法理论基础的国家与社会相互分离的二元理论。

国家与社会二元论在理论上将国家与社会相区分。以此为基础的宪法所规定的基本权利的目的,就是通过对抗国家而保卫社会;从而基本权利仅仅针对国家,以国家为义务主体。但在当代西方国家学说中,却出现了一种"二元论过时说",这在一定程度上动摇了"基本权利—国家义务"这一对应关系的理论基础。一些学者主张,国家与社会二元论产生于封建君主专制时代,是为了避免君

---

① 参见[德]黑格尔:《法哲学原理》,范扬等译,商务印书馆 1982 年版,第 309 页。

② 参见吴惕安等主编:《当代西方国家理论评析》,陕西人民出版社 1994 年版,第 372 页。

③ 马克思、恩格斯:《马克思恩格斯全集》(第 1 卷),著作编译局编译,人民出版社 1995 年版,第 334 页。

主极权而设计的;在当代的民主国家,主权在民,对国家的限制也已极为完善和有效,国家社会二元论存在的基础已经消失。① 也有人认为现代国家是“多元国家”,除个人和国家以外,现代国家中还存在大量的利益团体、社会组织和中介机构等;在这种多元共存的局面下,不应当再笼统而绝对地区分国家与社会。② 所以,传统的国家社会二元论已经不适应当代的情况了。这种“二元论过时说”对当代的宪法理论也产生了很大的影响,它使人们认识到,基本权利绝不仅仅是针对国家干预的“防御权”,基本权利的实现往往需要社会中各种主体的共同协作,这就产生了国家以外的其他主体对基本权利承担责任的问题。③ 实际上,与“二元论过时说”相适应,当代的宪法理论也出现了将基本权利的效力扩及国家以外主体的主张。但是,国家与社会的区分在西方宪法上是一种具有根本性的价值决定,所以这些理论虽然对“基本权利—国家义务”这一简单对应模式作了一些修正,但并不能从根本上否定基本权利的针对国家性。

二、马克思主义的国家与社会关系学说

作为社会主义宪法指导思想的马克思主义,在国家与社会的关系理论上有着与国家社会二元论不尽相同的观点;这对社会主义宪法中关于基本权利的义务主体的规定也产生了影响。

马克思最初继承了黑格尔的国家社会二元论,认为国家与社会的二元对立是人类社会发展的一个必然阶段,是客观存在的。但马克思并不认为这种对立是合理的和永恒的。马克思认为,应当将国

---

① 参见葛克昌:《国家与社会二元论及其宪法意义》,载《台大法学论丛》1994 年第 24 卷第 1 期。

② 参见葛克昌:《国家与社会二元论及其宪法意义》,载《台大法学论丛》1994 年第 24 卷第 1 期。

③ 德国学者曾经描述了两种宪法状态:一种是理想的国家与社会相分离的状态;另一种是“不仅仅确保全面的个人的法律保护,而是关心公民的社会福利和保障,从而为依社会状况而定的地位降低、不测风险提供损失补偿的作用的政治性总体法律秩序”。第二种状态与第一种状态的一个重要不同就在于各种社会权力和社会组织要为公民福祉的实现承担义务。这里隐含宪法的职能超出国家——公民维度以外的可能性。而这种变化“显得是一种剧变,甚至是宪法架构的破产”。参见[德]哈贝马斯:《在事实与规范之间》,童世骏译,生活·读书·新知三联书店 2003 年版,第 303 ~ 304 页。

家与社会的关系放到人类社会发展的阶段中去加以理解,市民社会与政治国家的分离,只不过是生产力发展到一定阶段后,资产阶级利益与普遍公共利益相对抗的结果。在他看来,在社会生产力特别是社会分工发展到一定阶段后,社会利益开始分化,个人的特殊利益与社会的共同利益之间开始对立,“正是由于特殊利益与共同利益之间的这种冲突,共同利益才采取国家这种与实际的单个利益和全体利益相脱离的独立形式”,①相应地,市民社会也就摆脱国家权力的干预而产生。马克思还认为,人类历史上国家与社会的二元分裂,完全是资本主义市场经济的产物,在市场经济之下,私人商品的生产、交换和消费活动必须摆脱政府的干预;为了市场经济的发展,资产阶级就必须通过革命来获得一个自由的经济活动领域,这就是市民社会。但是,马克思并不认为国家与社会的二元对立是永恒的。在他看来,人类在进入共产主义社会之后,不再存在阶级利益与共同利益的对抗,一切的个人利益、局部利益都是统一于整体利益的,国家也将最终消亡,从而国家与社会的对立也将不存在。

虽然马克思主义的国家学说认为国家最终将会消亡,国家与社会的二元对立最终也会消失;但是在马克思主义看来,在进入共产主义之前,社会主义国家的存在依然是有合理性的。社会主义国家虽然是暂时的,却是有必然性的。在列宁看来,“国家完全消亡的经济基础就是共产主义的高度发展”。② 而社会主义是共产主义的初级阶段;在这个阶段,无产阶级国家必须通过无产阶级专政、发展社会主义民主和社会主义经济,才能为国家消亡创造条件。而斯大林也认为,为了对抗资本主义的包围和保护社会主义免受外来侵略,社会主义国家也是有必要存在的。③ 尽管社会主义国家还有存在的必要,但是马克思主义认为,无产阶级国家不是原来意义上的国家。在社会主义国家中,不存在阶级的特殊利益与国家利益的对立,个

① 马克思、恩格斯:《马克思恩格斯全集》(第1卷),著作编译局编译,人民出版社1995年版,第84页。

② 列宁:《列宁选集》(第3卷),人民出版社1995年版,第253页。

③ 参见邹永贤主编:《国家学说史》(中),福建人民出版社1999年版,第843~850页。

人与国家、社会与国家之间不再是对立关系，而是具有和谐一致性的。按照马克思主义的这种国家社会和谐一致的观念，社会主义宪法所规定的公民基本权利，就不是资本主义宪法中那种个人消极防御国家的权利，而是个人与国家、社会共同协力、共同促进的权利。社会主义宪法着眼的是权利的实现，而对其针对的义务主体就体现出一种模糊化的特征。所以，尽管国家依然对基本权利负有义务，但社会中其他的主体以及个人都应当对他人权利的实现负有责任。[①] 基于这种认识，1977年《苏联宪法》才会宣告："这个社会的生活准则是大家关心每个人的福利和每个人关心大家的福利。"这就是社会主义宪法中的某些规定将国家和其他的社会主体都作为基本权利义务主体的原因所在。

基于以上分析可以看出，西方宪法以"国家社会二元论"为基础，将基本权利作为限制国家、保卫社会、保卫个人自由生存空间的工具，基本权利仅仅针对国家，国家是基本权利的唯一义务主体。而社会主义宪法基于马克思主义的国家社会关系学说，认为国家、个人和其他的一切社会主体在利益上是一致的，认为个人利益的实现有赖于国家、社会的整体协同；所以，虽然宪法中的基本权利条款主要调整的是个人与国家的关系，但并不将基本权利的义务主体仅限于国家。

第五节 “基本权利—国家义务”对应关系的松动

当代的西方宪法理论与实践在基本权利的义务主体问题上，却体现出与社会主义宪法在某种意义上的趋同，开始认为基本权利也可能约束国家以外的其他主体。这种变化首先体现在某些国家宪法的规定上，但这些规定多数是就特定人权排除私人侵害的规定，

---

① 参见陈宝音：《国外社会主义宪法论》，中国人民公安大学出版社1998年版，第118页。

像葡萄牙宪法那样概括性地规定宪法约束国家之外的私主体属于极为罕见的情形。更多反映“基本权利—国家义务”对应关系松动的是现代宪法的原理而非宪法文本。这其中具有代表性的是德国的“基本权利第三人效力”理论和美国的“国家行为”理论。两种理论的共通之处是将基本权利的效力范围扩大,不仅约束作为公法主体的国家的行为,还约束私法主体的行为。

一、基本权利的第三人效力理论

基本权利的第三人效力是指基本权利不仅可以拘束人民与国家之间的公法关系,也可以拘束人民与人民之间的私法关系,也就是可以对国家与人民之外的第三人产生效力。之所以有这样的主张,是基于所谓“社会力行为”的出现和公民基本权利的相互冲突。在现代社会,随着社会经济结构的发展变化,一些私法上的主体(企业、社团、工会、政党、传媒等)势力日渐增大,使其与他人关系或者对内部员工的支配处于不对等状态。而这些大企业或者社会团体的行为的性质又往往具有类似国家行为的垄断性或公益性,这样,这些主体就实际上取得了某种类似国家机关的支配地位,而其行为实际上也具备了某种强制性。从而,他们利用优势地位对处于劣势地位的私人的基本权利造成实质侵害或妨碍的可能性也就大为增加。[①] 势力巨大的私法主体以其所拥有的组织力、经济力、社会力等类似国家的权力,对弱者或者其成员的具有实际支配力的行为,就是德国法上所谓的“社会力行为”。[②] 除社会成员力量上的差异之外,社会力行为发生的原因还在于公民基本权利之间的相互冲突。我们知道,基本权利并非一个内部和谐的体系,相反,异质乃至同质的基本权利之间往往是相互冲突的。一方自由权的充分伸展往往构成对他方权利实现的妨碍,这样,力量强大、地位优越的主体就可能借助自己所拥有的实力在实现自己利益最大化时损害社会弱势

① 参见吴撷英:《欧美国家关于宪法的约束力的理论研究及司法实践》,载《法学论文集(续集)》,光明日报出版社1985年版,第158页。

② 参见陈新民:《宪法基本权利及对第三者效力之理论》,载陈新民:《德国公法学基础理论》(上册),山东人民出版社2001年版,第291页。

者的权利。[1]

在这种特定情形下,传统私法上的“自我决定”基础已经不存在了,[2]私法主体已经无法维持相互之间的平衡了。而传统的私法应对这种实际侵害的手段往往不足,因为这种“社会力行为”的损害往往是打着“私法自治”的幌子的;也就是说,这种损害往往是基于弱势者的同意的,既然是弱势者基于“自由意志”而接受了这种损害,其在民法领域获得救济的可能性就极小,[3]弱势者的基本权利也就难以有效落实。既然私法保障不足,将基本权利直接适用于私人之间的私法关系就是具有正当性的。这样,基本权利就对国家之外的私法主体产生了约束力。

最早提出“基本权利的第三人效力”理论的是德国劳工法学者尼伯代(Hans-Carl Nipperdey)。他任德国联邦劳动法院院长时,在一项判决中做了这样的阐述,“基本权利本来的目的在于保障个人之自由范畴免于遭受国家权力之侵害,但其意义已有变更及扩大。《基本法》上若干重要的基本权利不仅在于保障个人自由权,对抗国家权力,而且也是国民社会生活的秩序原则,对于私法上交易亦具有直接规范性。私法上法律行为亦不能违背此项国家法律秩序之基本结构”。[4] 也就是说,基本权利不仅是用来对抗国家的,同时作为社会生活的最高秩序规范,应该对社会生活的一切方面都具有约束力。因而,在人民彼此间的私法关系上,基本权利应当具有直接的效力,也就是说,基本权利可以对国家之外的私法主体

---

① 关于基本权利冲突的类型,参见[韩]权宁星:《基本权利的竞合与冲突》,韩大元译,载《外国法译评》1996 年第 4 期。

② 例如,契约自由是许多国家宪法都明示的基本自由权。但如果契约一方地位相当优越,以至于实际上可以在契约内容上单方面作决定,则对于另一方来说,就不是自由意志的“自主决定”了,而是“他主决定”。一方的契约自由权利就受到了强势者的契约自由权利的压抑。

③ 当然,民法也对处于垄断或者优势地位的民事主体的行为进行一些限制,例如,对合同中一些格式条款的禁止。但是,一则民法所保障的公民权利范围有限,二则民事权利的保障程度往往不及基本权利,因为后者往往具有“绝对权利”的性质;故而,就基本权利的保障而言,私法显然不及公法有力。而且,这里的私法保护往往实际上就反映了公法的渗入。

④ BAGE1,185,193f.

产生约束力。

尼伯代所主张的这种“基本权利的第三人效力”在相当大的程度上否定了基本权利仅仅针对国家、仅仅以国家为义务主体的传统模式。所以,这一判决立即激起轩然大波。众多学者认为,如果让基本权利具有了在私法上的直接效力,必将极大地冲击私法自治和私法秩序,导致公民自由的相互抵消,导致“私法国家化”。然而,这一项判决也使得人们意识到,仅仅将基本权利看作针对国家的权利,会使基本权利无法在整个法律秩序中得到充分的保障。基本法所确立的“自由民主基本秩序”要求基本权利必须能够在国家的各个领域得到贯彻,各种主体的行为都应该受到基本权利的约束。为了既能保证基本权利的“最高层规范”地位,又维护私法体系的自治原则,以著名的吕特判决[1]为标志,德国宪法法院逐步采纳了一种“基本权利对第三人之间接效力”的理论,[2]希望通过对民法上概括条款的解释,将基本权利的精神纳入私法规范当中;这样既保持了私法体系在表面上的独立性,又使国家以外的私法主体对公民基本权利的侵害得到了救济。但是,无论基本权利在私法上的效力是直接的还是间接的,基本权利可以对国家以外的主体产生约束力已经是德国公法学界的共识。[3] 这就使传统的“基本权利—国家义务”模式被修正,基本权利的义务主体开始了多元化。

二、国家行为理论

美国的情况与德国有相似之处,美国的“权利法案”最初仅仅以联邦政府为规制对象。这种情况在美国宪法第十四修正案通过后开始改变。美国宪法第十四修正案宣称:“任何一州,不得制定或实施剥夺合众国公民之特权与豁免的法律……不得在其管辖范围内否定任何人享有平等法律保护。”这就使基本权利对联邦政府的限

① BVerfGE 7,198.

② Volker Epping,Grundrechte,Berlin u. a: Springer,2005. S. 300 ff.

③ 参见刘淑范:《宪法审判权与一般审判权间之分工问题:试论德国联邦宪法法院保障基本权利功能之界限》,载刘孔中、李建良主编:《宪法解释之理论与实务》,台北,“中研院”中山人文社会科学研究所1998年版,第230~235页。

制同样适用于州政府和地方政府。[①] 最初,美国最高法院对此修正案采取文义解释,认为此限制乃针对“州行为”(state action),而私人间的歧视或其他侵害基本权利之行为并非第十四修正案所针对的对象。这就是最初的“国家行为”理论。[②] 这种观念集中体现在最高法院在民权法案(Civil Right cases)的判决中,布拉德列法官所作的多数意见中说:“第十四修正案是针对各州之禁令,而对个人权利的私人侵害并非此修正案之标的。”[③]最高法院作出这样的判决主要是出于对个人自由和联邦制的关注,担心公权力侵犯个人的自主发展空间,担心联邦立法取代州立法权。但是,这一判决所确定的严格的“国家行为”理论导致了社会的巨大混乱。因为它使宪法权利不能对任何形式的私人行为发生效力,实际上可能漠视乃至纵容了占有优势地位的私人对他人基本权利的侵害;这显然是与宪法的精神相悖的。后世的联邦最高法院,特别是沃伦法院,逐步谋求对“国家行为”的扩大解释,使部分私人行为被纳入“国家行为”的范围,从而使基本权利具备了在部分私人领域的效力,国家以外的其他主体也开始受到基本权利的约束。但是,美国的国家行为理论不像德国的第三人效力理论那样彻底,并非所有主体的所有行为都会受到基本权利的约束。只有那些被认为与国家密切相关的私法主体的行为才会受到基本权利的制约。对于哪些私法主体的行为可以纳入“国家行为”的范围从而受到基本权利约束,美国的司法审查实践确立了三种不同的标准:

1. 公共职能原则(Public Function Doctrine)。这一理论认为如

---

① 参见[美]卡尔威因·帕尔德森:《美国宪法释义》,徐卫平、吴新平译,华夏出版社 1989 年版,第 175 页。这里有一个基本权利被纳入第十四修正案的问题。第十四修正案规定“平等保护”,但是公民在哪些问题上应受平等保护,第十四修正案却未说明。理论与实践的发展逐步确认:平等保护就是保护公民的基本权利。这样,基本权利条款实际上就被第十四修正案吸收了,也就是说,各基本权利条款是通过第十四修正案而对各州发生拘束力的。

② 有人译为“州行为”,这当然更符合其根本含义,但未能涵盖基本权利的限制同样针对联邦政府的含义,故而笔者采用法治斌先生的译法。参见法治斌:《私人关系与宪法保障》,载法治斌:《人权保障与释宪法制》,月旦出版股份有限公司 1993 年版,第 3 页。

③ G. Stone, L. Steidman, C. Sunstein & M. Tushnet, *Constitutional Law*, Boston Toronto London: Little Brown & Company, 1991, p. 1595.

果私人行为具备了公共职能,就应受第十四修正案的制约。布莱克(Black)法官在马什诉亚拉巴马案(Marsh v. Alabama)中说:“所有权并非总是意味着绝对的支配。一个所有权人越是将其财产公开由公众普遍使用,其权利就越要受到成文法和那些使用者的宪法权利的限制。”①但公共职能原则被认为有可能过分地干预私人活动。

2. 国家卷入私人活动(state involvement in private action)。在伯顿诉威尔明顿停车管理处案(Burton v. Wilmington Parking Authority)中,克拉克大法官认为,如果政府与私人主体相互依赖,就可能被看作被质疑行为的共同参与者,从而私人行为就被认为是“国家行为”,应受第十四修正案制约。但并非国家与私人有任何关系(nexus)都会使私人行为被看作国家行为,只有国家对该私人行为的参与“达到某种重大程度”(to some significant extant)时才可能导致第十四修正案的运用。在后来的案例中,最高法院逐步明确以下几种情况属于“国家卷入私人活动”:(1)对公共财产的出租或出售;②(2)私团体使用公共财产;③(3)国家通过许可卷入私人活动。④

3. 通过“鼓励”与“授权”而为的国家行为(state action through state “encouragement” and “authorization”)。这一理论认为如果私人被认定是在国家鼓励或授权下而为,则此行为被认为是国家的行为,应当受到基本权利的制约。⑤ 这种理论认为,如果某私人行为得到了某种公开或暗中的“国家辅助”(state subsidization),则此时该行为就在基本权利条款的适用范围之内。

虽然美国的“国家行为”理论极力要将这些主体的行为解释为国家的行为,以维护“基本权利—国家义务”这一传统模式,但这一理论将基本权利的约束对象扩大到基本权利之外的其他主体是不

---

① Gerald Gunther, Kathleen M. Sullivan, *Constitutional Law(the Thirteenth Edition)*, Westbury, New York: The Foundation Press, p. 929.

② Derrington v. Plamer, 240 F. 2d 922 (5th Cir 1956).

③ Gilmore v. Montgomery, 417, U. S. 556(1976).

④ Garner v. Louisiana, 368 U. S. 157 (1961).

⑤ Reitman v. Mvlkey, 387 U. S. 369 (1967).

争的事实。

第六节 “基本权利—国家义务”对应关系的坚持

从上述分析可以看出,无论是当代的西方宪法还是我国的社会主义宪法,基本权利的义务主体都体现出一种多元化的趋向,也就是通过模糊化基本权利的义务主体,着重强调如何真正充分保障和实现基本权利。但是,我们不能对基本权利义务主体的这种多元化给予太高的评价,这种多元化只是对基本权利保障体系的补充和完善,并不能从根本上改变宪法的结构。在基本权利的保障上,还应当强调的是:国家是基本权利的主义务主体。也就是说,基本权利主要是针对国家的,是对国家行为的限定和约束,其他主体对基本权利承担义务在基本权利保障体系中只是次要的和辅助的。对基本权利规范内涵的分析仍然应以“基本权利—国家义务”分析框架为基础。

强调国家是基本权利的主义务主体,首先当然是基于宪法的规定。在西方国家宪法中,概括性地规定基本权利对私法主体具有约束力的仅有葡萄牙宪法,而其他国家宪法仅仅是就个别基本权利规定排除私人的侵害。而从西方国家宪法原理来看,基本权利对私人间关系发生效力也是极其例外的情况;并且在学者们的阐释中,这种私法效力的发生也尽可能仍然被笼罩在“基本权利—国家义务”的框架之内。美国的“国家行为”理论是在私人行为与国家之间寻找联系,如果这些行为能够被“拟制”为国家的行为,才有可能受到宪法的约束。在这种意义上,基本权利根本就不会对“个人—国家”之外的纯粹的私人关系发生效力。而按照某些学者的解释,德国的基本权利第三人效力理论也并非基本权利对私人发生了效力。德国“第三人效力”的通说是“间接效力说”,也就是法官在审理民事案件时,通过对民法概括条款的解释将基本权利这一客观价值秩序注入私法体系,使基本权利间接地对私人关系发生效力。[1] 按照德国宪法学者斯达克的理解,基本权利的第三人效力不过是国家保护义务的一种适用情形。[2] 可以这样理解:法官作为一个受基本权利直接约束的公权力主体,有义务将民法规范作合乎宪法基本决定的解释,有义务在衡量私人关系间基本权利冲突的基础上,保障基本权利免受侵害。所以,虽然基本权利的第三人效力是在私法关系中发生的效力,但依然还是对公权力主体的约束。

所以,尽管当代的宪法理论有着模糊化基本权利的义务主体的倾向,但总体上并未根本否定"基本权利—国家义务"的对应关系。

从我国宪法规定来看,基本权利主要是针对国家的要求,而基本权利约束国家以外的其他主体只是个别的和例外的。在我国现行宪法的基本权利条款中,仅有三个条款明文禁止了私人对基本权利的侵害。而我国的宪法理论都认为宪法所调整的主要是公民与国家之间的关系和国家机关之间的关系,[3]公民与公民之间的关系主要由民法调整。基本权利和民法上的法律权利各有不同的作用空间,如果让基本权利可以完全地、绝对地对各种民事主体产生约束力,会导致民法体系的"私法自治"原则被破坏,而基本权利也会失去其基本性,而沦落为普通法律权利。所以,基本权利首先应该是针对国家的权利;而只有当公民利益受到来自私法主体的侵害而私法无法提供充分的保障时,基本权利才有可能被适用于私法关系中,国家以外的主体才有可能受到基本权利的约束。所以,按照宪法的规定和基本权利在法律体系中的地位,基本权利应该主要是针对国家的权利,以国家为主义务主体。

除这种一般性的宪法规定和宪法理论之外,强调国家是基本权利的主义务主体还有着更重要的意义。强调国家是基本权利的主

---

① See Kenneth M. Lewan, *The Significance of Constitutional Rights for Private Law: Theory and Practice in West Germany*, 17 ICLQ, 1968, p. 599.

② 参见[德]克里斯提安·史塔克:《基本权利之保护义务》,李建良译,载《政大法学评论》1997 年第 58 期。

③ 参见许崇德主编:《中国宪法》,中国人民大学出版社 1996 年版,第 34 页。

义务主体,是重构我国国家与社会关系、肯定我国经济与政治体制改革的需要。我国的改革实践,实际上是对国家与社会关系的重新调整。马克思认为,市民社会与政治国家由对立走向统一的条件,是人类社会进入共产主义,个人特殊利益与社会整体利益的差别不复存在;而且这种统一只是国家消亡了,而社会还是存在的。在马克思的理论中,社会是前提和基础,是社会制约和决定国家,而不是国家制约和决定社会。① 按照马克思的论断,在进入共产主义社会之前,人类在个别利益与整体利益上的冲突不会消失,国家与社会的分离是有着必然性的。所以,基于历史教训和对马克思主义国家社会关系学说的正确认识,我国在过去的改革中实际上是在重新调整国家与社会的关系,承认社会存在的正当性,②给予人民不受国家干预的自由空间。这种对国家社会关系的调整在宪法上最突出的体现就是非公有制经济的宪法地位的提升:从 1982 年《宪法》实际上否认私营经济的合法性,到 1988 年《宪法修正案》规定“国家允许私营经济在法律规定的范围内存在和发展。私营经济是社会主义公有制经济的补充”(《宪法修正案》第 1 条),1999 年《宪法修正案》规定“在法律规定范围内的个体经济、私营经济等非公有制经济,是社会主义市场经济的重要组成部分”(《宪法修正案》第 16 条),再到 2004 年《宪法修正案》实际上承认非公有制经济与公有制经济同等的宪法地位(《宪法修正案》第 21 条),这种变化实际上承认了在国家所代表的整体的、共同的利益之外,也还存在特殊的局部利益,而且局部利益也是应当保护的。由于特殊利益与整体利益差异的存在,国家与社会的统一就还没有物质基础。在这种情况下,应当肯定国家与社会相分立在我国当前现实中具有必然性。而要在制度上确立国家与社会的分离,确立社会的相对独立性,首先就是要以公民基本权利限定和约束国家的行为。此外,社会主义市场经济的建立和运行,必须有自由、独立的市场主体的存在,而市场

---

① 《马克思恩格斯选集》(第 1 卷),人民出版社 1995 年版,第 88 页。

② 参见唐士其:《“市民社会”现代国家以及中国的国家与社会的关系》,载《北京大学学报》1996 年第 6 期。

主体的独立自主主要是相对于国家的干预而言的。市场主体要想获得独立自主的地位,就必然要求国家不介入私人之间的活动,而个人提出这种要求的主要依据就是基本权利。也就是只有通过要求国家不侵害公民的自由权等基本权利,个人才能获得自由独立的市场主体地位;在这一点上,基本权利作为“对国家的要求”比作为“对其他主体的要求”更重要。在这种意义上,强调“基本权利—国家义务”的对应关系,实际上是在宪法理论上对我国过去改革成果的肯定。

第三章　基本权利规范分析框架的革新

在确定了“基本权利—国家义务”这一基本权利规范建构的理论出发点之后，还需要一个更细致的规范分析框架。传统上，基本权利的规范内涵分析框架是“基本权利的分类”，但在当代宪法的视野下，这一框架有革新的必要。

第一节　传统框架：基本权利的分类

“类型化”是人类最为平常的思维模式之一。在对研究对象进行观察分析时，除就个别对象作个别的分散研究外，将具有不同特征和属性的对象进行归类后进行分析是人类最基本的思维方法和研究方法。基本权利的分类也是分析基本权利规范内涵的最基本的框架。在对某项基本权利进行宪法解释时，除就个别基本权利条款作独立研究外，一种最基本的思维是将其归入某个基本权利种类，然后用该基本权利种类的一般特征去阐释该权利条款的规范内涵。传统的对基本权利规范内涵的分析经常是以基本权利的分类为逻辑框架的。

但是，基本权利分类方法呈现出纷繁复杂的状态。由于在分类方法上缺乏共识，基本权利分类在相当程度上难以承担作为基本权利规范分析框架的功能。

在各种基本权利分类方法中,最简明的是“消极权利”与“积极权利”的二分法。英国著名政治哲学家以赛亚·伯林(Isaiah Berlin)在其论文《自由的两种概念》中,把自由分为“消极自由”(negative liberty)和“积极自由”(positive liberty)。[①] 这篇论文被认为是“当代政治哲学中最有影响的单篇论文”,是“我们大多数论证的分析基础”。[②] 在宪法学上,将基本权利分为“消极权利”和“积极权利”的二分法也是基本权利最重要的分类方法。消极权利是指要求国家不作为的权利,对应国家的消极义务如自由权;而积极权利则要求国家作出相应作为,对应国家的积极义务如社会权和参政权。这种分类方法清楚而严整,是极好认识也极好使用的逻辑结构,在基本权利的规范分析中具有极为重要的地位。

除这种简明的分类方法外,基本权利在分类上还有更复杂的形态。就我国的情况而言,基本权利的基本分类方法有以下多种:

1. 十分法。我国1982年《宪法》颁布后的第一本宪法教材将基本权利分为十类,包括平等权,政治权利和自由,宗教信仰自由,人身自由,批评、建议、申诉、控告、检举权和取得赔偿权,社会经济权利,文化教育权利和自由,妇女的权利和自由,有关婚姻、家庭、老人、妇女和儿童的权利,华侨、归侨和侨眷的权利。[③]

2. 八分法。包括平等权、政治权利、宗教信仰自由、人身自由、社会经济权利、文化教育权利、监督权与请求权、特定主体的权利。[④]

3. 五分法。包括平等权,政治类权利,人身自由和宗教信仰自由,公民的社会经济、教育和文化方面的权利,特定主体的权利。[⑤]

4. 四分法。包括参政权、人身自由和信仰自由、经济和教育文化权、特定人的权利。[⑥]

---

① Berlin, *Four Essays on Liberty*, Oxford: Oxford University Press, 1969, p. 129.

② 参见应奇:《论第三种自由概念》,载应奇、刘训练编:《第三种自由》,东方出版社2006年版,第462页。

③ 参见吴家麟主编:《宪法学》,群众出版社1983年版,第364~386页。

④ 参见董和平、韩大元、李树忠:《宪法学》,法律出版社2000年版,第341~422页。

⑤ 参见肖蔚云等:《宪法学概论》,北京大学出版社2002年版,第191~214页。

⑥ 参见魏定仁主编:《宪法学》,北京大学出版社1994年版,第172~196页。

更多的分类方法，这里不再一一列举。在某种意义上，基本权利的分类已经成为缺乏共识的各说各话的问题，每位学者在自己的体系下都可以创造出新的分类。这些分类中，有的过于琐碎，以此种分类出发的研究几乎等同于对每项基本权利的个别分析。而稍微简明的分类方法，却又无法在各个种类间明确界定各自的规范特征，不足以像“消极权利—积极权利”的二分法承担基本权利规范内涵分析框架的功能。

如果放宽视野到世界各国宪法学对基本权利的分类，会发现这种纷乱如麻的状况更为严重。并且，随着基本权利体系的发展，这种分类与传统分类的差异愈加巨大。例如，《欧洲宪法条约草案》的第二编“联盟的基本权利宪章”部分把基本权利分为六大类，分别是：(1)尊严；(2)自由；(3)平等；(4)团结；(5)公民的诸权利；(6)司法。在这种情况下，基本权利的分类几乎只具备学理认识上的价值，而不具备规范建构层面的实用性了。

第二节　二分法的崩溃

一、基本权利分类的相互叠加

如上文所述，由于基本权利分类方法繁复琐碎和缺乏共识，大部分基本权利分类方法是无法成为分析基本权利规范内涵的框架的。相比而言，“消极权利”和“积极权利”的二分法似乎仍然具备相当的解释力。但实际上，在当今的宪法理论与实践中，基本权利的分类之间却出现了相互叠加，①基本权利的性质呈现一种综合化，每一项基本权利所对应的国家义务也表现出一种复合化特征。也

---

① Henry Shue, *Rights in the Light of Duties*, in Human Rights and U. S. Foreign Policy, Peter G. Brown and Douglas Maclean eds. , Lexington MA: lexintong Books, 1979, p. 263 – 264. 亨利·舒观察到了一种关于基本权利的“双重二分”(Double Dichotomy)的现象，并且认为应当寻找“更好的思考权利问题的概念框架”(a better conceptual framework for thinking about rights)。

就是说,每个基本权利都可能具有几个层次的性质,对应几个层次的国家义务,权利与义务的对应不是“一对一”,而是“一对多”。在这种情况下,无论对基本权利作怎样精细的分类,都无法使国家义务类型化、条理化,从而,基本权利的分类已经不足以作为对基本权利的规范内涵作精致分析的框架。

我们可以以“自由权—社会权”这一最重要的基本权利分类为例来说明以基本权利的分类作为分析框架所可能导致的混乱。以“自由权—社会权”的二分作为分析框架,无法解决下列问题:

(一)国家对自由权的积极义务

按照传统的理解,自由权所对应的是国家的消极义务,也就是国家不必对自由权做任何行为。但实际上,若没有国家履行积极的义务,自由权可能完全无法实现。首先,自由权的实现要求司法机关提供司法救济,也就是当自由权受到侵害的时候,自由权人可以请求司法机关进行司法裁判以排除侵害。在这种情况下,司法机关乃是应自由权人的请求为特定的积极行为——裁判行为,国家对自由权履行的是积极义务。如果国家不承担此种积极义务,那么自由权就无法实现。其次,自由权的真正实现,往往需要国家直接的积极作为。例如,美国学者唐纳利认为,不受虐待的人身自由通常被看作典型的消极权利,只是要求国家不要侵犯个人的自由与身体。“但是,确保这种侵犯不会发生,在几乎所有的情况下都要求重要的‘积极’计划,它包括训练、监督和控制警察和安全部队。”①由以上分析可以看出,自由权的实现并不只是要求国家不侵犯,在很大程度上还要求国家采取积极的行动。正是在这种意义上,霍尔姆斯和桑斯坦才作出“所有权利都是积极权利”的判断。② 有学者甚至认为,所有被看作积极权利的“福利权利”都可以从被看作消极权利的

① [美]杰克·唐纳利:《普遍人权的理论与实践》,王浦劬等译,中国社会科学出版社 2001 年版,第 32 ~ 33 页。

② 参见[美]史蒂芬·霍尔姆斯、[美]凯斯·R. 桑斯坦:《权利的成本——为什么自由依赖于税》,毕竟悦译,北京大学出版社 2004 年版。

自由权中推导出来，[①]之所以有这样的判断，是因为自由权有着天然的积极属性，尽管这种属性往往被人们忽略。

（二）国家对社会权的消极义务

按照传统的理解，社会权使国家负有积极的义务，也就是承担提供特定经济和社会给付的作为义务。但是，由于基本权利最原始和最根本的目的在于确保权利免于遭受国家的侵害，基本权利的最重要价值也在于此，所以社会权也就天然地有抵御国家侵害的意义。因此，国家对社会权的义务也就不只是积极义务，也包含不侵犯社会权的消极义务。社会权与传统自由权天然地有混合重叠的情形。

我们可以以受教育权为例来说明这一点。宪法上的受教育权概念是从国家积极义务的角度来界定的，宪法规定的公民的受教育权是要求国家采取实现这些权利的必要措施的意思。[②] 为了保证公民的受教育权，国家应承担必要的义务，这些义务包括国家建立和维持教育制度，整备教育条件与设施，经济上帮助就学困难者以至提供免费教育等。[③] 但这并不能否定"受教育自由"是受教育权的重要内容。温辉博士认为："受教育自由的问题无非是判断是否所有的人都有权按其意愿受教育，即受教育主体是否可以不受立法者的任何限制而自由选择自己所喜欢的教师或学校"，并认为这是受教育权的题中应有之义，"失去了自由要素的受教育权也难以称得上权利"。[④] 受教育权在要求国家积极帮助这一最突出特征之外，也具有排除国家干预的"消极权利"的意味，国家对此也负有不予侵害的消极义务。具体而言，就是不去干预受教育权人选择学校、教师、学习内容等方面的自由。由此可见，作为"积极权利"的受教育权所针对的国家义务也有消极义务的内容，虽然此内容相对于积极

① See Allen Buchanan, *Deriving Welfare Rights from Libertarian Rights*, in Income Support: Conceptual and Policy Issues, Peter G. Brown, Conrad Johnson & Paul Vernier eds., Totowa, NJ: Rowman and Littlefield. 1981, p. 233.

② 参见[日]宫泽俊义：《日本国宪法精解》，董璠舆译，中国民主法制出版社 1990 年版，第 240 页。

③ 参见[日]芦部信喜：《宪法》，李鸿禧译，台北，元照出版有限公司 2001 年版，第 243 页。

④ 温辉：《受教育权入宪研究》，北京大学出版社 2003 年版，第 37 ~ 38 页。

义务只是处于次要和从属的地位。

【案例与事例分析】孟母堂案

“孟母堂”是一个由家长们自愿组织的一家全日制私塾学校,于2005年9月在上海成立。孟母堂的老师由家长延请,而孟母堂的教学内容也不同于普通全日制学校的教学内容,主要教授《易经》《论语》等中国古代传统经典,其英语、数学、体育等课程的内容也与普通学校不同。这种教学模式被媒体称为“现代私塾”,经广泛报道后引发了激烈的社会争论。

2006年7月17日上海市松江区教育局向孟母堂下发告知单(沪松教〔2006〕94号),告知单指出:孟母堂属非法教育机构,从事的是非法教育活动,应立即停止非法行为。上海市教委发言人又于2006年7月24日对此发表谈话,并给媒体发文,又列举出孟母堂的所谓“错误”:(1)违反办学许可的有关规定;(2)违反《义务教育法》第2条、第4条和第35条的有关规定;(3)违反有关教育收费的规定。而孟母堂负责人则声称,孟母堂并没有违反《义务教育法》第2条、第4条和第35条的有关规定,教育部门的告知书和公开发言,无法律依据,并准备以行政诉讼和民事诉讼分别起诉上海市松江区教育局和上海市教委,通过法律手段维护其合法权利。

在现行的实定法下,应可作出孟母堂违法的判断。但在“违法性”层面之上,考虑相关的法律是否有违反宪法、侵害宪法上受教育权的可能性,依然是有意义的思考角度。①

受教育权属于“核心的”社会权,具有强烈的积极权利倾向,其对国家的基本要求是努力创造物质条件,使公民可以普遍地接受教育,避免公民因为贫困等原因而失去受教育的机会,失去社会竞争的基本条件。国家对于社会权的义务也主要是积极的作为义务。但“孟母堂”事件让我们认识到,受教育权在其社会权属性之外,尚有自由权的属性。在这一案件中,学生的家长们为自己的子女选择了不同于国家要求的教育模式和教学内容,而且他们有足够的财力

① 这一案件涉及基本权利的多方面问题;但为了说明“基本权利性质的复合性”问题,这里只讨论受教育权的性质问题。

和其他能力去作出这种选择。这里，受教育权的实现在某种程度上已经不需要国家的积极给付与帮助，因为权利主体（学生及其亲权人）具备自我实现该项权利的能力。在这种情况下，国家建构的教育制度，对教学模式和教学内容的安排，在某种意义上可能实际上构成了对受教育权主体的权利实现的限制乃至妨害。于是，受教育权人有可能主张国家的行为构成对其受教育权的侵害。这里，受教育权所表现出来的就是其自由权的属性，而非社会权的属性。

二、"自由权—社会权"二分法的相对化

从以上两个方面我们可以得出结论：自由权和社会权的二分只是相对的，各基本权利的性质都具有综合性的特征，社会权固然有天然的"自由权侧面"，而传统自由权也逐渐生出"社会权侧面"的性质。所以，日本学者芦部信喜强调："将权利的性质为固定的认定并予以严格的分类，乃是不适当的。有必要针对个别的问题，就权利的性质作柔软的思考。"①与基本权利性质的综合性相适应，基本权利所针对之国家义务也呈现复合性的特征。"实际上，所有的权利既有'积极'的相关义务，也有'消极'的相关义务。我们姑且假定，在许多典型的环境下，许多权利主要是具有积极的相关义务，或主要具有消极的相关义务。"②而我们不能再假定自由权只对应国家的消极义务，而社会权只对应国家的积极义务了。所以，如果以"自由权—社会权"的二分法作为分析框架，基本权利的规范内涵就没有充分厘清的可能。我们可以通过图3－1来说明权利分类为何不能作为基本权利及其对应的国家义务的分析框架：

---

① ［日］芦部信喜：《宪法》，李鸿禧译，台北，元照出版有限公司2001年版，第102页。

② ［美］杰克·唐纳利：《普遍人权的理论与实践》，王浦劬等译，中国社会科学出版社2001年版，第113页。

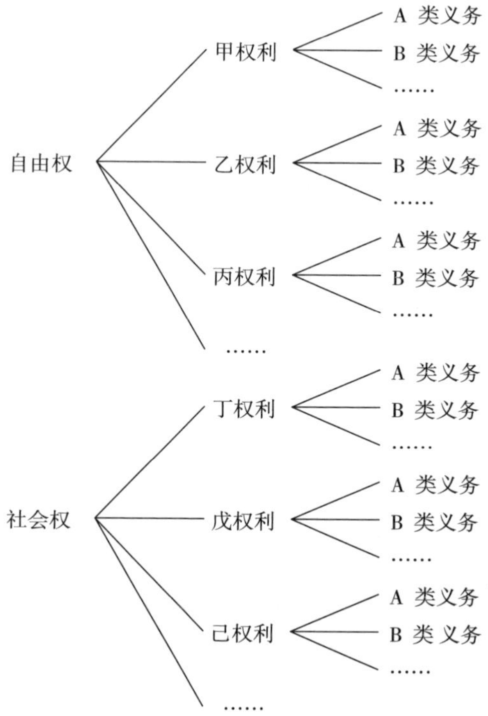

图 3－1　自由权—社会权二分法与国家义务

可以很容易地看出,按照基本权利的分类,我们对国家义务的研究只能是就每项基本权利进行独立的、零散的考察,无法进行类型化和体系化的研究。这是因为,当代的各个具体基本权利“自身的”性质综合化了,无论作怎样的分类,都无法避免某具体基本权利在性质上横跨两种以上分类的可能。由于每项基本权利的性质都具有综合性,每项基本权利所针对的国家义务也就具有复合性,所以从基本权利分类的角度是无法将国家义务予以体系化和类型化的,我们必须寻找性质上更为单纯的元素作为分析基本权利及其对应的国家义务的工具。①

① 这里需要回答一个前提性的问题:“我们何以需要一个总体的框架?”或者“我们仅就个别基本权利作独立的研究难道不够吗?”在笔者看来,“类型化研究”是人类的基本思维模式之一,如果不能在总体上获得一个简明而逻辑清晰的纲要,进一步的研究就是不可能的。同时,我们对于个别基本权利的研究也是有赖于对基本权利的总体把握的。这种宏观的、框架性的研究的必要性,可参见黄仁宇:《中国大历史》,生活·读书·新知三联书店 1997 年版,中文版自序。

第三节　框架的革新：基本权利的功能体系

一、“元研究”的必要性

在基本权利的分类丧失分析框架功能的前提下，寻找性质上更为单纯的分析元素的工作可以称作一种“元研究”（meta-study）。最早出现在德国法上的“基本权利的功能体系”就成为这项元研究的理论资源。① 由于每项基本权利的性质都是综合的，我们就可以通过界定“基本权利的功能”来对基本权利的多重性质进行分层。我们可以将每一项基本权利分为几个层次的功能；每个层次的性质都是单一的，其所针对的国家义务也是单一的。在此基础上，我们可以将基本权利的功能归纳为几个种类，每一类功能所针对的国家义务也就是单一的了。这样，国家义务就可以被类型化和条理化。我们可以通过图 3－2 来说明这种分析方法。

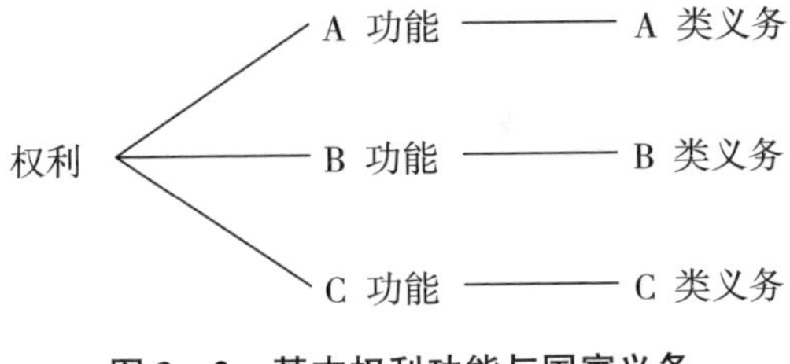

图 3－2　基本权利功能与国家义务

这种方法将各个基本权利的性质进一步拆分，以单纯的“基本权利的功能侧面”而不是本身就具有复合性的基本权利作为研究的元素；这就避免了一项基本权利具有多重性质所带来的其与国家义务的对应关系上的多层次性，从源头上避免了对基本权利进行规范建构的混乱。在确定了“A 种功能—A 种义务”“B 种功能—B 种义

① Richard Bäunlin，Kommentar zum Grundgesetz für die Bundesrepublik Deutschland，Darmstadt：Luchterhand，1984，S. 249. ff.

务”的框架后,各个基本权利所针对国家义务的复合形态就可以由基本权利功能层次的划分而得以条理化。

二、基本权利的功能体系

首先对基本权利的功能进行划分的是德国宪法学,不同学者对基本权利功能的分类也是不尽相同的。但笔者认为,基本权利的功能大体上可以分为三个层次。

(一)防御权功能

防御权功能是指基本权利所具有的要求国家不予侵犯的功能。防御权所针对的国家义务是纯粹消极性的,也就是要求国家不得侵犯公民权利。防御权功能是基本权利最为基本的功能。我们知道,宪法关于公民基本权利最早的规定主要是自由权,自由权的意义就在于对抗可能来自国家的侵害。所以基本权利首先具备的就是防御权功能;但这项功能不仅是自由权的功能,也是其他权利所必然具备的功能。例如,劳动权的功能主要是要求国家为公民获得工作机会而进行各种积极的帮助,以及在公民失业时给予起码的生活保障。但是,劳动权也必然意味着公民有选择职业的自由;国家不得禁止公民从事自己选择的职业,不得禁止公民工作。所以,防御权功能是各种基本权利都具有的一项功能。

(二)受益权功能

受益权功能是指公民基本权利所具有的可以请求国家作出某种行为,从而享受一定利益的功能。受益权功能针对的是国家的给付义务,也就是国家提供基本权利实现所需的物质、程序或者服务,例如,提供失业救济、免费教育或者职业培训。我们可以看出受益权功能与社会权有着密切联系;但是,在当代的基本权利体系中,受益权功能并不只是社会权的功能,其他权利也具有受益权功能。例如,传统上被认为是自由权的生命权,在当代的宪法理论中可能意味要求国家承担积极的义务;又如,提供食物、提供保健服务、提供医疗等。

(三)客观价值秩序功能

基本权利的性质在当代的宪法理论中经历了从“主观权利”向

"客观的法"的转向,在具备"客观法"性质之后,基本权利又产生了一些新的功能,这些功能可以概括地称为"客观秩序功能"。基本权利"客观秩序功能"要求国家除承担针对防御权功能的"不侵犯义务"和针对受益权功能的"给付义务"以外,还应当运用一切可能的和必要的手段来促成基本权利的实现,其义务范围是非常广泛的。

依据基本权利的上述功能体系,我们可以相应地将国家义务划分为:(1)消极义务(不侵犯义务);(2)给付义务(提供各种物质、程序给付和其他相关服务的义务);(3)保护义务。

三、基本权利规范内涵分析的逻辑地图

基本权利的功能与国家义务的对应关系,可以归纳为图3-3。

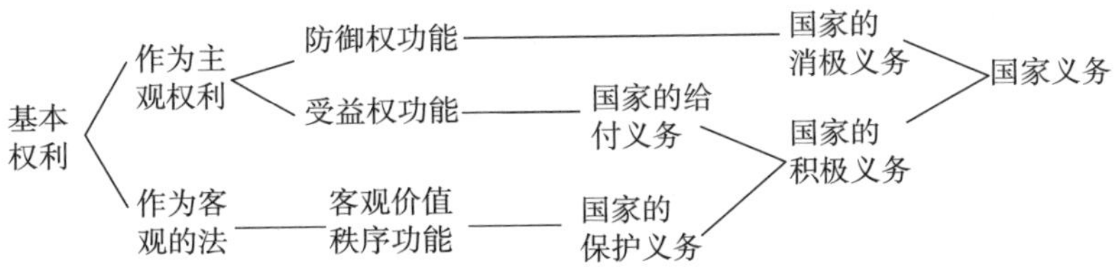

图3-3　基本权利的功能体系与国家义务的对应关系

这个关系图就可以成为对基本权利及其对应的国家义务进行分析的框架图。其基本内容如下:

(1)基本权利的性质可以分为"主观权利"和"客观的法"两种。

(2)作为"主观权利"的基本权利有两项功能:一为防御权功能;二为受益权功能。

(3)防御权功能对应的是国家的消极义务,而受益权功能针对的是国家的给付义务。

(4)作为"客观的法"的基本权利的功能可以概括为"客观价值秩序功能",对应的国家义务可称为国家的保护义务。

(5)国家的保护义务和国家的给付义务共同构成了国家的积极义务。

(6)国家义务由国家的消极义务和国家的积极义务构成。

基本权利的功能体系及其所对应的国家义务是一个非常复杂

的系统,这里笔者只是先列出其基本的框架。在以下几章中,笔者将对这一系统作出详细的分析,最终将国家义务类型化和条理化,从而为基本权利研究确立一套严格的规范和逻辑体系。

附录　基本权利的体系思维*

一、引言

当前的基本权利研究似有“破碎”与“稗贩”二弊。[①] 所谓“破碎”，指当前基本权利研究多为对单项基本权利之研究，而较少对基本权利基础理论，或者说“基本权利总论”进行研究。这种研究容易因为强调某一项权利之重要性而夸大此权利的规范领域，忽视其在基本权利一章中的地位，其与其他基本权利、其他宪法条款之关系。我们固然不能否认单项基本权利研究的意义和已取得的成就，但如果缺乏对基本权利的类型、功能、主体、拘束对象、限制、冲突、竞合等问题的研究，则单项基本权利研究容易陷入重复，人人薄视传承、欲另起炉灶而又难免重复因袭。而且，从单项基本权利出发的研究，也容易被该基本权利的规范领域和现实状况所引导，并因为该领域的特殊性而走向对社会现实的实证描述和琐碎分析，无力概括总结、无法形成

---

* 本文发表于《清华法学》2012 年第 4 期。

① 此二语取自梁启超对晚清西洋思想运动的批评，他说：“坐此为能力所限，而稗贩、破碎、笼统、肤浅、错误诸弊，皆不能免。故运动垂二十年，卒不能得一健实之基础，旋起旋落，为社会所轻。”（梁启超：《清代学术概论》，东方出版社 1996 年版，第 89 页）一切不成熟的学术，恐皆难免于此批评，也应当以此为警戒。

有效的对话和学术积累。

所谓“稗贩”,就是指比较法上的草率借鉴。这种弊病有多种体现,比如,经过与他国宪法比较发现我国宪法并未规定某一项权利,则径直主张修改宪法以使“某权入宪”,[①]不考虑依据我国宪法文本是否有保障此项权利的解释方案。对于我国宪法中具有独特性的条款,则往往以“锯箭式”的思维认定宪法本不应做此规定而回避研究。人之有即为我之不足,人之无即为我之冗余。此外,基本权利研究中对于外国宪法学中的结论性内容的简单移植现象也非常严重,望文生义、生吞活剥式的比较法误用并不鲜见。此种研究,是对外国与中国各自的宪法文本和规范环境独特性的双重忽视。

欲克服此种“破碎”与“稗贩”弊端,舍“基于规范文本的体系化思考”之外别无他法。也就是以《宪法》这一规范文本为基础和界限,对基本权利篇章(经常也需要参考其他条款)作总体上的分析把握,协调不同的规范条文,从中概括出适合此文本的分析框架和理论模型,并在不断的学术批评和实践检验中达成共识。

此种体系化,乃是法教义学的基本工作,[②]也是法律人所应主要致力的方向。[③] 所谓法教义学(juristische Dogmatik,Rechtsdogmatik),用最简单的话说,就是“对于法律素材的科学体系化的预备”。[④] 法教义学的工作可以概括为三个方面:(1)法律概念的逻辑分析;(2)将这种分析概括成为一个体系;(3)将这种分析的结果用于司法裁判的证立。[⑤] 法教义学通过对复杂的规范进行类型化,建构统一的知识体系和思考框架,并设定分析案件的典范论证步骤,为法规范的

---

① 对各种“权利入宪”的主张,已有学者提出了批评,参见姜峰:《权利宪法化的隐忧》,载《清华法学》2010 年第 5 期。笔者同意姜峰的结论,但对其理由并不认同。

② 参见白斌:《论法教义学:源流、特征及其功能》,载《环球法律评论》2010 年第 3 期。

③ 近年来,各个部门法研究中都已出现法教义学的方法自觉,参见陈兴良:《刑法教义学方法论》,载《法学研究》2005 年第 2 期;许德风:《论法教义学与价值判断:以民法方法为中心》,载《中外法学》2008 年第 2 期;蔡桂生:《学术与实务之间——法教义学视野下的司法考试(刑法篇)》,载《北大法律评论》2009 年第 10 卷第 1 辑。法理学的一般性研究可参见武秀英、焦宝乾:《法教义学基本问题初探》,载《河北法学》2006 年第 10 期;林来梵、郑磊:《基于法教义学概念的质疑——评〈中国法学向何处去〉》,载《河北法学》2006 年第 10 期。

④ Uwe Volkmann,Veränderung der Grundrechtsdogmatik,JZ2005,S. 262(263).

⑤ Robert Alexy,Theorie der juristischen Argumentation,1991,S. 311.

适用提供统一的、标准的概念和结构，从而为实践问题的解决提供确定性的指引。法学是一门实践学科，其指向的是现实中争议问题的解决。正因如此，为法律人解释法律和处理案件提供框架性的方法和知识指引的法教义学就是法学的核心工作。所谓基本权利教义学，就是“这样一些法学的、描述性的概念组的总和。其对象是宪法上的基本权利，并且直接支配基本权利的适用。其伴随并帮助着对解释结果的审查、整理和加工，同时给出可能的解释结果和可能的司法判决结果”。[①] 基本权利教义学的体系，就是将基本权利条款适用到与基本权利相关的社会现实中的规则的总和。[②] 毫无疑问，在宪法典被制定出来之后，在基本权利条款成为对个人与国家关系有着法律约束力的规范之后，基本权利的教义学体系的建构也就成为必要。

依据不同的宪法文本，必然会有不同的基本权利教义学体系的建构。此种建构，无法直接照搬任何国外的成熟体系，而是要以本国宪法文本为基础。然而，作为法治的后发国家，中国的法律人缺乏此种体系思维的成熟经验，故而此种体系化又不得不从观察和模仿法治发达国家开始。本文所选取的比较法对象是德国的基本权利教义学体系。之所以选择德国，除了笔者知识范围的限制，还在于德国法学有着最为显著的体系化倾向，以及较高品质的体系化成就，从而也是各国法学体系化思维的主要模仿对象。诚如美国学者梅利曼所言，“尽管从萨维尼时代到现代，一直存在对于德国法学的各种批评和非议，但是德国法学仍然影响着大陆法系的法学家和其他从事法律工作的人们的思维”，而其最主要的特色就是“强调法律系统化的重要性”。[③] 而普通法系则往往被认为“相对粗糙和漫无体系”。[④] 尽管当代宪法学的另一个典范——美国宪法学中并非没

---

① M. Jestaedt, Grundrechtsentfaltung im Gesetz, 1999, S. 2.

② Vgl. W. Cremer, Freiheitsgrundrechte, 2003, S. 16.

③ ［美］约翰·亨利·梅利曼：《大陆法系》（第2版），顾培东、禄正平译，法律出版社2004年版，第65、66页。

④ ［美］约翰·亨利·梅利曼：《大陆法系》（第2版），顾培东、禄正平译，法律出版社2004年版，第3、65、66页。

有以追求“封闭完美体系”为目标的学者，[①]并且美国的基本权利理论也有着非常高明的体系化成就，[②]但总体上，追求体系化并非普通法主要的致力方向。因此，笔者仍选择德国的基本权利教义学为参照系，[③]观察其理论与实务如何从看似杂乱无章、逻辑跳脱、充满缺漏的基本权利篇章中建构出逻辑严谨而富于价值和实践弹性的基本权利的法学体系。进而，本文将从中总结体系思维的目标、方法与标准，并运用于中国宪法文本下基本权利的法学体系的建构。取其法度，以形成我之面目，是本文在体系建构中运用比较法的基本思路。笔者希望这种“比较法的滥用”，只是形成最终中国宪法学的体系化共识的一种不可避免的“前理解”。

按照这一思路，本文的基本安排是：(1)对德国基本权利教义学从“价值与请求权体系”到“基本权利的功能体系”的发展进行梳理，观察基本权利体系思维的路径；(2)对体系化思维的传统、功能、目标与方法进行分析，确立在我国宪法文本下进行基本权利的体系化建构的准则；(3)以我国宪法基本权利一章的两个概括性条款为中心，提出建构中国基本权利的法学体系的初步方案；(4)对如何完善体系和保持体系开放性的两点补充。

---

①　参见林立：《法学方法论与德沃金》，中国政法大学出版社 2002 年版，第 256 页以下。

②　体系化通常被视为德国等大陆法系国家法学的特点，但实际上，通过确立一般性的准则去解决个案问题，是各个法系中都普遍存在的思考方式。美国的法学被认为具有强烈的个案分析倾向，是典型的以问题探讨法为进路的，但是，这并不妨碍其仍然存在相当程度的体系化。例如，美国从著名的“脚注 4”逐步发展出了审查基本权利立法的三重基准，也是以体系化的方法去应对各种类型的基本权利问题。而在具体基本权利领域，也会发展出进一步的类型框架。比如，关于言论自由，就有所谓“双轨理论”(the two-track theory)，也就是将限制言论的政府规制措施区分为“针对言论内容的规制”和“非针对言论内容的规制”，依此分类可以采取严格程度不同的审查标准。See Gerald Gunther, *Constitutional Law*, 12ed. 1991& Supplement 1996, p. 1217 – 1218; Laurence H. Tribe, *American Constitutional Law*, 2nd ed. 1988, p. 89 – 92. 这也是为什么会有学者认为，或许也存在“美国的概念法学”。参见颜厥安：《规范、论证与行动》，台北，元照出版有限公司 2004 年版，第 10 页。

③　在中国其他部门法学科中，在体系化思维上，似乎也多以德国为参考对象。最近的研究如朱岩：《社会基础变迁与民法双重体系建构》，载《中国社会科学》2010 年第 6 期；陈兴良：《犯罪构成论：从四要件到三阶层　一个学术史的考察》，载《中外法学》2010 年第 1 期。

二、德国基本权利教义学：从“价值与请求权体系”到“基本权利的功能体系”

德国基本权利的宪法解释，或者说基本权利的教义学，在今天已经是一个精细谨严的体系。但是这种教义学上的高品质，并非《德国基本法》文本的直接结果。基本法如同其他任何宪法一样，都是政治运作的结果，更多体现的是历史经验与社会现实，在先并没有一个完整的法学体系。在基本法制定之初，面对列于基本法卷首的皇皇19条基本权利条文，学界与宪法法院都有难以下手的感觉，故用在早期仍采用传统观点而仅将基本权利视为对抗国家的防御权，基本权利之作用与影响都极为有限。直到1956年杜里希教授提出把基本权利作为“价值与请求权体系”的观点，这种局面才开始改变，这开启了德国对于基本权利的体系化思考。经过宪法学者与联邦宪法法院共同探索，最终形成了当今作为德国基本权利教义学基础的“基本权利的功能体系”。

（一）基本权利作为“价值与请求权体系”

杜里希在其1956年发表的《人的尊严的基本权利条款》①一文中尝试建构一个基本权利的实践方案。他首次提出应将《德国基本法》第1条第1款规定的“人的尊严”作为法秩序的“最高建构性原则”（oberstes Konstitutionsprinzip）；在此基础之上，基本法上的基本权利构成了一个封闭的“价值与请求权体系”，并且这个体系在权利的保护上是“无漏洞的”。其基本主张包括以下几个方面：

1. 人的尊严：从客观价值到法律上的请求权

首先，在杜里希看来，制宪者通过《德国基本法》第1条第1款，将人的尊严这一“伦理上的价值”确立为“最高的宪法原则”，使其成为实证法上的命令。《德国基本法》第1条第1款规定：人的尊严不可侵犯。尊重和保护人的尊严是一切国家权力的义务。《德国基本法》的制定者认为：宪法的一切约束力都是基于客观的价值。这种认识是对纳粹时代的反动。与纳粹时代的法律实证主义相伴随的种族主义以及其他的骇人听闻的暴政，都促使战后的德国回到基

① Günter Dürig, Der Grundrechtssatz von der Menschenwürde, AöR1956, S. 119ff.

督教的教义以及康德哲学,为整个战后的德国法秩序寻找一个伦理上的、道德上的价值基础。这个价值基础就是人的尊严不可侵犯。从"人的尊严不可侵犯"(unantastbar,有"不可触碰"的意思,较一般意义上的"不可侵犯"更为严格)措辞上看,《德国基本法》第1条第1款对于人的尊严是一种绝对性的保障,而其处于基本法开篇位置的体系性因素,都使其应当被视为"所有客观法的最高宪法原则"。① 杜里希认为,宪法的制定者,将人的尊严这一道德价值移植到实证法中,也就使它成为法价值,成为实证法上的规范。

进一步,这种法价值只有在转变成一种请求权(Anspruch)时,也就是成为一种法律层面的"当为"(Sollen)时,其在法律生活中才是有效的。而《德国基本法》第1条第1款的措辞显然包含了这种"价值请求权"(Wertanspruch)。在《德国基本法》第1条第1款措辞中的"人的尊严不可侵犯""尊重"等,体现的是一个"不作为请求权"。而国家有义务"保障"人的尊严,则是一个针对积极作为的请求权,也就是国家有义务积极作为,以排除在"个人—国家"关系之外的社会领域中对人的尊严的不尊重状态。②

2. 基本权利作为请求权体系

进而,所有基本权利在人的尊严这个价值请求权的基础上,构成一个法律逻辑上的请求权体系;在这个体系中,人的尊严这一核心价值体现在各个基本权利当中,就如同上位的法规范体现在下位的法规范当中一样。由此,基本法中的基本权利篇章就构成了一个"价值与请求权体系"。基本权利作为"价值与请求权体系",乃是基于对诸多宪法条款(在人的尊严笼罩下)的整体解释得出的。其内容有以下几个方面:

(1)《德国基本法》第1条第2款将针对人的尊严的一般性尊重的总体上的请求权融入各个单项"人权"当中。《德国基本法》第1条第2款的表述是:"德国人民因此确信,不可侵犯的和不可转让的人权是所有人类社会、世界和平和正义的基础。"这个条款本来只

---

① Dürig, a. a. O. S., 119.

② Dürig, a. a. O. S., 117 – 119.

是一个对“人权”的形式性的、宣言性的条款，但是“因此”(darum)这个词，却将此条款的实质性内容回溯到“人的尊严”条款，也就是说，人权的实质性内容乃是人的尊严。也由于这个“因此”的存在，《德国基本法》第1条第1款所确立的“整体上的请求权”就被分解而融入各单项权利之中。

(2)《德国基本法》第1条第3款确立了基本权利的请求权对象。《德国基本法》第1条第3款规定：“下列基本权利是约束立法、行政与司法的直接有效的法。”也就是以立法、行政和司法这三种公权力主体作为基本权利的义务主体。并且，使用“直接约束”这样的措辞，还意味着人权不再只是宣言性和形式性的，不再只具有“前国家”的内涵，而是成为直接针对国家的“主观公权利”。作为主观公权利，基本权利对国家机关的约束在法律逻辑的层面上就意味着：可以向国家机关提出请求，并且这种请求权可以在司法上获得救济。

(3)进一步，通过《德国基本法》第19条第2款，国家对于基本权利的支配权被约束了。《德国基本法》第19条第2款规定：“任何情况下均不得侵犯基本权利的本质内容。”这意味着国家对于基本权利的支配权受到了明确的约束：当国家公权力要对《德国基本法》第2条以下的各项基本权利作出限制时，它无论如何不得损害其本质内容。同时，考虑到《德国基本法》第1条第3款的措辞是“下列基本权利”，这意味着《德国基本法》第1条第1款和第2款是被排除在国家的支配权之外的。这种对国家的支配权的约束还表现在《德国基本法》第79条第3款。该款规定：“对基本法的修改，不得影响联邦由各州组成的事实，不得影响各州参与立法以及基本法第1条和第20条所规定的原则。”这意味着即使是宪法修改，也不能影响《德国基本法》第1条第1款和第2款所包含的价值决定。由此，国家对基本权利的支配力被极大限制。

(4)第2条第1款作为一个“首要自由权”条款。从《德国基本法》第2条开始了实证法上对于基本权利的具体内容的规定。第2条第1款规定：“人人享有个性自由发展的权利，只要不侵害他人的权利、合宪法秩序或者道德法则。”“只要”(soweit)一词表明了这一条款的开放性,也就是涵盖了人的行为的所有领域。在这一概括性的“首要自由权”之后,《德国基本法》又规定了各种具体的自由权;这些具体的自由权是对“首要自由权”的分解,都只是“首要自由权”的具体适用情形。其他的自由权条款相对于第 2 条第 1 款都只是特殊与一般的关系。①

3.“价值与请求权体系”的封闭无漏洞

进一步,杜里希教授认为,这个“价值与请求权体系”是完备无漏洞的(lückenlos):国家对于人格尊严这一最高价值的任何侵害,都可以借由具体的基本权利条款而被排除;即使基本法在某些领域还存在空白,个人也完全可以通过主张《德国基本法》第 2 条第 1 款这一首要自由权来排除侵害。由此,基本权利作为“价值与请求权体系”就是完备无漏洞的,任何个人的权利主张都可以在这一体系中找到规范基础。无漏洞性也意味着封闭性,也就是对于基本权利的解释,不需要借助宪法文本的基本权利篇章之外的任何因素。即使是宪法的其他组成部分,对于基本权利的理解和解释也是不必要的。②

(二)联邦宪法法院的回应与“基本权利的膨胀”

在 1956 年杜里希教授提出“价值与请求权体系”观点之后,联邦宪法法院迅速作出了回应,并开启了价值导向下的基本权利的体系化建构。与此相伴随的是一系列重要的裁判的作出。

首先出现的是 1957 年的艾尔弗斯判决。③ 宪法法院认为,《德国基本法》在明确列举了良心自由、言论自由等基本权利之外,又规定一个“一般行为自由”,显然是针对那些未被特别保护的生活领域。当某个行为无法被特定领域的基本权利所涵盖时,个人可以通过主张《德国基本法》第 2 条第 1 款所规定的一般行为自由来寻求救济。由此,《德国基本法》第 2 条第 1 款就被认为具有“兜底功

① 除此之外,这个“价值与请求权体系”还可以补充两个内容:第 3 条第 1 款作为“首要平等权”条款;第 19 条第 4 款作为“首要的程序权”条款。Vgl. Klaus Stern, Idee und Elemente eines Systems der Grundrechte, HStR, Bd. Ⅴ, S. 52.

② Dürig, a. a. O. S., 122.

③ BVerfGE 6, 32.

能”，一般行为自由也就成为“兜底基本权利”。[①] 这种观点，明显是受了杜里希的基本权利是封闭的无漏洞的体系的影响，体现了追求请求权体系的完备无缺的倾向。

如果说艾尔弗斯判决体现了将基本权利看作“请求权体系”的思考方式的话，那么“夫妻共同课税裁定”和“吕特判决”则体现了将基本权利视为“价值体系”的思考。在“夫妻共同课税裁定”中，宪法法院指出：“第6条第1款……同时是一个针对所有涉及婚姻和家庭领域的公法和私法的一个有约束力的价值决定。”[②]在著名的“吕特判决”[③]中，宪法法院指出了基本权利在“防御国家”之外的其他功能，以及基本权利对于所有法领域（涵盖公私法）的约束力。宪法法院使用了“客观的价值秩序”“价值体系”“基本权利的价值体系”等表述；自此之后，这种将基本权利整体上视为价值体系的思维成为主流观点。宪法学的任务就在于阐明基本权利作为价值体系的各种功能，使基本权利的效力得到最大限度的实现。

在此种“价值体系思考”和“请求权体系思考”的总体思路引导下，联邦宪法法院的判决和学术著作开始向着宽泛的基本权利体系去发展。基本权利的思考开始进入各种以前并不涉及的领域。这种现象被克勒普弗称为“基本权利的膨胀”（Grundrechtsexpansion）。[④] 这些领域至少包括：（1）特别权力关系领域。在传统上，国家机关、军队、学校、监狱内部的法律关系，被作为“特别权力关系”而排除法律保留原则的适用，排除司法审查。公务员、军人、学生、囚犯在此关系中都不得主张基本权利。但联邦宪法法院通过1972年“囚犯的通信自由案”[⑤]和1983年的“学校对学生的退学处分案”[⑥]等，否定了特别权力关系理论，使这些领域也受到基本权利的保护。（2）对宪法未列举的自由权的保护。通过前述的艾尔弗斯案判决，

---

① BVerfGE 6,32(37).

② BVerfGE 6,55 (55).

③ BVerfGE 7,198.

④ Michael Kloepfer, Grundrechte als Entstehenssicherung und Bestandsschutz, 1970. S. 1.

⑤ BVerfGE 33,1(10ff).

⑥ BVerfGE 41,251(260).

宪法法院将《德国基本法》第2条第1款解释为“一般行为自由”，并使之成为其他自由权条款的兜底条款。从而，宪法未列举的自由权也获得了规范基础。(3)对受益权(给付权)的保护。传统上，基本权利只是防御权，个人依据基本权利仅可以请求排除国家的侵害。但在“大学名额案”①等判决中，联邦宪法法院却确认，关乎人的生存的基本权利，如果国家不给付，就是侵犯基本权利。这意味着基本权利不再只是消极的防御权，也成为可以要求国家积极帮助的受益权。(4)国家组织和程序领域受到基本权利的笼罩。传统上，国家机构的组织与程序等，是宪法中与基本权利并列的部分，二者并无必然关联。但在基本法的时代，只要国家的组织与程序关乎人民的基本权利，就必须受到基本权利的拘束。另外，基本权利还借由“吕特案”所提出的“第三人效力理论”，在调整国家与人民之间的公权关系之外，进入了私人之间的平等的私法关系中。尼伯代甚至主张，宪法可以直接在私法领域适用，而不用通过民法概括条款来间接适用。②

可以看出，将基本权利看作价值体系，极大地扩展了基本权利适用和影响的范围。同时，由于基本权利同时被看作一个“请求权体系”，基本权利适用领域的扩展也直接导致了基本权利所包含的请求权类型的变化。传统上只是针对国家的“排除侵害请求权”或者“不作为请求权”。而现在，则可以从基本权利中导出“给付请求权”或“分享请求权”；也就是要求国家积极帮助，提供各种物质和制度条件的请求权。由此，请求权的体系明显扩大。

(三)对“价值与请求权体系”的批评

面对基本权利实践上的这种蓬勃景象，特别是“价值与请求权体系”观点所表现出来的“司法中心主义”，批评与反思迅速到来。对于基本权利作为“价值与请求权体系”观点的批评主要针对其在方法上简单移植传统民法思维，以及在价值上向政治观念过度开放

---

① BVerfGE 33,303(333).

② Hans Carl Nippedey, Gleicher Lohn der Frau bei gleicher Leistung, RdA1950, S. 125.

两个方面。分述如下：

1. 对移植传统民法思维的批评

杜里希的“价值与请求权体系”的主张显然是对民法“请求权基础”的思维方法的移植。请求权方法是传统民法最重要的实例的分析方法；这种方法以请求权为出发点，来分析实例中当事人的请求权是否成立，其请求权的规范基础是什么。典型的请求权思维方式是：“谁得向谁，依据何种法律规范，主张何种权利。”①解决这一问题的关键，在于探寻一方当事人向另一方提出请求的法律规范基础。由此，整个民法就构成一个请求权基础的体系。很显然，传统民法的这种请求权体系的思维是一种司法中心主义的思维。在德国战后，由于建立了宪法法院制度，特别是通过宪法诉愿制度，个人可以向宪法法院提起诉愿以保护基本权利。在基本权利具备可司法性的条件下，基本权利的救济与民法上的权利救济具有形式上的相似性。同为司法性的权利救济，则借鉴此种请求权体系的思维方式就会比较自然。

但是，杜里希借鉴民法的请求权方法的尝试，在批评者看来，可能是忽略了公法，特别是基本权利问题的特殊性。这些特殊性在于：

(1)基本权利规范不同于民法规范的原则性与开放性

显而易见，与民法典精细具体的规定方式不同，宪法中基本权利条款的措辞是原则模糊的。正如博肯福德所概括的那样，“基本权利的规定，在文字措辞、语言含义上表现为一种简洁精练的模式，还具有原则性规定的特点。其内容缺乏明确性，如果将基本权利作为直接有效的法，就要求采用与别的法律规定不同的解释，这种解释不仅是说明性的，而且是填充性的”。② 从抽象的基本权利规定到具体的社会现实之间，存在巨大的跨度；而不像民法规范那样与现实丝丝入扣，从而适合于民法的“请求权基础”思维，未必适用于

① 王泽鉴：《法律思维与民法实例——请求权基础理论体系》，中国政法大学出版社2001年版，第50页。

② Ernst-Wolfgang Böckenförde, Grundrechtstheorie und Grundrechtsinterpretation, NJW 35,1529 (1529).

基本权利的分析。[①] 现实中的一项利益诉求,未必能精确对应某项基本权利。

在朔伊尔看来,杜里希将基本权利视为一个"封闭无漏洞体系"尤为荒谬。他指出这是一种来自 19 世纪的德国民法典编纂的方法思维,是 19 世纪的法律思想世界的组成部分。而宪法的产生在此之后,传统法学思维根本就不能涵盖。而且,宪法依据其本质不是一个封闭的法典,而应该被理解为对个人与社会秩序的一些特殊保障。基本权利的规定,并非从抽象的原则出发的体系化推导的结果,毋宁说每一项基本权利都是基于不同国家的独特历史所产生的特殊规定,这也就决定了基本权利的保障绝不是无漏洞的。[②] 黑塞也指出,基本权利是一种"对根本性内容的保障",也就是针对那些最容易被威胁到的生活领域的保障,所以也不应被理解为"封闭无漏洞的"。[③]

(2)基本权利的实现更多依靠的是客观的制度与社会条件,而非个人的主观请求

基本权利的实现,经常需要国家和社会依据其在客观法上的义务去创造条件和提供制度,这一点是与个人的主观诉请没有关系的。例如,《德国基本法》第 7 条第 1 项所规定的"国家对于学校教育的监督",对于个人受教育权的实现意义重大;但本身并不能构成一个请求权基础,也就是个人并不能据此请求国家为某特定的行为并得到司法上的支持。

与"请求权体系"思维以司法为中心不同,许多学者突出强调立法在填补基本权利规范和建构制度上的重要性。朔伊尔指出,从基本权利条款到具体的个别问题的解决之间,有很大的距离,需要立法者补充。他反对"将基本权利过度拔高为超越一切法律材料的超级法典(Superkodifikation),以至于不把法律问题放在具体的法律

---

① 关于请求权方法在公法中运用的困难,可参见徐以祥:《请求权方法在公法中的运用》,未刊稿。

② Ulrich Scheuner, Pressfreiheit, in: VVDStRL. 22, 1965, S. 44.

③ Konrad Hesse, Grundzüge des Verfassungsrechts der Bundesrepublik Deutschland. 20 Aufl, S. 136.

的规范形成中，而是通过对基本权利的解释去代替解决”。[①] 法院过度解释这些基本权利条款，反而有可能造成基本权利被妨碍或者束缚的后果。这方面的例子是，美国最高法院曾试图对工作时间和最低工资发表意见，但这种判决根本无法应对现实变迁这一历史性因素，反而限制了立法机关对劳动者的更好保护。[②] 基本权利究其本质，是确立基本的自由保障和原则性的价值标准，基本权利条款设定边界但依然给予立法者以形成的自由。

同样地，卢曼也认为，将基本权利看作一个请求权体系并不能展现基本权利的全部意涵，法学方法对于权利的理解无法真正有效地解释基本权利。比如，《德国基本法》第 19 条第 2 款规定的“基本权利的本质内容”完全是一个“空白公式”（Leerformel），对这一条款的法解释上的努力是西西弗斯式的徒劳，因为这一条款是以本体论和哲学上的思考为前提的。[③] 此外，诸如财产权等许多权利的实现，往往依赖于社会生活关系，需要通过特定的制度才能真正实现，而这些是传统的请求权思维所不能涵盖的。因此，建构唯一的或者教义学式的公式是不可能的，“不可能给出一个教义学上的‘基本权利体系’，对于基本权利条款的解释也不能忽视社会学上的前提因素”。[④]

（3）给付请求权缺乏有效性

如前所述，在“请求权基础”思维的引导下，在基本权利传统的“防御请求权”之外，又导出了所谓的“给付请求权”，也就是个人要求国家积极帮助，提供各种物质和制度条件的请求权。给付请求权的出现，被认为是“基本权利理解的一个根本性的转变”。[⑤] 但这个转变缺乏坚实的基础，原因在于，给付请求权所要求的国家对个人的积极扶助，在很大程度上依赖于财政负担。如果国家缺乏相应的

---

① Scheuner, a. a. O. S. , 38f.

② Scheuner, a. a. O. S. , 39f.

③ Niklas Luhmann, Grundrechte als Institution, 1965, S. 59f.

④ Luhmann, a. a. O. S. , 36.

⑤ Wolfgang Martens, Grundrecht im Leistungsstaat, in：VVDStRL30 (1972), S. 7 (21).

财政能力,这项请求权就完全落空。传统的防御请求权之所以具有充分的主观权利属性,是因为其所请求的是国家的不作为,也就是排除国家的侵害,通过个人的主观请求和司法救济,其目的可以完全达到。给付请求权则不同:个人要求获得帮助的主观诉请,并不必然能得到国家财政上的给付;诉诸司法更是无法获得有效的救济,因为司法并不掌握任何财政权。个人获得帮助主要依靠的是掌握财政权的立法机关根据社会经济条件在"给付行政"层面的生存照顾,请求权在此是缺乏有效性的。

2. 对价值滥用的批判

按照杜里希的观点,基本权利的"价值与请求权体系"是封闭的,这种封闭性根源于对法的安定性的追求。然而,由于价值因素被引入,这个体系却成了一个向着各种政治理论和权利哲学的开放体系。从而对基本权利的解释,就会被政治判断所引导,成为一种"基本权利政治"。① "当人们希望将基本权利重新理解为一个封闭无漏洞的请求权体系,当人们将基本权利的含义放在一个价值与请求权体系中审视,基本权利规定中的价值决定(Wertentscheidungen)就会马上兑现而扩散入请求权。"②价值决定如此轻易地扩散入请求权,必然导致宪法确定性的动摇。黑塞深刻质疑了价值秩序思考的实证法意义。他说:"借助某种在多元社会中有争议的'价值',而试图对基本权利作出解释并使其合乎清晰明了的要求,是不可能的,这反而可能导致法官的主观的、会掩盖基本权利规范性内涵的、不必要的价值的注入,从而造成法的安定性的损害。"③将人的尊严,特别是人权这一有着强烈自然法色彩的价值因素纳入,与德国的法律实证主义传统是存在紧张关系的。也正因为这种价值体系的引入,使得宪法裁判经常会被质疑是"政治判断"而非法律判断。

价值体系思维在方法上依赖于"利益衡量"(Güterabwägung)的过程。然而,利益衡量的过程无法满足法治国原则所要求的在法科

① Stern, a. a. O. S., Rn. 16.

② Scheuner, a. a. O. S., 37.

③ Hesse, a. a. O. S., 135.

学的客观性上的可控制性。[①] 宪法裁判的作出和判决的证立过程的不可控、宪法解释的恣意，在很大程度上都来自这种价值体系思维。

此外，封闭的“价值与请求权体系”的提出，可能本身就是一种主观恣意的结果。“无论在历史上还是在当前，基本法上的基本权利都不曾构成一个封闭的价值与请求权体系。这个体系仅仅着眼于宪法规范中被封闭起来的部分规范，使其与宪法的其他部分的联系在功能上和规范上都极狭窄，这导致了其是不可接受的。”[②]也就是说，宪法乃是一个整体，而“价值与请求权体系”思维却割裂地将基本权利篇章作为一个封闭的体系，并以人的尊严这一价值贯注之，这本身就是主观恣意的，并非基于对宪法整体的客观观察。也正因如此，朔伊尔认为：“基本权利的解释应该取向于建构出宪法的一致与和谐……宪法之目的在于实现政治上的统一，因此对宪法的解释也应该体现着整合性和和谐性的特征……不能允许，从一个预先给定的体系化思考中填补基本权利。”[③]

（四）新的建构：基本法文本下的体系化思考

毫无疑问，杜里希的“价值与请求权体系”主张是德国基本权利的体系化思考中至关重要的第一步，而德国宪法法院对此的积极回应也极大地拓展了基本权利的规范空间，促进了基本权利的实效化。但其过度依赖传统民法方法和导致价值滥用的缺点也显而易见，从而，新的、更深入和更精细的体系化思考迅速地展开。这种新的体系化思考建立在对“价值与请求权体系”批判的基础之上，总体在三个方向上补充和修正了这一体系：(1)不能把基本法中的基本权利篇章封闭起来观察，而要结合基本法的其他部分；(2)不要只看到基本权利作为个人主观请求权的层面，要注意基本权利实现的制度因素和社会因素；(3)在基本权利解释中引入宪法外的价值和政治理论因素，要受到宪法文本自身的约束。对此，可通过三个学者的主张来观察。

---

① Friedrich Müller, Juristische Methodik, 8. Aufl, 2002, Rn. 66.

② Friedrich Müller, Juristische Methodik, 8. Aufl, 2002, Rn. 66.

③ Scheuner, a. a. O. S. ,53.

1. 黑伯勒:立法的一元论与基本权利的三个层面

黑伯勒教授在1963年出版的《基本法第19条第2款的本质内容保障》一书中,主张基本权利思考的"整体性"和"综合观察",提出"在整个宪法秩序中考量基本权利的本质和功能"。在他看来,基本权利具有双重性质,有着"个人权利层面"和"制度层面"两个层面。相应地,对于前一个层面,立法者的作用是"限制";而对于后一个层面,立法者的功能是"形成"。也就是说,立法者一方面可能会对个人的基本权利进行限制,但基本权利实现的种种制度和物质条件,却也是靠立法者来提供的。但在黑伯勒看来,不能因此而将立法予以区分,而是应当将立法者对于基本权利的两种作用进行整合,无论是对基本权利的限制,还是为了基本权利的落实而进行的具体化,都应该同样地作基本权利上的考察。① 无论是对基本权利的"限制"还是"形成"的立法,都是基本权利的实现所必需的。② 黑伯勒工作的意义在于,使立法对于基本权利所起的作用,无论是侵害还是保护以及处于中间的纷繁复杂的细节,都被纳入一个整体性的"法律保留"的理论框架下思考,避免了碎片化的思维。

进而,在1971年的"服务国家的基本权利"的报告中,黑伯勒主张要进行"一种切合实际的基本权利理解",③在教义学意义上做新的建构,从而实现基本权利在社会生活中的有效性。不能只是单纯地宣示对基本权利的保障,而且必须在现实上是可行的。他主张基本权利应包含三个不同的层面:主观防御权层面、制度性层面以及与服务国家相联系的受益权层面。在此实体法层面外,还应该有通过程序保障基本权利的内容。④ 基本权利的教义学体系应该是一种基于现实可能性的多层次的整合。

2. 卢曼:基本权利的多重功能性

卢曼首先认为对基本权利的理解不能仅限于基本权利条款本

---

① Peter Häberle, Die Wesengehaltgarantie des Artikel 19 Abs. 2 Grundgesetz, 1963, S. 180ff.

② Häberle, a. a. O. S. ,197.

③ Peter Häberle, in: VVDStRL, 30 (1972), S. 43(68 Fn 97.).

④ a. a. O. S. ,75f.

身，在他看来，“迄今为止，使用纯粹的法律解释方法，并没能将基本权利与宪法其他部分的意义关联放在一个统一的理论中去研究”。[①] 考虑到此种体系性关联，就不应该只把基本权利看作个人的主观权利，或者抽象的价值决定，而是要看到，在具体的政治现实中，基本权利对于国家与社会的重要功能。在卢曼看来，基本权利对于政治统治的民主化、国家决策的证立等都发挥着重要作用；所以，对于基本权利的理解就不能只基于法学的思维，只看到其权利层面，而是应当将基本权利作为社会秩序中有着重要功能的制度去理解，这就是基本权利的“功能体系理论”。[②]

卢曼的观点是一种社会学的视角，更确切地说是一种政治社会学的视角。基本权利被看作对政治与社会有着重要功能的制度，但对基本权利做制度化思考还有另外一个层次。基本权利必须在一系列的社会关联性中才能成为现实，特定的制度可以促进基本权利的落实。基本权利的实现依赖于具体的社会政治条件，基本权利的制度化意味对创造这些具体条件的行为预期。所以，对基本权利的理解，仅将其作为“请求权”或者“价值”是不充分的，而是要去研究其在不同层次上的制度化，这就是基本权利的“多重功能性”(Multifunktionalität der Grundrechte)。[③] 卢曼的观点无疑是对纯粹法学思维的“价值与请求权体系”主张的批判和补充，对基本权利的理解就此被纳入新的“多重功能体系”中去思考。

3. 博肯福德：用“基于宪法的基本权利理论”统领基本权利解释

博肯福德认为，对于基本权利的解释不可能仅仅依靠基本权利条款的文字及其相互关联的，而是要借助特定的“基本权利理论”。所谓“基本权利理论”是“对基本权利的一般性质、规范目的与内容范围所做的体系取向的理解”，[④]是一个关于基本权利的一般特征、规范目标以及内涵射程的系统性的、导向性的观点。基本权利理论总是以一定的国家观或者宪法理论为基准的，在基本权利解释中利

---

① Luhmann, a. a. O. S. ,11.

② Luhmann, a. a. O. S. ,12.

③ Luhmann, a. a. O. S. ,129.

④ Böckenförde, a. a. O. S. ,1529.

用某种"基本权利理论"(其背后是某种政治理论)是一种无法避免的"意识形态的补充"(ideologische Zutat)。然而,如果不同的宪法解释者都依据自己所持有的政治观念去解释基本权利,其解释结果会有巨大的差异,而这种差异在法学方法上是不可控的。也就是说,虽然解释者使用的法律方法是一样的,但由于各自的"基本权利理论"不同,同样的基本权利条款会被解释出不同的内涵。①

按照博肯福德的概括,宪法解释中存在以下几种"基本权利理论":(1)自由主义的基本权利理论;(2)基本权利的制度理论;(3)基本权利的价值理论;(4)基本权利的民主功能理论;(5)基本权利的社会国理论。并且,他指出,宪法法院只是把各种理论作为解决问题的观点而选择性适用。② 这样,基本权利解释中的主观恣意就到了令人无法容忍的程度。"宪法被降低为一个形式上的外壳,通过宪法解释这扇大门,各种异质的主张都得到了入口。"③宪法学必须在方法上维护应有的法的安定性,那么应如何面对各种各样的基本权利理论对基本权利解释的影响呢?

为了避免基本权利解释中的价值滥用,博肯福德提出,应该向着"基于宪法的基本权利理论"(verfassungsgemäßige Grundrechtstheorie)去整合各种理论而成为一个新理论。④ 也就是说,不能轻易地把各种来自法秩序外的政治理论随意引入宪法解释,而是要回到宪法的文本自身,从宪法的文本中寻找宪法内在的政治理论。⑤ 这样的思路可以同时解决两个困难:(1)基本权利的解释需要政治理论的支撑;(2)随意选择政治理论导致解释的恣意。

由此,问题就转变为:宪法中是否包含了一种确定的基本权利理论?博肯福德通过对基本法文本的分析,对此问题给出了肯定的回答。在他看来,基本法中内在包含一个对于基本权利的解释(具

---

① 参见张翔:《祛魅与自足:政治理论对宪法解释的影响及其限度》,载《政法论坛》2007年第4期。

② a. a. O. S. ,1530f. 1536.

③ a. a. O. S. ,S. 1537.

④ a. a. O. S. ,S. 1537.

⑤ a. a. O. S. ,S. 1537.

体内涵的填充)起决定性作用的基本权利理论。这个“基本法的基本权利理论”(Grundrechtstheorie des Grundgesetz)包括三个层次的核心观念:(1)自由。基本权利保障的核心是自由。基本法中的基本权利主要是各种自由权,而没有像1919年《魏玛宪法》那样规定大量社会权条款,这表明了基本法趋向于回归传统的自由权。这意味,基本法上的基本权利的核心目的不是指向某种价值、制度保障或者民主,而是自由。基本法所内在的基本权利理论从根本上讲是自由主义的,这一点有非常明显的文本依据。(2)社会国家。基本法并没有在古典自由主义上停滞不动;相反,由于认识到了自由主义的权利观忽略了基本权利实现的社会前提,所以基本法在强调自由的同时,也要求公权力提供基本权利实现的各种社会条件,这是一种对国家进行的“宪法委托”,要求国家积极帮助个人实现基本权利,其显然的文本依据是《德国基本法》第20条中的“社会国原则”。(3)民主法治国。在《德国基本法》第20条中,制宪者同样把“民主”和“法治国”规定为基本原则,所以,应该把对基本权利的理解与民主原则和法治国原则相联系。在自由民主基本秩序下,民主原则和法治国原则与基本权利是相互补充的,而且民主和法治国原则构成基本权利的“内在界限”。①

通过这样的论证,博肯福德实际上是在强调,面对基本权利解释的各种方向,不能丧失法学的基本立场而任由价值判断和政治理论泛滥,而应该重新回到宪法文本,从宪法文本中解读出填充基本权利内涵的引导性的理论框架,也就是用规范文本下的体系化思考去建构基本权利的宪法解释框架。

(五)基本权利的功能体系

通过强调用同一的价值贯彻整个基本权利体系,并在基本权利作为请求权之外探索基本权利的其他规范内涵,同时用统一的“法律保留原则”去整合和控制国家公权力对于基本权利各种作用方式;德国的理论与实践完成了新的基本权利的法教义学体系,也就是当前通行的“基本权利的功能体系”。

---

① a. a. O. S. ,S. 1537.

这一体系是对杜里希的“价值与请求权体系”的批判,但并非颠覆。一方面,这个体系首先肯定基本权利是主观权利,也就是个人要求国家作为或者不作为的请求权基础;另一方面,这个体系又将基本权利看作宪法所设立的“客观价值秩序”,国家有义务在一切可能性下去促进基本权利的实现。由此,在请求国家作为或不作为的“主观权利功能”之外,基本权利又具备了“制度性保障”“组织与程序保障”“保护义务”等新的功能,也就是要求国家通过建立各种制度、组织和程序,并且介入私人之间的关系,去促进基本权利的效力最大化。在面对现实出现的新问题的时候,“客观法功能”的开放性也可以使得宪法解释的新的突破找到教义学上的基础。尽管此功能体系在具体细节上还有一些争议,联邦宪法法院也还在不断进行着修补与调适,以此功能体系作为基本权利的宪法解释框架却已成为共识。整个宪法裁判、基本权利研究和宪法教学都以此体系为基础。(见图3－4)

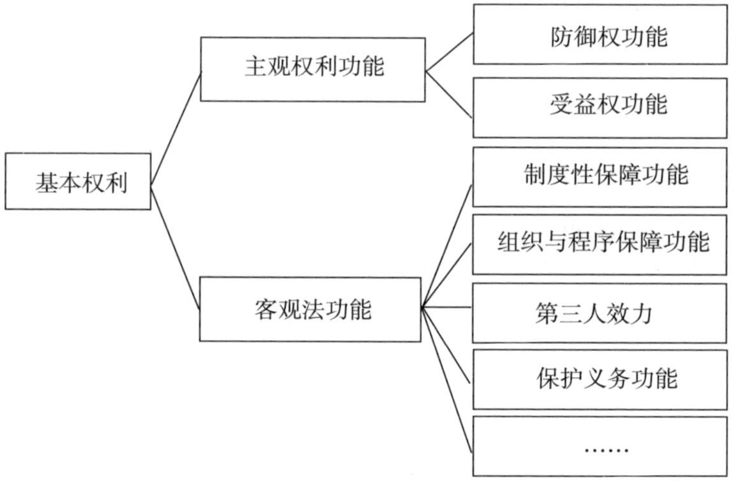

图3－4　基本权利的功能体系

基本权利的各项功能都有其精细的具体内容。这里可以以最重要的防御权功能为例加以说明:防御权功能是个人防御和对抗公权力侵害的功能,也被称作“排除侵害请求权功能”。在防御权功能下,对一个限制基本权利的国家公权力行为,其审查步骤见图 3 -5：

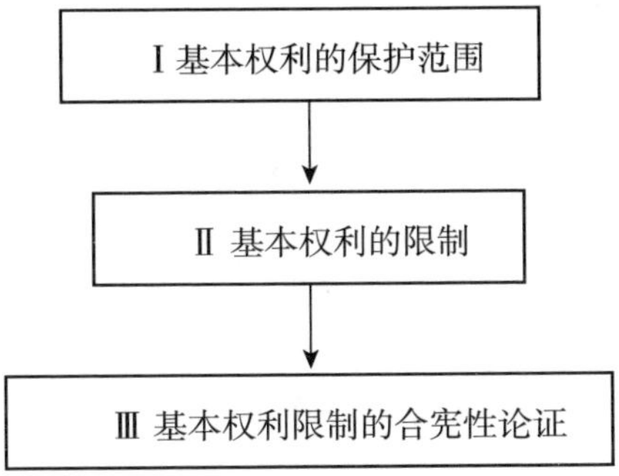

图 3 -5　基本权利限制的审查框架

而在这三个步骤中，又各有具体详细的审查内容。在“基本权利的保护范围”中要去分析：(1) 基本权利保护什么人，或者说谁可以主张基本权利，也就是基本权利的主体问题；(2) 基本权利保护什么事项。在“基本权利的限制”中要去分析：公权力行为要 (1) 具备何种要件；(2) 达到何种“强度”才构成对基本权利的限制。在“基本权利限制的合宪性论证”中要去分析：(1) 限制是否合乎法律保留原则；(2) 限制是否合乎比例原则；(3) 限制是否侵害到基本权利的“本质内容”，等等。而且这些分析又有进一步的细化体系，例如，关于比例原则的分析又可细化为适当性原则、必要性原则和狭义比例原则。由此，基本权利的防御权功能本身也有一套完整精细的理论体系；通过这个理论体系，可以有效地排除国家对基本权利的不当限制，解决具体实践中的问题，有效保障个人的自由。

三、法学作为一种体系化思维

上文总结了德国战后基本权利教义学的发展历程，这一过程也就是一个探索如何整合基本权利规范使其体系化的过程。尽管其中不免争议与驳难，但在追求体系化的方向上并没有根本性的分歧。在“基本权利的功能体系”形成后，正如斯特恩教授所言，存在的争议都只是“竞技场上的竞争”，而不是针对基本进路和基本框架的“方向之争”了。[①] 而此种体系化的成果,也为许多国家的宪法理论与实践所借鉴和模仿。

德国的基本权利的体系化思考,是德国法学方法论传统中的体系思维在宪法学中的应用。从更宏观的角度概括,我们可以说体系思维乃是法学最基本的思维方式,[②]也是法学实现其学科使命基本的致力方向。在将体系思维运用于中国宪法下的基本权利问题之前,笔者希望进一步探讨:体系思维有着什么样的功能?法学何以是一种体系化的工作?体系化的目标是什么?体系化应该遵循怎样的方法准则?

(一)体系化思维的传统

德语法学界关于法学方法论的思考始于萨维尼。萨维尼认为,法学是一门哲学性的学科,而他所说的哲学性等同于体系性。他指出,法学中的体系化研究由来已久;这种体系化研究应该为法学提供一般内容与一般任务,将法律的内在关联整合为一个整体。[③] 萨维尼的方法论主张在他的《当代罗马法体系》中得到了践行。[④] 萨维尼的学生普赫塔将萨维尼的整体观察法推向了极致,他运用形式逻辑的方法建立了一个抽象概念的金字塔,试图使用抽象的一般性概念来构成一个法律概念的体系,并将所有的具体案件事实涵摄于

---

① Stern, a. a. O, Rn33. 所谓“方向之争”(Richtungsstreit),是对德国魏玛时代关于宪法学应该向着法学的方向或者其他的方向发展的争论的概括说法,参见 Peter Unruh, Weimarer Staatslehre und Grundgesetz, 2004, S. 47.;李忠夏:《宪法学的教义化——德国国家法学方法论的发展》,载《法学家》2009 年第 5 期。

② 在总体上,可以将法学的思维模式分为体系主义和个案推论主义两种。但后者,也就是所谓的“问题探讨法”(topische Methode),从法学的发展脉络上看只是对体系思维的反思和补充。参见颜厥安:《规范、论证与行动》,台北,元照出版有限公司 2004 年版,第 13 页以下;舒国滢:《寻访法学的问题立场——兼谈“论题学法学”的思考方式》,载《法学研究》2005 年第 3 期。

③ 参见[德]萨维尼:《萨维尼法学方法论讲义与格林笔记》,杨代雄译,法律出版社 2008 年版,第 74 页。

④ 参见杨代雄:《萨维尼法学方法论中的体系化方法》,载《法制与社会发展》2006 年第 6 期;朱虎:《萨维尼的法学方法论述评》,载《环球法律评论》2010 年第 1 期。

这些抽象概念之下。[①] 这种体系化的法学被称为“概念法学”，其对于法的整体性和封闭性的追求可以说是体系化思维的极端形式。概念法学从耶林开始受到批判。耶林对于自己长期致力的“建构的法学”开始产生怀疑，认识到概念法学无视法律的目标和目的、无视法学概念在现实生活中适用的条件、无视社会利益和个人利益的弊端，并在此深刻反思的基础上开启了利益法学的先河。[②] 然而，利益法学所反对的只是体系的逻辑自足和封闭性，而不反对法学的体系化。体系化的思维方式延续至今，仍然是法学最基本的思考方式。例如，尽管恩吉施认为“公理式演绎的方法在法学上绝不可能实现”，但他并不因此认为可以放弃体系思维。在他看来，“法学应该不断地从法秩序的整体、其内在的意义关联中发展新知，借此清晰展示作为一种意义脉络的法秩序的整体”。[③] 拉伦茨对于普赫塔也有深刻的批判，但他仍然认为：“发现个别规范和规制之间，及其与法秩序的主导原则之间的意义关联，并以一种能够概观的方式，也就是以体系的方式将此意义关联展示出来，是法学最重要的任务之一。”[④]他还认为，只要该当法秩序的基本思想及主要价值决定彼此协调一致，法学就应该将这种一致性显示出来，并由此得出应有的结论——在这个意义上，必须体系性地从事法学研究。[⑤]

毫无疑问，体系化思维最主要的传统来自民法学。但这种思维方式同样也影响了与私法有重大差异的公法（国家法）领域。德国国家法学的创建者之一拉班德本人就是一位民法教授，他所主张的国家法与普赫塔的概念法学如出一辙。在他的《德意志帝国国家法》中，他也试图建构法律制度框架内的一般概念体系，并认为法学

① 参见［德］阿图尔·考夫曼、［德］温弗里德·哈斯默尔主编：《当代法哲学和法律理论导论》，郑永流译，法律出版社2002年版，第162页；Karl Larenz, Methodenlehre der Rechtswissenschaft, 6. Aufl. 1991, S. 165。

② 参见［德］耶林：《法学的概念天国》，柯伟才、于庆生译，中国法制出版社2009年版，“前言”第26页。

③ In Studium Generale, Bd. 10(1957), S. 173ff. zitiert nach Larenz, a. a. O. S., 166.

④ Larenz, a. a. O. S., 437.

⑤ Larenz, a. a. O. S., 167.

就是在完整地认知和把握实定法的基础上的纯粹逻辑思维。[①] 在魏玛宪法的时代,凯尔森的纯粹法学也是在继承和发扬此种法律实证主义的体系化思维,其在《一般国家学》的前言中就明言"尝试建构一个一般国家学的体系"。[②] 如前文所述,在基本法的时代,体系化也是宪法学者们的基本致力方向。即使如卢曼、黑塞等人一再批评体系思维;但黑塞也不否认,在现存的基本权利之间,存在"确定的体系性关联",[③]而卢曼提出的"多重功能性"更是建构基本权利功能体系过程中的关键一步。

(二)体系化的功能

体系化之所以成为法学的传统和法学的主要任务,乃是决定于体系化所具有的功能。为了维护法秩序的一致性、安定性,简化法律工作,保证法律知识和技艺可传承,并为实践中争议的解决提供解决方案上的指引,法学的科学体系化就是必需的。

体系化的功能首先在于总结过去和启发新知。体系化是对个别问题研究中所获得的认识状态的概括总结,这里包括:被发现的法律原则及其相互关系,以及在个案中所认识到的事物的结构。这种总结,首先可以使对法律资料的概览以及实践工作变得容易。也就是在面临实践问题时,可以从纷乱复杂的法律规范和知识中迅速找到需要的内容。法学的研究注定不能只关注个别问题,"一门学术(科学,Wissenschaft),如果只着重于个别问题,就不可能由发现存在于问题脉络间的更大更广的关联而进一步发现蕴藏其间的原理原则。它也不能在法的比较中,认识到存在于不同立法例的制度和规定间的'功能上的类似性'"。[④] 法学将浩繁而杂乱的法律材料进行整理;如果没有此种体系化,就无法把握具体规范之间的联系、顺序和依赖关系,无法了解法律制度内部的评价体系,也就无法适

---

① Paul Laband, Das Staatrecht des Deutschen Reiches, BD. Ⅰ, S. Ⅸ (Vorwort zur 2. Aufl).

② Hans Kelsen, Allgemeine Staatslehre, 1993, S. Ⅶ. 魏玛时代是各种国家法学说百花齐放的时代,凯尔森的体系建构也受到了激烈的批评,参见[德]赫尔曼·黑勒:《国家学的危机》,刘刚译,中国法制出版社2010年版,第21页以下。

③ Hesse, a. a. O. S., 136.

④ Helmut Coing, Grundzüge der Rechtsphilosophie, 5Aufl, 1993, S. 295.

用、讲授和学习法律。

此外，通过整理既有的众多问题的解决模式，体系化可以提供新的观察和新的联结的出发点，从而启发新的知识。[①]体系化为实践问题的解决提供了思考方向和框架；当遇到新的社会现实时，法学的体系可以提供进一步思考的基础。法学的体系是可以自我更新和自我发展的，以既有体系为基础，可以对实践问题的解决方案提出各种不同的、相互竞争的建议，立法者和司法者可以从中挑选他们认为合理之处转化为法律或者判决。可以说，体系化不仅在建构着法学，也在不断更新着法学。

更为根本的是，法学总是趋向于对秩序的追求。法的安定性，或者说法的确定性和可预测性，是法学所必须保障的基本价值。因此，体系化显然是必要的，"凭借一个表现出一贯性和统一性的法律体系，远比依赖于无法综览的、互不相属的，甚至自相矛盾的、杂乱无章的零散规范群更能保证法律的确定性和可预测性"。[②] 法学总是希望通过一套可靠的法律技术来使法律所追求的价值目标得以实现，而体系化正是这种方法上的可靠性的基础。"人类力求将公平正义（法律伦理的要求）以可靠而且可以理解的方法（合理化的要求）实现在人间的努力，已促使法律学采用体系思维向体系化的方向运动。"[③]体系化的法学可以避免法律人每一次都去讨论所有的解决方案；而是通过一定程度的抽象而在法学体系中确定这个法律问题的位置，从而确定普遍适用的解决模式。这种模式的长期贯彻，就意味着法律的稳定性与可预见性的增强。稳定的法学体系的存在，还会使法官的恣意得到控制；因为，如果法官想作出不同的裁决，意味着他必须论证现有的法学体系提供的解决方案的不足，这种论证上的负担会促使法官尽可能地从既有体系出发去解决问题，从而不会使法秩序受到经常的、激烈的冲击。[④]

① Vgl. Robert Alexy, Theorie der juristischen Argumentation, 1991, S. 328.

② 梁迎修：《方法论视野中的法律体系与体系思维》，载《政法论坛》2008 年第 1 期。

③ 黄茂荣：《法学方法与现代民法》，中国政法大学出版社 2001 年版，第 406 页。

④ 参见［德］魏德士：《法理学》，丁晓春译，法律出版社 2005 年版，第 140 页。

(三)体系化的方法与目标

尽管体系化构成法学的基本思维方式,但在如何体系化,以及体系化的最终目标上,历史上的概念法学、利益法学和当今的评价法学的主张并不相同。[①] 诚如卡纳里斯所言,各种体系的共通之处仅在于,它们都追求“统一”(Einheit)和“秩序”(Ordnung)。[②] 但无论如何,法学的体系化思维至少在方法上有着以下的基本共识,[③]这些方法也是本文所希望进行的基本权利的体系化思考所要遵循的基本规则:

1. 以实定法为基础。这是为了避免体系建构的任意性,避免学者将自己的主观意志强加于法律体系。同时,以实定法为基础,也是为了避免体系的空洞化,也就是因为过于拔高而导致体系失去对实践的解释力。在中国宪法学的研究中,这是必要的:一方面是避免以往研究中仅强调政治性话语而忽视规范文本的弊端;另一方面也是为了避免前文所说的“稗贩”的弊端,避免比较法的滥用;最终,以宪法文本为基础的体系化思维是为了落实宪法学对于实践问题的规范力。

2. 整合与抽象。体系化意味着对于法律规范的整体把握,“在体系中向我们呈现的应该是[法的]整体内容,而不是直接的个别内容”。[④] 就本文所关注的基本权利议题,这意味着我们不能只是关注单项基本权利的研究,而要将基本权利篇章乃至整个宪法文本置于基本权利研究的视野中。所谓抽象,意味着从对各个法律条款的解释中提炼出一些分析基本权利问题的概念、原则或者思考框架,使未来在解决各个基本权利的具体问题时,有可供依凭的思考起

---

① 关于体系化的各种主张的梳理,可以参见 Larenz, a. a. O. S., 165f. Claus-Wilhelm Canaris, Systemdenken und Szstembegriff in der Jurisprudenz, 2. Aufl。

② Canaris, a. a. O. S., 13.

③ 这些共识可以追溯到最早论证法学体系化的萨维尼那里。参见[德]萨维尼:《萨维尼法学方法论讲义与格林笔记》,杨代雄译,法律出版社 2008 年版,第 21 页以下;杨代雄:《萨维尼法学方法论中的体系化方法》,载《法制与社会发展》2006 年第 6 期;朱虎:《萨维尼的法学方法论述评》,载《环球法律评论》2010 年第 1 期。

④ [德]萨维尼:《萨维尼法学方法论讲义与格林笔记》,杨代雄译,法律出版社 2008 年版,第 107 页。

点,而不至于总是作全新的思考。

3. 对于法律规则的内在关联的探究。法律规则之间存在内在的关联性,体系化的任务就是去探究描述这些关联性,通过对这种法律规范的内在关联性的把握,来获得对于法律问题的统一性的理解。在这种意义上,体系化并不是去建构体系,而是发现体系。对于本文的议题而言,就是要去寻找宪法文本中一切基本权利相关规范的关联性,去发现其所包含的原理与逻辑,为现实中基本权利问题的解决提供一个整体的解释方案。

体系化的目标就是使法律成为一个具备自我发展与再生能力的活体,通过洞悉这个活体的基本公理与原则,掌握各个组织器官的机能与协作方式,揭示概念、规则之间的内在关系,就可以从已知的原理与规则中推导出未知的规则,从而解决实践中的法律问题。这样的体系应该具有一定的抽象性和无矛盾性,也就是前述卡纳里斯所说的统一性和秩序性。同时,这个体系不应该是概念法学式的封闭体系,而是开放的体系。这意味着不可以切断法律规范背后的评价关联,而要在体系建构中时刻考虑法律背后的价值与实践因素。同时,开放性还意味着,体系化是永续的任务,不能认为可以通过对体系的演绎解决全部问题,体系永远只是一个暂时的概括总结,①必须将其放在鲜活变化着的实践中不断修正。

四、中国宪法文本下基本权利的体系建构

(一)目标与比较法借鉴

只要将宪法研究纳入法学的思维(尽管现实中未必如此),体系化就会成为研究者的自觉。② 体系化思维,最基本的工作是体系解释。在我国,已经出现了运用体系解释方法,将宪法条款置于宪法

---

① Larenz, a. a. O. S. ,168.

② 近年来中国宪法学界对于基本权利的研究也逐渐在展现这种体系化的自觉。参见郑贤君:《基本权利原理》,法律出版社 2010 年版;马岭:《宪法权利解读》,中国人民公安大学出版社 2010 年版;秦奥蕾:《基本权利体系研究》,山东人民出版社 2009 年版。

的整个意义脉络中进行分析的相当成熟的成果。[①] 本文研究的总体方向与这些研究是一致的。本文希望进行的是体系化思维的另一层面,也就是对《宪法》第二章以及宪法中与基本权利相关的条款进行整体性的把握与建构,设计一个初步的、整体上理解中国宪法文本中的基本权利的解释方案。[②] 一个基本权利的法学体系应当是关于基本权利的一般原理的浓缩,它应当展示出基本权利规范所内在包含的建构因素、所承载的原则以及意义关联。同时,对于实践问题的解决和学术研究的积累,这个体系也应该是不可或缺的。[③]

本文的建构工作将借鉴前述德国的基本权利教义学体系。此种借鉴对于后发国家而言无可避免,就如同我国民法典的制定与民法学体系的建构无法不参考德国、法国、日本的体系一样,基本权利的体系建构也无法不参照美国、德国等成熟国家的经验。这种借鉴可以分为以下三个层次:

1. 方法。除上文已进行梳理的体系思维方法外,还可以在更具体的层面进行方法上的借鉴,比如,德国将基本权利视为"请求权"的思维,也就是请求权方法,必然意味要去厘清请求权的主体(基本权利主体)、请求权的对象(基本权利的义务主体)、请求权的标的(基本权利的保护内容)等规范内涵,这对于任何宪法下的基本权利思维都具有一般性,虽然不同国家所使用的术语会有不同。

2. 框架。德国的基本权利的功能体系,可以说穷尽列举了个人

---

① 比如,在2011年年初发表的两篇论文中,杜强强博士通过对《宪法》第35条和第41条的体系解释,去确定我国宪法上言论自由的保护范围。(参见杜强强:《基本权利的规范领域和保护程度——对我国宪法第35条和第41条的规范比较》,载《法学研究》2011年第1期)而陈征博士则通过对第6条、第7条、第15条等的体系解释,去确定国家从事经济活动的界限。(参见陈征:《国家从事经济活动的宪法界限——以私营企业家的基本权利为视角》,载《中国法学》2011年第1期)在较早的研究中,黄卉博士也尝试将"社会主义市场经济条款"放在整个宪法文本的背景中去解读。(参见黄卉:《宪法经济制度条款的法律适用》,载《中国法学》2009年第4期)

② 与此相对应的是针对个别条款来设计解释方案。除了前面所列的几篇论文,有代表性的还有:林来梵:《人的尊严与人格尊严——兼论中国宪法第38条的解释方案》,载《浙江社会科学》2008年第3期。

③ Vgl. Stern, a. a. O, Rn28.

与国家之间涉及基本权利的所有关系，完全可以作为在中国宪法下思考基本权利的规范内涵的指引。特别是其中特别强调的基本权利实现的社会条件，对于我们这个宪法中规定了大量社会权而在观念上强调国家对人民的积极扶助的社会主义国家，无疑是极可借鉴的思考方向。

3. 价值。我们并不是要将德国法上的“人的尊严”等价值因素简单引入中国宪法，而是要通过比较德国的理论与实践，去分析中国的宪法文本究竟确立了怎样的价值要求。一方面必须清楚把握此种价值要求；另一方面必须将此种价值要求贯彻于整个基本权利的体系。

然而，无论如何，这种体系思维必须建基于中国的宪法文本，这一点在前文已反复申明。那么，对于众多基本权利条款，应从何着手？我们可以发现，在体系的建构中，宪法文本中的概括性条款往往起到框架搭建的作用，例如，杜里希就是基于《德国基本法》第 1 条、第 2 条、第 19 条的解释而建构了“价值与请求权体系”。又如《日本国宪法》第 13 条，也被认为是基本权利规范意涵的转变的基础，从而笼罩着整个基本权利体系。[①] 对于这些条款的解释是发现制宪者的价值设定、整合单项基本权利并进行概念抽象的基础。因此，本文的体系思维也以宪法文本中的概括性条款的解释为中心。在笔者看来，中国宪法文本中具备此种功能的是《宪法》第 33 条和第 51 条。

（二）《宪法》第 33 条的解释（基本权利主体、国家义务、基本权利的功能体系、基本权利体系的开放性）

第 33 条是《宪法》基本权利章的第一个条文，此种体系因素不容忽视。同时，第 33 条又是在现行《宪法》的多次修改中唯一被实质性修改过的基本权利条文（2004 年宪法修正案第 24 条增加“国家尊重和保障人权”作为第 3 款）。“人权条款”毫无疑问是一种新

---

① 参见［日］芦部信喜：《宪法》（第 3 版），林来梵、凌维慈、龙绚丽译，北京大学出版社 2006 年版，第 103～104 页。

的价值注入,为整个基本权利章的解释提供了新的评价关联。[①] 从第33条的内容来看,则包含基本权利的主体、基本权利对国家的拘束力、国家对基本权利的义务类型、公民的基本权利与义务的关系等关键因素。以此条文的解释为中心,可以从价值上和规范的内在联系上统摄整合各个基本权利条款。分述如下:

1. 基本权利主体

体系化需要进行一定程度的概念抽象。在我国基本权利的体系化思考中,首先应该被抽象出来的概念应该是"基本权利的主体"。我国《宪法》第二章的章名是"公民的基本权利和义务",第33条第1款对公民进行了界定,而各个基本权利条款的表述也基本为"中华人民共和国公民有……的自由/权利"。然而,在2004年《宪法修正案》中,"人权"进入第33条,具有抽象性、普遍性的"人"可否主张原本仅得由"公民"主张的基本权利,就成为宪法解释上的问题。[②] 此外,在《宪法》的基本权利章中,本来就有对"劳动者"(第42条、第43条)、"军人"(第45条第2款)、"母亲"(第49条第1款)、"华侨"(第50条)等特殊主体的规定,而在基本权利章之外,尚有"城乡集体经济组织的合法的权利和利益"(第8条第3款)、"个体经济、私营经济等非公有制经济的合法的权利和利益"(第11条第2款)、国有企业有权自主经营(第16条第1款)、集体经济组织有独立进行经济活动的自主权(第17条第1款)、外国的企业和其他经济组织的合法的权利和利益(第18条第2款)、外国人的合法的权利和利益(第32条第1款)等的规定。对于这种纷繁复杂的规定,必须抽象出基本权利主体的概念,并进一步界定为"得依据宪法规定主张基本权利的人",才能解决下列实践问题:

(1)外国人与无国籍人的基本权利。在国际化的大背景下,如果还恪守宪法文本的字面规定,而将宗教信仰自由、人身自由、人格尊严等基本权利的主体仅限于本国公民是僵化的思维。在"人权"

① 关于"人权条款"的价值意涵,参见韩大元:《宪法文本中"人权条款"的规范分析》,载《法学家》2004年第4期。

② 参见张龑:《论人权与基本权利的关系》,载《法学家》2009年第6期。

进入《宪法》基本权利章的第一个条文后，通过抽象出“基本权利主体”的概念来涵盖外国人和无国籍人，才有可能进一步分析：哪些基本权利依其性质是可以由外国人享有的，[①]哪些基本权利则仅为公民所独享，并确立相关的法律标准。

(2)法人及其他组织的基本权利。市场经济的支柱，一为财产权保护，二为经济自由。而法人等市场主体是否具有基本权利的主体地位，在中国却不无争议。从宪法文本来看，第13条财产权条款所保护的只是“公民的”私有财产。而《宪法》第16条、第17条关于国有企业、集体经济组织的“自主经营权”的规定，也并非列于《宪法》第二章“公民的基本权利和义务”中。从建设社会主义市场经济的目标出发，保护法人等组织的权益非常必要。[②] 对此进行宪法层面的保护，也有赖于“基本权利的主体”这一抽象概念去涵盖法人和其他组织(类似的问题还可能包括宗教团体的宗教信仰自由，等等)。在这一抽象概念下，才可以对法人等组织可以享有何种权利、其享有权利与自然人享有权利的差异、公法人是否享有基本权利等进行法教义学上的建构。

(3)基本权利的权利能力和行为能力。前述的两个问题都涉及基本权利主体的权利能力和行为能力。其他的相关问题还包括：①未出生的人和死亡后的人是不是基本权利的主体，这里涉及第38条的人格尊严以及生命权等问题；②得主张基本权利的年龄问题，例如，青少年在什么年龄可以决定信仰宗教，在什么年龄可以加入社团。民法所确立的民事行为能力的标准很难移植到基本权利中来，需要在宪法层面作重新思考。

2. 基本权利的义务主体

基本权利以国家为义务主体，或者说以国家公权力为请求权对象，是宪法学的常识。然而，如果从社会主义宪法的传统观察，却会发现，出于“人人为我，我为人人”的理念，社会主义国家的宪法并未

---

① 参见[日]芦部信喜：《宪法》(第3版)，林来梵、凌维慈、龙绚丽译，北京大学出版社2006年版，第79页以下。

② 参见陈征：《国家从事经济活动的宪法界限——以私营企业家的基本权利为视角》，载《中国法学》2011年第1期。

将国家作为基本权利唯一的义务主体，而是强调所有主体都对他人的权利承担责任。[①] 以我国宪法观察，直接明确规定国家之外的主体对基本权利承担义务的条款就有三个，分别是第36条中的“社会团体和个人”、第40条中的“任何组织和个人”、第41条第2款中的“任何人”。

然而，在《宪法》第33条增加规定“国家尊重和保障人权”作为第3款后，对于我国宪法上基本权利的义务主体就有了重新解释的必要。赋予国家以尊重和保障人权的义务是这一条款的明白含义，这也就是明确了基本权利的约束对象是国家公权力。(这一条款的表述与《德国基本法》第1条第1款如出一辙)明确基本权利是针对国家，而非其他私主体的权利，对于厘清基本权利的规范内涵，区别基本权利与其他法律权利，无疑是极为重要的。(当然，仍然存在的问题是：如何理解宪法中早已存在的将国家之外的主体作为基本权利主体的3个条款？对此，在下文基本权利功能体系的解释性建构中将予以说明)

3. 国家义务的类型化

“国家尊重和保障人权”条款还对国家承担义务的类型进行了区分：“尊重”是指国家针对基本权利的消极义务，也就是不得侵犯的义务；而“保障”则是指国家针对基本权利的积极义务，也就是国家通过给付以及其他的各种积极活动促进基本权利实现的作为义务。这两种义务类型可以整合各个单项基本权利条款中所规定的国家义务的类型，《宪法》第13条(财产权)、第36条(宗教信仰自由)、第38条(人格尊严)、第39条(住宅自由)、第41条(申诉、控告、检举权)等条款中规定的“不受侵犯”“不得强制”“禁止用任何方法”“不得压制和打击报复”等措辞所规定的就是“尊重”的义务，是消极义务；而《宪法》第42条等所使用的“创造条件”“提高待遇”“发展休息和休养的设施”“规定工作时间和休假制度”“规定退休制度”“获得物质帮助”等措辞，所体现的就是“保障”的义务，是积极义务。通过此种类型化，我们就可以从“基本权利—国家义务”这

---

① 参见1977年《苏联宪法》序言及第55条。

一分析框架出发，具体界定基本权利的规范内涵。此项工作将涉及下一个层面：基本权利的功能体系。

4. 基本权利的功能体系

《宪法》第 33 条第 3 款对于国家义务的类型化，还不足以完全厘清国家义务的所有细节。“尊重”意味着不侵犯，那么就需要建立一套审查公权力行为合宪性的思考框架。这一点我们在下文将予以讨论。而“保障”的含义则更为复杂，涵盖了国家一切促进基本权利实现的行为可能性。为对此进行进一步的细化，可以考虑借鉴德国的基本权利的功能体系，特别是德国将基本权利视作“客观价值秩序”的思考方向。试分析如下：

基本权利作为“客观的价值秩序”，意味国家公权力应将基本权利视为宪法的价值决定，从而在一切活动中将基本权利的实现作为基本的指向，为基本权利的实现提供实质性的前提条件。基本权利的客观价值功能可以包括：(1) 制度性保障功能，要求立法机关建立和维护有助于基本权利实现的各种制度，如财产法制度、婚姻制度、劳动保障制度、大学制度等；(2) 组织与程序保障，要求立法机关设立和维护基本权利所赖以实现的组织与程序，如学术自由所需要的“教授委员会”、劳动权所需要的工会组织、财产权所需要的征收程序等；(3) 基本权利的第三人效力，要求司法机关在处理民事案件中应当将基本权利的精神融入传统上只受民法调整的私人关系，如在名誉侵权争议中考虑言论自由的价值，在房屋租赁合同争议中考虑承租人的生存权等；(4) 保护义务，要求立法者通过刑法、警察法等规范的设定，来制止国家以外主体对于公民基本权利的侵害，如刑法对杀人罪、非法拘禁罪、侮辱罪、诽谤罪、盗窃罪等的规定，就是国家在履行保护生命权、人身自由、人格尊严、财产权等基本权利的义务。

通过此种基本权利功能的体系化，可以对基本权利的规范内涵也就是基本权利主体可以主张什么、国家应当承担怎样的义务进行精细化的研究。前文所提到的《宪法》第 36 条、第 40 条、第 41 条所规定的国家外的主体对基本权利的义务问题，也可以通过此功能体系的思维得以解释。例如，《宪法》第 36 条规定的“……社会团体和个人不得强制公民信仰宗教或者不信仰宗教,不得歧视信仰宗教的公民和不信仰宗教的公民”,就可以被解释为国家有义务通过制定法律、建构制度来避免社会中出现宗教歧视和宗教迫害的现象。从而,宗教信仰自由的义务主体仍然只是国家。对于各单项基本权利,也可以通过分析其作为“防御权”“受益权”“组织与程序保证”“第三人效力”等功能对国家各有怎样的要求,来确定其规范内涵。在此种功能体系思考下,基本权利的规范内涵的分析也就具备了统一性和逻辑一致性。

5. 公民基本权利与义务的关系

公民的基本权利和义务的关系,是我国宪法学特别关注的问题,也是解释我国宪法上基本权利条款所不可回避的。《宪法》第33条第4款“任何公民享有宪法和法律规定的权利,同时必须履行宪法和法律规定的义务”,是对公民基本权利和义务关系的集中规定。如何理解这一条款,中国宪法学界基本上有三种观点:(1)权利义务一致性。此种承继自苏联宪法学的观点可谓源远流长,[①]其核心在于强调社会主义国家的国家利益与个人利益的一致性,以及公民享有权利和履行义务的一致性。根据此观点的一个自然推论是,公民的基本权利与义务具有价值上的同等地位。这种观点体现在术语上就是与基本权利相对应的“基本义务”。(2)基本权利与义务的不对等性。林来梵教授通过精细的分析,认为基本权利的内容与权利义务的内容在一般情形下具有非对等性,并且公民义务绝不具备基本权利在宪法上的价值核心的地位。[②] (3)宪法不应该规定公民义务。

笔者基本支持林来梵教授的观点。第一种观点的问题在于,在认为基本权利和基本义务具有同等价值地位的前提下,“权利义务

① 参见吴家麟:《宪法基本知识讲话》,中国青年出版社1954年版,第96页;肖蔚云:《我国现行宪法的诞生》,北京大学出版社1986年版,第133页;赵友崎:《公民权利和义务的一致性》,载《〈中华人民共和国宪法〉讲话》,人民日报出版社1983年版。马克思主义的“权利义务一致论”的法哲学基础可追溯至黑格尔的“权利与义务的同一、自由与职责的一体以及个人被整合入国家整体性”。Vgl, Georg Wilhelm Friedrich Hegel: Grundlinien der Philosophie des Rechts, Berlin1982, § §289,294.

② 参见林来梵:《从宪法规范到规范宪法》,法律出版社2001年版,第235页以下。

一致性”的结果只能是混同与抵销，个人权利被压抑，基本权利规范归于无效。第三种观点的问题在于，我国《宪法》第51条至第56条已经规定了公民的义务，除非重新发动制宪，否则此种观点就没有被讨论的必要。法学不应该无视法律的明确规定而径行价值上的判断，也不应该基于某种特定价值观而简单否定宪法的正当性。鉴于林来梵教授对此问题的分析非常细致精当，本文不欲做太多重复，但有两点作为补充：(1)《宪法》第二章章名为“公民的基本权利和义务”，并没有使用“基本义务”的概念，从1954年《宪法》开始我国宪法文本从没有使用“基本义务”这一概念。与“权利义务一致性”的理论一样，“基本义务”的概念也辗转承袭自德国的法律传统，最早指代的是封建时代臣民对于君主的义务。在社会主义思潮的影响下，1919年的《魏玛宪法》中使用了“公民的基本权利和基本义务”的措辞，但在1949年的《德国基本法》以及大多数的德国州宪法中，“基本义务”的概念已经不再被使用。这种术语上的改变被认为是宪法在基本权利理论上的重大改变。[①] 在我国宪法文本从未使用这一概念的情况下，我国宪法学的教材、论著多年来沿袭“基本义务”的术语，缺乏充分的解释和论证。(2)更为根本的是，“基本义务”概念在宪法学上难以成立。施密特在对《魏玛宪法》中的“基本义务”进行解释时指出，根据规范内容来看，“基本义务”绝不是“基本权利”的对应等价物，绝不存在相当于基本权利地位的、前国家的基本义务。[②] 在个人相对于国家的各种地位中，纯粹的“被动地位”[③]在当代的宪法理论中已经不被承认。进一步，不同于基本权利可以直接约束国家公权力，基本义务并不能直接约束公民。国家不能依据宪法直接要求公民履行任何义务，宪法规定的公民义务必须由立法者通过法律进行具体化后，才构成对公民的约束。[④]

---

① Josef Isensee, Die verdrängten Grundphlichten des Bürgers, DÖV1982, 609ff.

② Carl Schmitt, Verfassungslehre 1. Aufl., Berlin 1928, S. 174f. 参见林来梵：《从宪法规范到规范宪法》，法律出版社2001年版，第240页。

③ Vgl. Pieroth/Schlink, Grundrechte. Staatsrecht Ⅱ, 25. Aufl, 2009, S. 23f.

④ Vgl. Isensee, a. a. O. S., 613. 在此意义上，笔者仍然同意公民义务应由立法机关作出具体规定的观点，而这也算当今关于公民义务条款效力的通行观点。

6. 基本权利体系的开放性

在“人权条款”入宪之前，我们对于基本权利的理解具有实证主义的封闭性，我们只能认定列举在《宪法》第二章中的才是基本权利。但是，人权天然地具有开放性。人权作为人之为人所应该享有的权利，具有道德权利的性质。据此，宪法未列举的生命权、健康权、迁徙自由等权利应该可以被作为基本权利而得到宪法层面的保护，而位于基本权利第二章以外的财产权(《宪法》第 13 条)也应可经由人权条款而被纳入基本权利的范围。此外，《宪法》第 16 条、第 17 条所规定的经济活动的自由(结合第 15 条“社会主义市场经济条款”)也应可被看作基本权利。按照此种思路，我们应可抽象出“列于基本权利章内的基本权利”和“视同基本权利的权利”①两个概念，并据此来填补和完善基本权利的体系，以回应现实中出现的各种“某权入宪”的呼声。

(三)《宪法》第 51 条的解释(基本权利限制、法律保留与比例原则)

在基本权利的各项功能中，以排除国家的不当限制、防御国家的侵害为内容的防御权是最重要的功能。这里的核心问题是基本权利的限制，也就是国家出于何种目的、通过何种方式、遵循何种规则可以对基本权利进行干预，或者说国家对基本权利的干预符合何种要件才会被认为是合宪的。对于如何分析基本权利的限制是否合宪，前文所介绍的德国的“保护范围—限制—合宪性论证”的思考框架具有很强的适用性。② 这里要特别探讨的是，以《宪法》第 51 条为中心的相关限制条款的理解。

讨论我国宪法下的基本权利限制问题，首先需要关注的是《宪法》的第 51 条。该条规定：“中华人民共和国公民在行使自由和权

---

① Vgl. Pieroth/Schlink, a. a. O. S. ,19f.

② 例如，美国著名大法官哈朗在处理第一修正案的相关案件时所使用的分析模式就与此分析框架非常相似。考虑到美国法官极少参考外国法的传统，此种暗合只能被解释为是人类思维方式的共通性和一般性。See Gerald Gunther, *In Search of Judicial Quality on a Changing Court: the Case of Justice Powell*, Stanford Law Review, June 1973, 1004ff. 感谢杜强强博士的启发。

利的时候，不得损害国家的、社会的、集体的利益和其他公民的合法的自由和权利。”这一条款位于《宪法》第二章列举的公民基本权利之后，在各项公民义务之前。从体系关联上来看，这一条款显然是为前面列举的基本权利设定了一个“概括限制条款”。然而，这一条款中的“国家的、社会的、集体的利益”用语极度模糊，在解释和适用上为公权力留下了极大的作用空间，容易导致公权力对基本权利的恣意侵害。为避免此种恣意侵害的发生，为了对公权力进行有效的宪法控制，有必要建构基本权利限制的法教义学体系。

1. 概括限制条款与个别限制条款

首先需要考察的是《宪法》第 51 条的“概括限制条款”与各单项基本权利中的“个别限制条款”之间的关系。我国宪法的单项基本权利中尚有一些“个别限制条款”，分别是：针对宗教信仰自由的“任何人不得利用宗教进行破坏社会秩序、损害公民身体健康、妨碍国家教育制度的活动”（第 36 条第 3 款）；针对通信自由和通信秘密的“除因国家安全或者追查刑事犯罪的需要，由公安机关或者检察机关依照法律规定的程序对通信进行检查外，任何组织或者个人不得以任何理由侵犯公民的通信自由和通信秘密”（第 40 条）；针对监督权的“不得捏造或者歪曲事实进行诬告陷害”（第 41 条）。这些条文规定了较第 51 条更为具体的限制权利的程序和理由。这里就存在一个问题，除了这些个别限制条款所规定的限制目的和限制方式，是否还可适用第 51 条来限制宗教信仰自由、通信自由和通信秘密以及监督权？

在笔者看来，个别限制条款的存在，已经排除了《宪法》第 51 条适用的可能性。有三点理由：(1) 不得径行适用原则条款。《宪法》第 51 条是制宪者为基本权利限制设定的一般性条款，所体现的是“出于公益得限制基本权利”的一般原则，而个别限制条款则是对“公益”的具体化，按照法律适用中“须穷尽法律规则方得适用法律原则”的原理，[①]在涉及这些单项基本权利时，第 51 条不应被首先

① 参见舒国滢：《法律原则适用中的难题何在》，载《苏州大学学报》2004 年第 6 期。

考虑。(2)宪法保留。更进一步,宪法对于某些事项的明文规定,是对立法者的形成自由的排除,[①]也就是说,当宪法明确规定某项基本权利只能依据某特定理由予以限制时,立法者不可以援引其他理由来作为限制的理由。(3)保护效果。要求公权力限制基本权利只能出于特定的目的,一定比允许公权力出于抽象"国家的、社会的、集体的利益"来限制基本权利,更能控制公权力的恣意,从而达到对基本权利更好的保护效果。

2. 对基本权利限制的限制

即使我们可以对"概括限制条款"的适用范围进行限缩,但问题仍然存在:如何避免宽泛的公益条款成为公权力恣意侵害基本权利的工具?这就需要建构一个"基本权利限制的限制"的教义学体系。这个体系可以包含两个基本层次:

(1)法律保留原则的确立与类型化

基本权利限制的法律保留,是指对于基本权利的限制必须由法律来规定,或者说公权力对于基本权利的限制行为必须有法律的授权。这一最早出现于《人权宣言》而为现代宪法普遍接受的原则,在我国宪法上也有文本基础。我国《宪法》第37条、第39条中使用了禁止"非法"搜查、拘禁、侵入、限制的表述,显然是对国家干预基本权利必须有法律授权的要求。此外,第34条"依照法律"剥夺政治权利、第13条"依照法律规定"征收征用私有财产、第56条"依照法律纳税"等规定,也可以成为我国宪法学上确立法律保留原则的文本基础。此外,我国的立法法、刑法、行政处罚法等也都以不同方式对法律保留原则进行了规定,可以作为宪法上确立法律保留原则的参考。

在确立法律保留原则之后,还需要基于宪法文本进行进一步的细化:①是否对于基本权利的一切干预都必须有法律的授权,抑或只有"重大性问题"才需法律规定,而其他的一般干预可以由行政法规等作出规定?"重大性"的标准是什么?[②] ②可否确立法律保留

---

① 参见许育典:《宪法》,台北,元照出版有限公司2006年版,第147页。

② Vgl. BVerfGE 47,46(47).

的不同层级？从我国宪法的规定来看，某些条款只是规定“禁止非法”限制，某些条款则还规定了具体的限制目的和限制方式，而某些条款则完全没有规定可以依据法律进行限制。据此，我们是否也可以建立类似德国将法律保留区分为“单纯法律保留”“加重法律保留”“无法律保留”的层级体系，对不同基本权利给予不同层级的保护程度，[①]从而细化基本权利的限制问题？

(2)比例原则等的借鉴

仅有法律保留原则这一形式上的限制，对于有效控制公权力干预基本权利而言还是不够的。进一步，应当借鉴德国的比例原则以及美国的审查标准理论，来建立平衡公共利益与个人权利，约束公权力过度干预的教义学体系。《宪法》第 51 条的表述是“中华人民共和国公民在行使自由和权利的时候，不得损害国家的、社会的、集体的利益和其他公民的合法的自由和权利”，其中显然包含要求在私人利益与公共利益之间进行衡量的意思。那么应如何衡量私人利益与公共利益，使国家对基本权利的限制不致恣意侵害基本权利？德国、日本等大陆法系国家所通行的比例原则可资借鉴。

比例原则的基本内容是通过对公权力限制基本权利的手段和限制行为所要追求的目的(公益)之间的衡量，来确定何种条件下公权力的限制行为是合宪的，而在何种情况下是违宪的。比例原则的审查可以分为四个步骤：①该限制手段是不是为了追求正当的目的，也就是要求限制行为必须是为了追求公共利益；②限制的手段必须具有适当性，也就是公权力所采用的限制性手段必须是能够促成其所追求的目的；③限制的手段必须是必要的，适当的手段可能有多种，必要性原则要求必须选择最温和的手段，也就是给被限制对象的干预最小、带来的负担最少的手段；④狭义比例原则，这是指，要将被设定为目的的利益与基本权利主体所受损害进行衡量，如果后者大于前者，则不应采取此限制措施。比例原则有着极为细密和精致的适用规则，此处无法尽述。只有依赖类似的精致的规则

① Vgl. Pieroth/Schlink, a. a. O. S. ,63ff；参见赵宏：《限制的限制：德国基本权利限制模式的内在机理》，载《法学家》2011 年第 2 期。

体系的建构,对于公权力的控制才可能是有效的。

五、余论:体系在价值和实践上的开放性

通过上述解释性和建构性的工作,笔者希望提供一个整体上理解中国宪法文本中的基本权利的体系框架。这一体系是初步的,在众多细节上都有待进一步深入,其架构本身也有可调整的余地,而在比较法的借鉴上也可以作更开阔的思考。然而,在这一体系的自我完善之外,尚有两个外部因素是这一体系的完善所不可或缺的。

第一,关于基本权利体系背后的基本权利理论。如前文所述的博肯福德的观点,任何的基本权利解释必然依赖于背后的基本权利理论。没有一个明确的政治理论或者权利哲学,基本权利的解释就会众说纷纭,缺乏一致性。[①] 同样依照博肯福德的观点,为了避免价值的滥用,这种基本权利理论不能来自解释者的主观,而应该从宪法的文本中探寻。然而,这项工作对于中国宪法学而言是极为困难的。"人权""私有财产权"等条款的出现使自由主义的权利观无可避免地成为解释基本权利的理论基础,然而,同样不可避免的是,我国《宪法》第1条第2款明确规定的"社会主义原则"。如何协调两种存在明显紧张关系的理论?中国宪法文本下的基本权利理论究竟是什么?(这实际上也是中国知识界当前核心争论的一个方面)对此问题的解答,虽然有德国通过宪法解释来协调自由主义与"社会国原则"的紧张关系的经验可资借鉴,但无疑仍然是极为困难的议题。

第二,基于实践对体系的检验与调适。如前所述,体系永远只是暂时的总结,对体系的完善需要持续的实践验证,并且应借由"问题探讨法"的思考来保证体系不至于过于偏离正义。[②] 这种分析可以避免体系被建构成抽象的逻辑游戏,而使宪法学体现出其应有的实践品格。

---

① 美国学者也有类似的思考,参见[美]弗兰克·米歇尔曼:《宪法解释的分歧问题:"适用商谈"于事有补吗》,载应奇、刘训练编:《公民共和主义》,东方出版社2006年版。

② 对于如何协调体系思维与具体个案的紧张关系,可参见刘飞:《宪法解释的规则综合模式与结果取向》,载《中国法学》2011年第2期。

第四章　基本权利的防御权功能与国家的消极义务

第一节　防御权功能的概念与界定

一、防御权功能的概念与特征

防御权功能的意义在于维护个人免受国家恣意干涉的空间。从立宪主义的根本精神来看，公民基本权利首先的作用在于对抗国家权力，要求国家不侵犯公民的权利，防止公民生命、自由与财产受到国家侵犯。将基本原理视为“防御权”（Abwehrrechte），认为其重要功能是对抗国家的“防御权功能”（Funktion der Grundrechte als Abwehrrechte）是德国宪法学的传统观念，这一点在德国战后的宪法判决中也得到了反复确认。例如，在确立德国战后基本权利思考基本方向的最重要的“吕特判决”中，德国联邦宪法法院指出：

> “毫无疑问，基本权利的主要目的在于确保个人的自由免受公权力的干预。基本权利是个人对抗国家的防御权，从基本权利观念在人类精神史上的发展，以及各国将基本权利纳入

宪法的历史过程中,我们可以看出这一点。”①

尽管防御权概念具有很强的德国法烙印,防御权概念中包含的权利理论却源远流长、其来有自。② 宪法规定基本权利的最初目的就是保障个人私生活不受侵犯的领域,排斥任何公权力的干预。可以说,防御权乃是基本权利最原始和最根本的功能,也正因如此,学者们对防御权的界定就不像其他功能那样歧义丛生。③ 基本权利的防御权功能可以定义如下:

防御权功能是公民基本权利的一项权能,指公民可以要求国家不侵犯基本权利所保障的利益;当国家侵犯该利益时,公民可以直接依据基本权利的规定请求停止侵害。防御权功能又可称为“国家不作为请求权”功能或“侵害停止请求权”功能。对于这一定义,我们可以将其分解为以下几个方面分别进行考察:

1. 防御权功能是基本权利的一项权能。防御权功能只是基本权利的权能之一,本身并非基本权利。而学者们在使用这一概念时,往往直接称为“防御权”;这并非将之作为一项具体的权利,而仍是指基本权利的一项权能。

2. 防御权功能以“国家不作为”为请求内容。防御权是要求国家不为侵害基本权利的行为,故而是一种“国家不作为请求权”功能。如果国家以积极行为侵害了基本权利,防御权的意义就在于请求国家停止侵害。

3. 防御权功能针对的是国家的消极不作为义务。防御权功能是防止国家的积极侵害行为;故而国家只需无所为,其针对防御权

---

① BVerfGE 7,198(204f).

② 基本权利防御国家的功能的理念可以追溯到现代宪法思想的鼻祖之一洛克那里。See Rolf Gröschner, Claus Dierksmeier, Michael Henkel, Alexander Wiehart, Rechts-und Staatsphilosopie: Ein dogmenphilosophischer Dialog, Berlin u. a. Springer, 2000, S. 185, 187f.

③ 关于防御权功能的界定,参见 Volker Epping, Grundrechte, Berlin u. a. Springer, 2005. S. 14 ff. Michael Sachs, Verfassungsrecht II Grundrechte, Berlin u. a. Springer, 2000. S. 28;李惠宗:《宪法要义》,台北,元照出版有限公司 2002 年版,第 91 页;李建良:《基本权利理论体系之构成及其思考层次》,载李建良:《宪法理论与实践》(一),台北,学林文化实业有限公司 1999 年版;许宗力:《基本权的功能与司法审查》,载许宗力:《宪法与法治国行政》,台北,元照出版有限公司 1999 年版。

功能的义务就已实现。国家对防御权功能所负的义务是消极义务、不作为义务。

4. 防御的对象是侵害基本权利的国家行为。依据基本权利的防御权功能,公民可以请求排除国家权力所为的各种侵权行为。其中包括:立法机关制定的侵害基本权利的法律,行政机关侵害基本权利的行政行为和司法机关侵害基本权利的裁判等。[①]

二、防御权功能与类似概念的区分和界定

(一)防御权与自由权

很容易看出,防御权与自由权之间有着密切的关系。实际上,在许多人的观念中,二者就是相同的概念,防御权不过是自由权的别称罢了。自由权在其最基本、最狭窄的意义上就是个人排除国家介入私人领域,以确保个人自由决定与自由行动的权利。这种狭义的、纯消极性的自由权与防御权功能的意义可以说是完全一致的,都是要求国家不作为、防止国家侵害的权利。

但是,若从人权实践的角度观察,防御权却只是自由权功能的一个方面。在前文中我们已经提到,在进入现代宪法时期之后,传统自由权的性质也发生着变化,在纯粹的"消极自由"性质之外,又增加了"积极自由"的内容。也就是说自由权的实现,在许多情况下并非只要排除了国家干预就可达成,实际上往往还需要国家的积极行为。日本学者大须贺明认为,必须承认自由权也有"社会权侧面的性质",[②]自由权在某些情况下也要求国家积极作为。在现代自由权由纯粹消极而转向兼具部分积极性质的情况下,再将防御权与自由权完全等同就是不正确的。在这种情况下,防御权只是自由权所具备的防止国家干预的功能,尽管这仍然是自由权最核心的价值和最重要的功能所在,但并不是自由权之全部。

---

① 参见李建良:《基本权利理论体系之构成及其思考层次》,载李建良:《宪法理论与实践》(一),台北,学林文化实业有限公司1999年版。

② [日]大须贺明:《生存权论》,林浩译,法律出版社2001年版,第28页。

(二)防御权与抵抗权及公民不服从①

抵抗权(Das Widerstangsrecht, right to resistance),是指在国家实施暴政和严重侵犯人权时,公民所拥有的不服从和反抗的权利,是公民保卫自己权利的最后手段。② 抵抗权的观念兴起于近代立宪主义的大潮之中。美国《独立宣言》宣称,人民建立政府的目的就在于保证人们的天赋的权利,如果政府损害这一目的,则人民有权改变和推翻政府。而法国 1791 年《人权宣言》第 2 条也将"反抗压迫"作为人的自然而不可动摇的权利;关于抵抗权的规定在 1793 年法国雅各宾派当政时登峰造极,雅各宾宪法以数个条文明定人民有以武力和暴力反抗无道政府的权利,而该宪法第 35 条甚至将抵抗暴政作为人民的义务。而雅各宾派专政被认为是法国大革命最为暴戾、血腥和动荡的时期;以此为鉴,此后的各国宪法绝少出现抵抗权的规定。抵抗权的观念虽然一直存在,但绝少被制度化。但是,在经历了"二战"和法西斯的野蛮专制之后,抵抗权反抗暴政之价值又被重新重视,联邦德国在 1968 年 6 月公布修正案增订第 20 条第 4 项规定,在公权力违反第 20 条第 1 ~ 3 项的秩序的情况下,在没有其他救济途径时,公民拥有抵抗权。

防御权与抵抗权在排除国家对人权的干预和侵害上,具有相同的旨趣,防御权甚至可能是广义的抵抗权的组成部分。法国公法学家狄骥在阐述《人权宣言》中人民"反抗压迫"的权利时,认为可以分为"消极"的反抗、"防卫性"反抗(暴力反抗)和"带攻击性"的反抗三种;而消极的反抗就是个人使用法律救济途径去维护权利,这里实际上包括了防御权的意义。而日本学者田野和夫所持的抵抗权概念至为宽广,宪法上规定的各项人权在他看来都是抵抗权的制

---

① 抵抗权是宪法学上重大而复杂的课题,限于论文主题,本书主要从其与防御权的关系角度加以考察。关于抵抗权的研究,可参见陈新民:《国民抵抗权的制度与概念》,载陈新民:《德国公法学基础理论》(下),山东人民出版社 2001 年版;杜钢建:《抵抗权理论比较研究》,载《宪法比较研究文集》,南京大学出版社 1993 年版。

② Michael Sachs, Verfassungsrecht Ⅱ Grundrechte, Berlin u. a. Springer, 2000. S. 502 ff;陈新民:《国民抵抗权的制度与概念》,载陈新民:《德国公法学基础理论》(下),山东人民出版社 2001 年版。

度化,[①]作为人权基本功能之一的防御权功能自然也可以被看作抵抗权的组成部分。

但是,狭义上的抵抗权与防御权又有原则性的差异。可以从以下几个方面对二者进行区分:

1. 抵抗权是维护人权的最后手段。只有在国家侵害公民的权利,而公民穷尽一切救济手段(包括宪法诉讼)仍然无法维护自身权利时,才可发动抵抗权。而防御权功能的实现则是凭借合法的救济途径。

2. 抵抗权虽然可能是合乎宪法的权利(在大多数国家,抵抗权只具有政治学上的意义,并未实证化),行使抵抗权的行为却是抵触法律的行为,因为,抵抗权本身就是要以违反法定义务来反抗法律秩序。而防御权的实现方式则必然是合法的,在法秩序之内的。

3. 抵抗权的行使往往要涉及暴力的使用乃至革命,[②]而防御权的行使则是和平的手段。

4. 抵抗权往往须通过人民的组织才能获得实现,个人基本没有凭一己之力对抗整个法律秩序的可能;[③]而防御权作为基本权利的一项权能,属于个人权利的范畴。

与抵抗权相关的另一个概念是"公民不服从"。按照罗尔斯的定义,公民不服从是"非暴力的反抗",是"一种公开的、非暴力的,既是按照良心的又是政治性的对抗法律的行为,其目的通常是使政府的法律或政策发生一种改变"。[④] 公民不服从是为了反抗不正义的政府,其行为具有"违法性""政治性""公开性""非暴力性"的特征;所以,有人又称为"和平反抗权",以区别于暴力性的

---

① 参见郑杭生主编:《人权新论》,中国青年出版社1993年版,第91页。

② 关于抵抗权和革命权的关系,参见陈新民:《国民抵抗权的制度与概念》,载陈新民:《德国公法学基础理论》(下),山东人民出版社2001年版,第625~626页。

③ 参见[日]杉原泰雄:《宪法的历史——比较宪法学新论》,吕昶等译,社会科学文献出版社2000年版,第30页。

④ [美]约翰·罗尔斯:《正义论》,何怀宏等译,中国社会科学出版社1988年版,第353页。

抵抗权。[①] 尽管服从法律是公民起码的自然义务(natural duty of civility),但是按照“公民不服从”概念的提出者梭罗的观点,“我有权承担的唯一义务,乃是不论何时,都做我认为正当的事情”。[②] 所以,如果政府违背正义,则人们可以故意作违法的行为以引起社会关注,表达自己的抗议。可以看出,防御权与公民不服从也有着相同的核心价值,但防御权的行使是合法的、法律之内的。而“公民不服从”是以违法行为去反对法律与政策整体上的不正义,更具政治象征的意味。但是,从另一个角度来讲,“公民不服从”的违法行为在受到法律制裁后,往往会引起涉宪的“试验案件”(test case),[③]使得法律本身去接受宪法的审查,个人的权利也由此可能得到司法救济。在这种意义上,公民不服从与防御权又有相当的联系。

(三)防御权与权利救济权

获得权利救济权,简称“权利救济权”,是指公民在其权利受到损害或侵犯时,向司法机关提起请求,以补救、恢复受损害权利并纠正、惩罚侵犯行为的权利。[④] 主要包括诉讼权、接受司法裁判权、国家赔偿请求权等。在我国《宪法》上主要是指“申诉、控告权”“国家赔偿请求权”(第41条)。权利救济权与基本权利的防御权功能之间有着密切的联系。我们说防御权是基本权利的一项权能,其目的在于防止国家对基本权利的侵害,而寻求司法救济乃是实现防御权功能最重要的途径。前文我们已说明防御权功能具有两个层次:其一,在国家未干预公民基本权利时,公民拥有请求国家不进行干预、不侵害权利的“国家不作为请求权”;其二,在国家侵犯公民基本权利时,请求国家权力停止侵害的“停止侵害请求权”。防御权功能的第二个层次与“权利救济权”之间显然是有着

---

① 参见陈新民:《国民抵抗权的制度与概念》,载陈新民:《德国公法学基础理论》(下),山东人民出版社2001年版。

② [美]梭罗:《公民不服从》,载何怀宏编:《西方公民不服从的传统》,吉林人民出版社2001年版。

③ 参见何怀宏:《公民义务与公民不服从》,载何怀宏编:《西方公民不服从的传统》,吉林人民出版社2001年版。

④ 参见林来梵:《从宪法规范到规范宪法》,法律出版社2001年版,第230~231页。

密切的联系的。同时，有学者在探讨“权利救济权”时，格外强调其“在法律上对国家权力进行防卫”的意义，将权利救济权称作“法律上的防卫权”。[①] 所以，有必要对防御权和权利救济权这一对联系紧密的概念加以区分。

概括起来，防御权与权利救济权有以下几点区分：

1. 防御权功能是公民基本权利的一项权能，而权利救济权则是基本权利的一种。防御权是一切基本权利所具有的排除国家干预的功能，是较基本权利低一层次的概念；而权利救济权是一类基本权利，本身属于基本权利的组成部分。二者分别为基本权利的权能和基本权利的组成部分，其并非同一层次的概念。

2. 权利救济权虽是防御权功能实现的一个重要途径，但其本身也具有防御权功能。虽然作为程序性权利的权利救济权往往被看作权利实现的途径或手段，是“宪法权利为了自我保障而衍生出来的一种权利”，是“手段性”、“技术性”或“第二性”的权利，但其本身也具有防御权功能。也就是说，当国家侵犯权利救济权时（如剥夺公民的起诉权），公民也有直接请求排除这种侵害的权利。在这种意义上，权利救济权本身就是作为目的的存在，不再仅仅是手段性的。[②]

3. 防御权功能针对的是国家的消极义务，而权利救济权则主要针对国家的积极义务。防御权是基本权利纯消极性的功能，国家对此的义务是不侵犯的义务，是消极义务。而权利救济权则是具有积极性的一类权利，是公民个人主动地要求国家司法机关进行诉讼审判活动的权利，国家有进行审判、为公民提供司法救济的义务；而审判活动是一种积极的作为，所以，权利救济权针对的乃是国家的积极义务，在这种意义上，有人甚至称为“司法上的受益权”。[③]

4. 防御权是针对国家的，而权利救济权不限于此。防御权的主要意义在于排除国家的侵害，而其他主体对于基本权利的侵害主要由刑法和民事侵权行为法解决。权利救济权所针对的不只是国家，

---

① 参见李琦：《论法律上的防卫权》，载《中国社会科学》2002 年第 1 期。

② 参见李琦：《论法律上的防卫权》，载《中国社会科学》2002 年第 1 期。

③ 参见曾康繁：《比较宪法》（第 3 版），台北，三民书局 1978 年版，第 133 页。

无论权利的侵害来自国家、社会团体、个人还是其他任何主体,公民都可依据权利救济权而直接要求司法的救济。

第二节　我国宪法规定所体现的防御权功能

前文我们已经说明防御权功能乃是基本权利最基本的功能。但是,这只是从宪法学的一般原理出发进行的概括;而且这种概括体现得更多的是西方资本主义宪法强调个人自由,强调个人与国家的对立的立宪主义精神。我国宪法属于社会主义宪法,其基本精神更强调个人利益与国家利益、社会整体利益的一致性,强调在国家帮助下个人的发展与价值实现。那么,“排除国家干预”意义上的防御权功能与我国的宪法理念是否相容,或者说从我国宪法对基本权利的规定能否导出基本权利防御国家的功能,这仍是需探讨的问题。

实际上,防御权功能作为基本权利的基本功能,同样体现于我国《宪法》的规定。我们可以将《宪法》对基本权利的规定分三个层次来说明。

一、《宪法》第 35 条至第 40 条及第 47 条第 1 句

《宪法》第 35 条至第 40 条及第 47 条第 1 句确立的是公民的自由权,从中可以很容易地推导出基本权利的防御权功能,我们可以从这些条文的用语中得出这种认识。例如,第 36 条第 1 款“中华人民共和国公民有宗教信仰自由”,第 2 款“任何国家机关、社会团体和个人不得强制公民信仰宗教或者不信仰宗教,不得歧视信仰宗教的公民和不信仰宗教的公民”。这显然是说明宗教信仰自由有排除国家权力干预的功能。又如,第 37 条规定:“中华人民共和国公民的人身自由不受侵犯”“任何公民,非经人民检察院批准或者决定或者人民法院决定,并由公安机关执行,不受逮捕”“禁止非法拘禁和以其他方法非法剥夺或者限制公民的人身自由,禁止非法搜查公民的身体”,这种表述显然意指公安机关在无检察院批准、决定或法院决定的条件下,不得限制人身自由,这体现的也是人身自由防御国家侵害的功能。而其

他各条款都是以“禁止国家行为”“不得(作为)”这样的规定方式来确保公民的自由,体现的也都是个人权利防御国家侵害的功能。

二、第 34 条和第 41 条

第 34 条和第 41 条分别规定了选举权、被选举权和公民的申诉、控告、检举、批评、建议权,这两项权利在性质上无疑是更具积极性的。选举权利除去公民参与国家政治生活这一层民主的含义外,主要是要求国家为特定给付,也就是要求国家组织选举的权利。这一条款的“但书”部分却说明选举权、被选举权也具有防御权功能。第 34 条“但书”规定:“但是依照法律被剥夺政治权利的人除外。”这一规定可以做出如下解释:公民的政治权利在特定情况下可由立法机关通过制定法律加以限制,但在一般情况下,“制定法律”以及严格执行该法律之外的国家行为不得剥夺公民选举权利。这说明,选举权、被选举权也具有防御权的功能。

第 41 条规定的“检举、控告、申诉”等权利无疑也是更具积极性的,这从第 41 条第 2 款的第 1 句话也可以看出:“对于公民的申诉、控告或者检举,有关国家机关必须查清事实,负责处理”,这无疑是说国家对这样权利负有为特定积极作为的义务。在这种意义上,这几项权利并非“防御国家的权利”。但第 41 条第 2 款第 2 句却说明了这些权利的防御权功能:“(对于申诉、控告、检举等权利)任何人不得压制和打击报复”,这显然是指国家机关及其工作人员不得侵害公民的检举权等权利,这些权利本身也具有排除国家侵害的防御权功能。

三、第 42 条至第 50 条

第 42 条至第 50 条主要是规定公民的社会、经济、文化权利和对特殊主体的保护。若从权利性质来看,这些权利无疑是最具积极性的权利,是要求国家为各种积极的行为,去保证和促成这些权利的实现。所以,若从这些条款的文字来看,无法找出“禁止”“不得”“不受侵犯”这一类要求国家消极不作为的用语,所以无法从中直接导出防御权功能。但是若换一个角度进行思考,却可以发现这些社会、经济、文化权利中隐含防御国家侵害的功能。以劳动权为例,虽然该权利的主要意旨在于要求国家通过各种积极措施,创造就业机会,加强劳动保护,提高劳动报酬与福利等,但是这并不意味国家可以为积极的行为去禁止公民就业,禁止公民劳动。同样,国家对休息权,退休人员保障权,物质帮助权所负的义务是以积极行为去保证和促进这些权利的实现,但这不意味国家可以以积极的行为去禁止公民休息,禁止退休人员、受物质帮助人员通过自己的行动去获得经济上、生存上的保障。所以,可以说防御权功能乃是社会权必然具有的一项功能,只不过社会权主要强调的是国家对个人的积极义务,因而,并不将公民拥有“劳动的自由”“休息的自由”“谋生的自由”在法条中加以明示罢了。

在这些条款中,第 47 条最鲜明地表现了社会、经济、文化权利的“积极权利”和“消极权利”双重属性和这些权利具备的“防御权”和“受益权”的双重功能。该条规定:“中华人民共和国公民有进行科学研究、文学艺术创作和其他文化活动的自由。国家对于从事教育、科学、技术、文学、艺术和其他文化事业的公民的有益于人民的创造性工作,给以鼓励和帮助。”前一句说明了“文化活动自由”具有排除国家干预的防御权功能,而后一句则说明了“文化活动”具有要求国家积极介入的受益权功能。

所以,从我国宪法对基本权利的各条规定中都可以导出防御权功能,也就是说,我国宪法上所有的基本权利都内在地包含了要求国家不得侵害的意义。

第三节　防御权功能的地位

基本权利的防御权功能被看作基本权利最为重要的一项功能。从立宪主义的精神来看,公民基本权利首先的作用在于对抗公权力,防止公民的生命、自由与财产受到公权力的侵犯,从而维护个人免受国家恣意干涉的空间。这一点,从基本权利的观念历史、基本权利入宪的历史过程可以体现出来。在人类的历史经验中,国家的恣意干预显然是人民的自由与财产受到的最大威胁。而立宪主义的最初理念也是通过宪法去划掉国家不应当介入的领域，相信只要国家不干扰，社会可以自然实现良好的秩序和每个人的幸福。所以，一般认为，在基本权利的功能体系中，防御权处于绝对优先和中心的地位。

但是，这种“最重要功能”的地位并非没有受到过挑战。这种挑战主要来自社会主义对自由竞争资本主义的批评，因为仅仅排除国家干预并不能真正实现每个人的幸福。相反，在人民权利的实现上，要求国家的积极帮助和物质给付有时比排除国家的干预更重要。所以，防御权功能是否还是最重要的基本权利功能受到了挑战；在不同类型的宪法理念中，防御权功能的地位并不相同。

一、防御权功能在西方宪法中的地位

尽管受到了来自社会主义思潮的批判，但西方宪法理念总体上还是认为排除国家的干预更重要。在古典自由主义的理念中，国家还只是一种“必要的恶”，是值得警惕的坏而可怕的东西。美国学者格尔哈斯·伦斯基说：“权力有作恶的滥用的自然本性；这一原则由西方人士所信奉，最迟同文字、文明一样古老。”[①]亚里士多德就认为如果人们的权力足以攫取私利，“往往就不惜违反正义”。[②] 孟德斯鸠则认为一切有权力的人都容易滥用权力。[③] 既然权力有作恶的可能，就有必要对其加以防范和限制，贡斯当认为“宪法本身即是一种对权力不信任的行为”。深受这种观念影响的美国国父之一托马斯·杰弗逊对此有精彩的论述：“信赖，在任何场合都是专制之父。自由的政府，不是以信赖，而是以猜疑为基础建立的……因此，在权力问题上，不是倾听对人的信赖，而是需要用宪法之锁加以约束，以防其行为不端”。[④] 有学者将这种对国家的猜疑称为“消极的政治

---

① ［美］格尔哈斯·伦斯基：《权力与特权——社会分层理论》，浙江人民出版社1988年版，第8页。转引自张贤明：《论政治责任》，吉林大学出版社2000年版，第43页。

② ［古希腊］亚里士多德：《政治学》，吴寿彭译，商务印书馆1965年版，第317页。

③ ［法］孟德斯鸠：《论法的精神》（上册），张雁深译，商务印书馆1961年版，第154页。

④ 转引自［日］杉原泰雄：《宪法的历史——比较宪法学新论》，吕昶等译，社会科学文献出版社2000年版，第22~23页。

观”,认为政治生活的目标不是追求“至善”,而是防止“大恶”,由于国家垄断了强制权以及实施强制所需的政治工具,所以国家是作恶能力最强的、最应当被防范和控制的人类组织。在这种理念下,无论基本权利发展出怎样的新功能,防御国家的侵害仍然是最根本的。

与防御权对应的国家义务是消极义务,也就是国家不侵害和干预基本权利的义务。这种义务也被认为是国家的根本性义务,而国家积极作为去促成基本权利的实现也被认为是危险的。只要国家不对个人的自由权利为任何的积极行为(无论是侵害还是帮助),则权利就是普遍地及于一切个人的。而国家如果试图通过积极行为来帮助个人实现权利,必然只能选择符合一部分人利益的方式和行为内容,因为人与人的利益不可能完全一致,这样其他个体的利益就难免受到侵害。国家出于帮助个人实现权利的目的而为的积极行为,其比较好的结果也不过是以多数人的利益去压抑和剥夺少数人的利益,而更多的时候可能不过是以多数人的名义去迫害多数人。换言之,国家对公民权利的积极作为,哪怕其目的是出于保障权利,也必然是以集体的、社会的利益来压抑个人的、少数人的利益,这是有违个人价值至上性的。所以,为使每个个人都能真正享有权利和自由,国家还是消极无为的好。

西方宪法学说对国家的一切积极行为和国家的积极义务所持有的这种种谨慎和怀疑的态度,在西方各国宪法中都有体现,而以美国宪法最为典型。美国《权利法案》第 1 条规定:“国会不得制订有关下列事项的法律。”这种规范模式显然是对国家积极行为的概括性怀疑,而强调防御权功能的绝对中心的地位。在一些人看来,尽管国家的积极义务已被认为是基本权利实现所必需,但积极义务仍然只是辅助性的。德国学者提出一种“辅助性原则”(Das Subsidiaritaatsprinzip),认为国家只有在个人和社会无法自行达到公共利益时才负有积极作为义务。相对于国家消极无为之下的“社会与个人自发性行为”而言,国家为了公众的利益而承担的积极义务只是辅助性的;①只有在公民穷尽了自己的一切手段仍不足以实现

① 参见陈新民:《行政法学总论》(修订六版),台北,三民书局 1997 年版,第 23 ~ 24 页。

自己权利时,国家履行积极义务才为必要。[1] 相对于积极义务的辅助性,消极义务无疑被认为是根本性的。将消极义务作为国家的根本性义务而加以强调的思维方式还体现在一些国家宪法理论滞后于宪法实践,比如美国。在美国的宪法实践中,各种社会权利[美国称为"福利权利"(welfare rights)]已经大量地由法院通过对"平等保护条款"的阐释而实际上成为公民权利的内容,但宪法规定和一些宪法理论却仍在坚持消极义务的根本性地位。在罗斯福新政以后,"四大自由"已成为美国社会政策不可回避的内容,国家为保证人民"免于匮乏的自由"已在向大量失业者、老人和无自立能力的人提供着物质和经济上的帮助。[2] 但这种国家的积极作为并不被一些人认可:在他们看来,国家的各种促进权利实现的积极措施,只不过是慈善,而非法律上的义务。"国家可以给予或者撤回,只要它高兴。提供公共福利的任何行为既不是法律上无法实现的义务的履行,也不是超越义务要求的行为。"[3]这种观念依然否认积极义务是国家义务,而强调消极义务才是国家根本义务。而日本学者在肯定国家积极义务的必要性的前提下,也强调在考虑基本权利问题时,"仍不能不以'不受国家干涉的自由'的思想为基本"。[4] 这些都说明,西方资本主义将国家的消极义务作为国家义务中最根本的内容,而将防御权功能作为基本权利最根本的功能。

二、防御权功能在社会主义宪法中的地位

社会主义宪法对防御权功能却并不予以如此的强调。社会主义宪法是建基于马克思主义的国家理论之上的。马克思主义的国家学说认为,在社会主义国家,国家利益与社会利益取得统一与和谐,个人与国家在利益上是一致的。所以,社会主义宪法上的公民

---

① 参见林来梵:《从宪法规范到规范宪法》,法律出版社2001年版,第223页。

② 参见[美]埃里克·方纳:《美国自由的故事》,王希译,商务印书馆2002年版,第291~293页。

③ Carl Wellman, *Welfare Rights*, Totowa, New Jersey: Rowman and Littlefield Press, 1982, p. 3.

④ [日]芦部信喜:《宪法》,李鸿禧译,台北,元照出版有限公司2001年版,第102页。

基本权利,并非像资本主义宪法中的基本权利那样是个人对抗国家的工具,而是个人与社会整体共同努力、共同参与、共同分享之权利。个人权利的实现,要依靠国家与社会的努力。所以,社会主义宪法最重视的国家义务是国家的积极义务,是国家积极协助以促进实现社会主义者的人格的义务。而消极义务最初并不为社会主义宪法所重视,这是因为国家与个人的利益被认为是一致的,国家不会有意去侵犯个人权利,所以也就不必强调国家的"不侵犯义务"。从社会主义国家宪法的规定来看,公民的基本权利是以劳动、休息、生存、受教育权等社会经济权利为核心内容的(如1936年《苏联宪法》),这种权利构造强调的是国家帮助和促使公民权利实现的积极义务,与资本主义宪法格外强调防御国家、排除国家的侵害是不同的。

但是,社会主义宪法并非孤立和静止的;在社会主义宪法的发展中,防御权功能的地位又被重新考虑。这是因为,国家与个人利益的完全统一乃是一个共产主义的理想,而社会主义的发展历程将是极为漫长的。在这一过程中个人利益与国家利益相互冲突是不可避免的;在这种情况下,重新认识公民基本权利的防御权功能和国家不侵犯的消极义务是极为必要的。例如,1977年《苏联宪法》第57条对国家义务进行规定时,首先强调的就是"尊重"的义务。这一规定实际上是提升了消极义务在国家义务体系中的地位,将其与积极义务并列。而我国2004年的《宪法修正案》也加入了"国家尊重和保护人权"的内容,其中的"尊重"这一用语体现了对防御权功能重要地位的再认识,是我国基本权利的实践与理论的重大进步。这种进步也迅速反映在了我国的宪法实践上。例如,《行政许可法》第13条明确规定,对于可以设定行政许可的事项,如果属于下列情形之一的,可以不设行政许可:(1)公民、法人或者其他组织能够自主决定的;(2)市场竞争机制能够有效调节的;(3)行业组织或者中介机构能够自律管理的;(4)行政机关采用事后监督等其他行政管理方式能够解决的。这些规定就是要求国家避免对"私的自治"领域的干预,意味着公民可以就特定事项要求排除国家的干预,这无疑体现了基本权利防御国家侵害之功能。

第四节　国家各机关的消极义务

从基本权利的防御权功能，可以导出国家对基本权利负有“消极义务”，也就是国家负有不侵犯基本权利的义务。但是，消极义务的内容是不作为；我们无法从正面去说明不作为，我们只能从其反面，也就是国家机关对基本权利的侵害的角度去界定各机关的消极义务。也就是说，只要能界定国家机关的哪些行为是“侵害”基本权利的行为，我们也就能够明确各国家机关对基本权利的“不侵犯义务”是什么。

一、立法机关的消极义务

立法机关对防御权的消极义务，是指立法机关不得制定侵犯公民基本权利的法律。但这并不是说立法机关不得制定任何限制公民基本权利的法律。实际上，防御权也是有界限的，这种界限来自宪法的规定和基本权利自身。如果立法机关按照宪法规定的理由和方式对基本权利加以限制，这种限制就应该是正当的，不应该被看作对“消极义务”的违反。相反，如果立法机关对基本权利的限制不是按照宪法规定的方式和理由进行的，则立法机关就违背了其“消极义务”，其行为也就是“侵害行为”。所以，立法机关对防御权的不侵犯义务并非指立法机关不得对基本权利作出任何限制，而是指立法机关不得违背宪法规定的条件而对基本权利加以恣意地限制。

因此，我们可以通过确定宪法规定的限制基本权利的条件，来界定立法机关消极义务的范围。凡立法机关不符合此条件而对基本权利进行限制，就是对“消极义务”（或“不侵犯义务”）的违反。从我国宪法对基本权利的规定以及宪法学的原理来看，立法机关对公民基本权利作出限制需要遵守两个方面的原则：（1）在限制方式上，遵循“法律保留原则”；（2）在限制理由上，必须出于“公共利益”的需要。前者构成基本权利限制的形式标准，而后者构成了基本权利限制的实质标准。

(一)形式标准——法律保留

"法律保留"(Gesetzsvorbehalte)若就其最基本的含义而言,是指对于某些事项只能制定法律加以规定。[①] 享有立法权的一般是国会,故而又可称为"国会保留"(Parlamentsvorbehalt)。[②] 在我国,"法律保留"则是指某些事项只能由全国人大和全国人大常委会通过立法加以规定。按照现代宪法的基本原理,对公民基本权利的限制只能由法律进行。在法国1789年的《人权宣言》中,就已有法律保留原则的宣告。《人权宣言》第5条规定:"法律有权禁止有害于社会的行为。凡未经法律禁止的行为即不得受到妨碍,而且任何人都不得被迫从事法律所未规定的行为。"与《人权宣言》第6条"法律是公共意志的表现,全国公民都有权亲身或经由其代表去参与法律的制定"相结合,《人权宣言》第5条可以被解释为,只有人民可以对自身的权利进行限制,只有人民通过立法机关表达的公意才可以限制公民的行为。

然而,"法律保留"仍可能有两个层次的理解。第一个层次是将"法律保留"理解为宪法对立法机关的授权,也就是强调立法机关"有权"限制基本权利。[③] 对"法律保留"的这种理解方式可能过分强调基本权利的可限制性,有可能造成"立法机关可以随意限制基本权利"这种误解,使"法律保留"沦为限制人权的工具。第二个层次是从保障基本权利的角度去理解"法律保留原则",也就是给予基本权利较高层次的保障。按照这种理解方式,虽然基本权利被认为应该受一定的限制,但只能由立法机关这个"第一性的国家权力"作出限制规定,而不能允许各种国家权力都去对基本权利作出限制。第二个层次的理解无疑更体现了对基本权利的保障理念,在这一层

---

① 对于"法律保留"的系统研究,请参见许宗力:《论法律保留原则》,载许宗力:《法与国家权力》(增订二版),台北,元照出版有限公司1993年版。

② Ekkehart Stein, Göty Frank, Staatsrecht, 18 Aufl, Tübingen: Mohr Siebeck, 2002. S. 232ff.

③ 参见陈新民:《论宪法人民基本权利的限制》,载陈新民:《宪法基本权利之基本理论》,台北,元照出版有限公司1999年版。

次的意义上,“法律保留”原则是给予了基本权利以高于行政权和司法权的价值地位。法律保留原则可以被恰当地解释为:(1)只有代表民意的立法机关可以规定对基本权利的限制,其他机关不可以限制基本权利;(2)立法机关只能以“法律”的形式限制基本权利,而不能以别的方式限制基本权利。

1. 我国宪法基本权利条款所体现之法律保留原则

我国宪法并没有对“法律保留原则”进行概括性的规定,①但在一些基本权利条款中,却出现了“禁止非法”“依照法律规定”的措辞。这里的“法”“法律”都应当作狭义的解释,也就是仅指“形式意义的法律”,也就是全国人大和全国人大常委会制定的法律。

从我国宪法基本权利条款来看,宪法对于限制基本权利的“法律保留”原则的规定有以下几个层次:

(1) 宪法保留

属于宪法保留的事项,即使是立法机关也不得制定法律加以限制。例如,我国《宪法》第 38 条规定:“中华人民共和国公民的人格尊严不受侵犯。禁止用任何方法对公民进行侮辱、诽谤和诬告陷害。”这条规定表明,国家不得以任何方式(包括制定法律)剥夺和限制公民的人格尊严。我们从此条的用语可以看出其与其他条款的差异,其他条款多规定“禁止非法侵犯”,而第 38 条的用语却是“禁止用任何方法侵犯”,二者在规范密度上是不同的。其他各基本权利有可能通过制定法律来限制,而“人格尊严”则除非国家修改宪法,否则不会受到任何限制。所以,这一条款可称为“宪法保留”事项,与一般的“法律保留”事项有区别。对于从属于宪法的国家机关而言,任何剥夺公民人格尊严的行为,无论是基于何种理由,都应被看作对国家“消极义务”的违反,是侵害人格尊严的行为。

(2)明示的法律保留

明示的法律保留也就是宪法明确规定对于某些基本权利可以

① 有些国家的宪法就以概括的方式规定“法律保留”。如《德国基本法》第 19 条第 1 款规定:“在现行基本法范围内,基本权利可由法律或依法予以限制。”

通过制定法律加以限制。这种“明示的法律保留”主要体现在《宪法》第34条(政治权利)、第37条(人身自由)、第39条(住宅自由)、第40条(通信自由与通信秘密)几个条文当中。以住宅自由为例,《宪法》第39条规定:“中华人民共和国公民的住宅不受侵犯。禁止非法搜查或者非法侵入公民的住宅。”这条规定首先可以被理解为在特定的事由下可以对公民的住宅自由作出限制,但同时这条规定也体现了限制住宅自由所需遵循的方式;也就是说,立法机关可以制定法律来限制公民住宅自由,其他机关必须依据法律的规定才能搜查和进入公民住宅。从消极的角度来看,这一规定表明只有在立法机关制定法律这唯一方式之下,才可以对基本权利作出限制。

(3)隐含的法律保留

除前述的几个条款之外,我国宪法中其他基本权利条款的用语并不能直接反映出限制基本权利的法律保留原则。同时,我国宪法并没有对“法律保留”原则作出概括式的规定。但这并非意味着对这些基本权利的限制就不需要遵循“法律保留”原则,并不意味着国家权力可以以任意的方式限制公民权利。从“体系解释”的角度来看,基本权利是一个整体,各基本权利在价值上是等位的;所以,就不能认为对某些权利必须由法律才能进行限制,而其他的权利就可以任由其他低层级的规范性文件限制。所以,这些基本权利虽然从其规范用语上不能反映“法律保留”原则,但其内涵都必然包含“除法律外不能限制”的意义。

2.《立法法》等法律所体现的法律保留原则

我国在2000年通过了《立法法》,并于2015年、2023年进行了两次修正。这一法律的主要内容是规范立法机关的立法活动。该法第8条和第9条对“法律保留”原则作出明确的规定,其中也涉及了限制基本权利的问题。《立法法》第11条规定“下列事项只能制定法律”,其中第5项为“对公民政治权利的剥夺、限制人身自由的强制措施和处罚”。这一规定在内容上是对《宪法》第34条、第37条内容的重申,但在表述和规范方式上使得“法律保留”的意义更加突出。而《立法法》第12条则从相反的角度强调了“法律保留”在限制基本权利上的严格性。这一条规定,对于第 8 条法律保留的事项,在特定条件下可以由全国人大及其常委会“授权”国务院制定行政法规;但是,该条第 5 项规定“剥夺政治权利和限制人身自由”属于不可“授权”的事项,这无疑是明确地规定了一种绝对的“法律保留”。

除此之外,其他一些法律也体现了限制公民基本权利的法律保留原则。例如,《行政处罚法》第 10 条第 2 款规定:“限制人身自由的行政处罚,只能由法律设定。”普通法律中最能体现“法律保留”原则的是刑法中的“罪刑法定”原则。我国《刑法》第 3 条规定:“法律明文规定为犯罪行为的,依照法律定罪处刑;法律没有明文规定为犯罪行为的,不得定罪处刑”,这一规定实际上是“法律保留原则”在刑法中的体现。将某人的行为认定为犯罪并处以刑罚,实际上就是对他的生命、人身、自由、财产等法益的剥夺或者限制,并且是最为严厉的剥夺或者限制。按照限制公民基本权利的“法律保留原则”,这种剥夺与限制就只能由法律来规定;如果法律没有将某种行为规定为犯罪,那么就应当认定该行为是公民合理行使自己基本权利的行为。我国《刑法》对“罪刑法定”原则作出规定被看作我国法治建设的一项重大成就,就是因为该条规定充分体现了限制公民基本权利上的“法律保留原则”,是对国家权力剥夺公民基本权利的严格的限制。

(二)实质标准——公共利益

传统的法律保留原则受到了相当严重的质疑。这是因为,法律保留原则只是限定了限制基本权利的方式,也就是必须由立法机关以法律的形式进行;但并没有对限制基本权利的法律内容作出限定,这几乎意味着立法机关可以以一切理由对基本权利进行限制。于是宪法上关于基本权利的规定就几乎失去了意义;因为宪法赋予权利,却又认可法律剥夺权利,难免有“左手予之,右手取之”之讥。许可立法机关通过制定法律剥夺基本权利无异于“多数的暴政”,与立宪主义保障人民的基本权利,特别是少数人的基本权利的理念背道而驰。所以,现代国家的宪法大多在“法律保留原则”之外,另行规定限制基本权利的理由。

1. 我国宪法规定的基本权利界限

我国《宪法》第 51 条规定:“中华人民共和国公民在行使自由

和权利的时候,不得损害国家的、社会的、集体的利益和其他公民的合法的自由和权利。”这一条对限制公民基本权利的理由作出了概括性规定,只有为了防止公共利益受到损害,才可以对公民基本权利作出限制,除此以外以任何理由对基本权利进行的任何限制都是违反国家“消极义务”的行为,是对基本权利的侵害。

《宪法》第 51 条规定的基本权利界限有两个层次:一是“国家的、社会的、集体的利益”,这自然是相对于私人利益而言的“公共利益”;二是“不得损害其他公民的合法的自由和权利”,这一层次在学理上也可以归入“公共利益”的范畴。这是因为,宪法上的基本权利是具有普遍性的,是要在总体上让每个公民都能平等地享有权利;而如果一些人以行使自己的权利为借口,侵害他人权利,则“公民普遍享有权利”这一宪法秩序就被破坏了。因为在这种状态下,虽然个别人的权利得到了极度的张扬,其他公民的权利却可能受到了压抑。所以,“不损害他人自由与权利”是就“公民普遍享有自由与权利”这一宪法基本秩序而言的,因此可以归入“公共利益”的范畴。①

此外,《宪法》第 36 条还从“公共利益”的角度对“宗教信仰自由”作了个别的限制。该条第 3 款第 2 句规定:“任何人不得利用宗教进行破坏社会秩序、损害公民身体健康、妨碍国家教育制度的活动。”这里的“社会秩序、公民身体健康、国家教育制度”都可归于第 51 条所规定的“国家的、社会的、集体的利益”和“其他公民的合法的自由和权利”,是对“公共利益”这一基本权利的一般性限制条件的具体化。(但需要注意的是,这种具体化后的个别限制条款,在法效果上应该排除第 51 条这一概括限制条款的适用。参见本书第三章附录中“概括限制条款与个别限制条款”部分)基本权利的界限同时是对立法机关的制约,它划定了立法机关“不侵犯义务”的界

① 参见[日]宫泽俊义:《日本国宪法精解》,董璠舆译,中国民主法制出版社 1990 年版,第 171 ~ 172 页;陈新民:《论宪法人民基本权利的限制》,载陈新民:《宪法基本权利之基本理论》(上册),台北,元照出版有限公司 1999 年版;也有学者有不同意见,不将“不损害他人权利”作为“公共利益”的内容,参见林来梵:《从宪法规范到规范宪法》,法律出版社 2001 年版,第 99 ~ 100 页。

限,也就是立法机关只能为了维护公共利益而限制基本权利,否则都是对其“不侵犯义务”的违反。

2. 公共利益作为基本权利界限的宪法原理

将“公共利益”作为公民基本权利的界限,同时作为立法机关限制基本权利的唯一理由,是当今世界各国宪法的通例。其中最典型的是日本宪法,《日本国宪法》第13条规定:“对于生命、自由及幸福追求之国民权利,在不违反公共福利之范围内,须在立法及其他国政上予以最大之尊重。”这是一种概括式的规定方式,而《德国基本法》则是在各基本权利条款中个别地对基本权利加以“公共利益”的限制,如《德国基本法》第11条第2款规定:“此项权利(指“迁徙自由”)在下列情况下予以限制:无充裕的生活基础和给社会增加特殊的负担;为保护青年不受遗弃;同流行性疾病作斗争和防止犯罪活动。”但是,对于“公共利益”作为基本权界限的原理,在学说上却有不同的见解,大致可以分为两种学说:①

(1)内在制约说

“内在制约说”又称“本质限制说”。这种学说认为,“公共利益”这种限制实际上是依基本权利自身的性质产生的,是存在于基本权利自身之中的限制。任何基本权利的行使,都内在地包含不得侵害公共利益和他人权利的意义。例如,言论自由本质上就不包括侮辱他人人格尊严和教唆骚乱的自由。所以,所谓“公共利益”对基本权利的限制不过是基本权利的“题中之义”,是基本权利内在的限制。②

“内在制约说”是不希望“公共利益”被当作高于“个人利益”的价值而被绝对化,反对将“公共利益”作为恣意限制基本权利的工具,其维护基本权利的出发点是无可厚非的。然而,“内在制约说”却存在逻辑错误。从逻辑顺序来讲,“权利的限制”是后于“权利”的,如果把“权利的限制”看作由权利自身性质导出的,就会把“权

---

① 参见[日]芦部信喜:《宪法》,李鸿禧译,台北,元照出版有限公司2001年版,第112~114页。

② 参见[日]宫泽俊义:《日本国宪法精解》,董璠舆译,中国民主法制出版社1990年版,第172页;李惠宗:《宪法要义》,台北,元照出版有限公司2002年版,第105~106页。

利的限制”和“权利的构成”混为一谈。所以,虽然“内在制约说”在其价值上有可取之处,但无法为严谨的学理所容纳。

(2)外在制约说

“外在制约说”认为“公共利益”乃是基本权利之外的对基本权利的制约。这种学说认为,宪法所保护的利益除以基本权利为内容的个人利益之外,还包括公共的利益。个人利益与公共利益难免会有冲突与抵触之处,所以,立法者就必须加以协调和平衡,这在某些情况下就表现为立法者依据公共利益对基本权利的限制。[①] “外在制约说”无疑不存在“内在制约说”的逻辑错误。

但是,这种“外在制约说”容易产生一种错误的认识,就是将“公共利益”绝对化。由于公共利益是基本权利之外的价值,就容易产生“公共利益高于个人利益,公共利益是绝对的而个人利益是相对的”这样的认识。在这种认识之下,立法机关就可能处处以公益为借口去随意限制公民基本权利。所以,虽然“公共利益”是立法机关限制公民基本权利唯一可能的理由,但是在限制基本权利时还需要具备其他条件。

(三)立法机关限制基本权利的其他标准

前述的“公共利益”和“法律保留”两个条件,是我国宪法规定的立法机关限制公民基本权利所必须具备的两个条件,分别从“事由”和“方式”两个角度对立法机关作出限制,立法机关若违反这两个条件而对基本权利作出限制,就是对“消极义务”的违反。这两个原则实际上也符合世界各国宪法之通例,只是过去我国宪法学界极少从宪法规定出发去阐述其内涵罢了。也正是因为这种理论探讨的欠深入,与这两个原则相关的其他一些限制立法机关侵犯基本权利的原理并未被涉及。下面,笔者将讨论与“公共利益”和“法律保留原则”相关的、立法机关在限制公民基本权利时应遵守的其他标准。

1. 比例原则与审查标准

按照法律保留原则,立法机关可以通过制定法律去限制基本权

---

① 参见陈新民:《论宪法人民基本权利的限制》,载陈新民:《宪法基本权利之基本理论》,台北,元照出版有限公司 1999 年版,第 184 页。

利。但在建立对立法的违宪审查制度的国家,法律对基本权利的限制是要接受司法机关或者宪法法院的合宪性审查的。由此就形成了一系列判断法律对基本权利的限制是否合宪的审查标准(standard of review)。

关于限制基本权利的立法的审查标准,大致形成了两种基本模式:一元标准模式和多元标准模式。一元标准模式以德国的“比例原则”为代表。这种模式认为各种宪法权利都应受到同等的保障,所以,确立一个唯一的审查标准——比例原则。在这一唯一标准之下,对限制基本权利的立法进行个案衡量式的审查。多元标准模式以美国的“双重基准论”为代表,认为各种基本权利的地位并不相同,某些具有“基础性”和“优先性”的权利应该受到更严格的保障,而对其他的一些权利的立法限制则只是受到较为宽松的审查。在这一思路下,美国形成了以基本权利分类为基础的审查限制基本权利的立法的一系列、多层次的标准。下面,对一元标准模式和多元标准模式粗略地进行梳理和介绍。

德国的比例原则最早是行政法上控制行政裁量权的原则,但在建立宪法法院制度后,也成为对限制基本权利的立法进行审查的原则。在基本权利限制问题上,比例原则的核心意思是:立法机关限制基本权利的手段必须与限制的目的相适应,不能不择手段地限制基本权利。这一原则由三项分原则组成。首先是适当性原则,也就是手段必须适合目的,不能选择无法达成目的的手段。这一标准是相当宽泛的,只要立法机关的限制手段能够达到其所宣称的目的,一项限制基本权利的立法就通过了这一标准的审查。其次是必要性原则,也称最小侵害原则,就是要求立法机关在限制基本权利时的侵害最小化,立法机关必须证明没有损害更小的手段可以替代,才能证明其所采取的限制手段是必要的。最后是狭义比例原则,也就是要求不能为了较小的利益去严重限制基本权利。限制基本权利造成的损害与实现的利益之间必须达到平衡。比例原则是一个普遍性的原则,是德国宪法法院审查限制基本权利的立法的普遍标准。但很容易看出,这一原则的内涵是难以把握的。这一原则只能到具体个案的意义脉络之下才可能得到最终的明确判断。所以,比例原则必然是与法学上个案衡量的方法相适应的。

而美国则没有一个一般性的审查限制基本权利立法的标准。在审查涉及基本权利立法的问题上,美国采取的是多元标准。也就是说对基本权利进行类型化后,按照不同的标准加以宽严程度不同的保护。

美国对限制基本权利立法的多元审查标准的确立是以 1938 年的美国诉卡罗琳产品公司案(United States v. Carolene Product)①为开端的。在这一案件中,斯通(Stone)大法官受命执笔判决的多数意见,他在判决书中故意加入了与本案没有直接关系的“脚注四”(Footnote 4)。这个著名的脚注第一次提出将基本权利的性质作不同的区分,并给予不同程度的保障的观点。“脚注四”由三段构成:②第一段强调宪法第一至第十修正案所规定的基本权利受到法院的特别保护,并且经由宪法第十四修正案,将约束对象从联邦政府扩展到各州。对于这些权利,宪法格外重视,所以法院应当加强审查。第二段认为法院应该以宪法第十四修正案为依据,加强保护那些涉及政治程序运作的基本权利,如选举权、言论自由、集会自由。第三段,认为法院应该加强保护“分散而又隔离的少数”,使其免于立法者的偏见。“脚注四”认为,对于这三类案件,对于涉及上述三类权利的立法,法院应该加强审查。这种主张与美国长期存在的对立法的合理审查标准是不同的。所以,这一脚注被解读为,对

① 304 U. S. 144(1938).

② “脚注四”的内容如下:There may be narrower scope for operation of the presumption of constitutionality when legislation appears on its face to be within a specific prohibition of the Constitution, such as those of the first ten Amendments, which are deemed equally specific when held to be embraced within the Fourteenth... It is unnecessary to consider now whether legislation which restricts those political processes which can ordinarily be expected to bring about repeal of undesirable legislation, is to be subjected to more exacting judicial scrutiny under the general prohibitions of the Fourteenth Amendment than are most other types of legislation. On restrictions upon the right to vote... on restraints upon the dissemination of information... on interferences with political organizations... as to prohibition of peaceable assembly... Nor need we enquire whether similar considerations enter into the review of statutes directed at particular religious... or racial minorities... whether prejudice against discrete and insular minorities may be a special condition, which tends seriously to curtail the operation of those political processes ordinarily to be relied upon to protect minorities, and which may call for a correspondingly more searching judicial inquiry。

于某些基础性的权利的立法要进行严格标准的审查，而对与社会经济管制的立法则进行合理标准的审查。这就是美国审查基本权利立法的双重标准理论。

双重标准理论构成了美国审查限制基本权利立法的多元标准的基础。从美国的实践来看，如果适用严格审查标准，法律一般会被宣告违宪，而如果适用合理标准，法律一般会被宣告合宪。这种状况被认为过于僵化，于是在 1976 年的克雷格诉博仁案（Craig v. Boren）中，最高法院又发展出了“中度审查标准”（Intermediate Scrutiny Test）。由此形成了美国审查基本权利立法的三重标准。这三重标准对于限制基本权利的目的有不同宽严程度的要求：严格审查标准要求必须是出于“迫切的利益”（compelling interests），合理审查标准只是要求出于“正当利益”（legitimate interests），而中间审查标准则介于二者之间，要求出于“重要利益”（important interests）。这三重标准构成了美国法院对基本权利案件进行审查的基本参照体系，总体上是将基本权利作不同的类型化划分而给予不同程度的保障。但这三重审查标准也还只是个总体的框架，在不同基本权利的审查中，还有多层次的不同标准。例如，对于言论自由，总体上采取严格审查标准。但美国联邦最高法院又将对言论自由的规制区分为“针对言论内容的规制”（content-based regulation）和“非针对言论内容的规制”（content-neutral regulation），对前者的审查标准又严于后者。这是审查言论自由规制的“双轨理论”（the two-track theory）。进一步地，又按照言论的内容区分为“高价值的言论”和“低价值的言论”，政治性言论、具社会批判性的言论被归入“高价值的言论”，而猥亵性言论、诽谤性言论和攻击性言论等被归入“低价值言论”，对二者的审查标准也相应不同。[①] 总体上，美国以三重标准作为审查基本权利限制的总体框架，而在具体权利审查上又会有进一步细化的审查标准。这种审查标准是不同于德国一元审查标准的多元审查标准。

---

① 参见林子仪：《言论自由的限制与双轨理论》，载《现代国家与宪法》，台北，元照出版有限公司 1997 年版，第 662 页以下。

2. 法律的明确性原则

所谓“法律的明确性原则”,是指法律对公民基本权利所作的限制,必须内容明确,能够对公民的行为作确定性的指引。[①] 立法机关纵然可以通过制定法律来限制公民基本权利,但法律规范在对象、措施、范围以及针对哪种基本权利上必须非常明确具体,使公民可以从该规范中明确获知自己应当如何行为。[②] “明确性原则”显然是对“法律保留”原则的补充和细化,是为了防止以下两种情况对公民基本权利的过度限制:第一,由于限制性规范内容模糊,使公民不知道自己的何种行为是合乎宪法的行使基本权利的行为,从而自己放弃一些本来合宪的行为,造成基本权利的自我限制;第二,由于限制性规范内容模糊,行政机关和司法机关在实务中就易于作出过于广泛的解释,造成基本权利被过度限制。[③] 因此,“明确性原则”要求立法机关在制定涉及限制公民基本权利的法律时,尽可能避免使用“不确定法律概念”和“概括条款”,防止出现欠缺明确性的法律规范。否则,法律就有可能会因过度限制基本权利而被认为是侵害基本权利的行为,是对“消极义务”的违反,从而被认定是违宪。

但是,法律明确性的要求,并非要求法律规范细致入微,与实际生活丝丝入扣。立法者基于待规范的社会生活事实的复杂性以及未来适用的可能性,仍然可以使用不确定法律概念(unbestimmter Rechtsbegriff)。但是,这种概念必须是可以为普通公众,特别是受该规范约束的人民能够认识的和预见的,并且在司法裁判中,可以法律解释的文义、体系、历史、目的等方法加以认定和判断。

3. 重大性理论与授权明确性原则

传统的法律保留仅仅是所谓“侵害保留”,也就是认为,只有对

---

① 参见[日]芦部信喜:《宪法》,李鸿禧译,台北,元照出版有限公司2001年版,第191页;李惠宗:《宪法要义》,台北,元照出版有限公司2002年版,第109页。

② Ekkehart Stein, Göty Frank, Staatsrecht, 18 Aufl, Tübingen: Mohr Siebeck, 2002. S. 148.

③ 参见[日]芦部信喜:《宪法》,李鸿禧译,台北,元照出版有限公司2001年版,第191~192页。

基本权利的侵犯或限制应由法律规定。[①] 而在现代的社会法治国家，国家对公民基本权利的实现要承担大量的帮助和促进的积极义务，那么法律保留的范围是否也应该相应扩大呢？也就是说，是不是不仅限制基本权利要适用法律保留原则，其他一切涉及基本权利的事项，都需要适用法律保留呢？答案是否定的，因为立法机关绝无可能独立承担如此纷繁复杂的事项。所以法律保留理论又发展出所谓“重大性理论”（Wesentlichkeitsthreorie）。[②] 德国联邦宪法法院在“犯人通信案”[③]和“性教育课程案”[④]等案件中发展出重大型理论，其基本含义是，只有那些涉及基本权利的“重大事项”必须制定法律，而一般性的涉及基本权利的事项可由立法机关授权行政机关制定行政法规。[⑤] 从强调人权保障的角度来看，重大性理论也可表述为：“立法机关不得随意授权行政机关对涉及基本权利的事项作出规定，对于涉及基本权利的重大事项必须由法律予以保留。”我国《立法法》第 11 条、第 12 条的规定也可以被解释为体现了“重大性理论”，第 11 条规定的法律保留事项中多有涉及基本权利的，包括第 4 项“犯罪与刑罚”、第 5 项“对公民政治权利的剥夺、限制人身自由的强制措施和处罚”、第 7 项“对非国有财产的征收、征用”、第 8 项“民事基本制度”、第 9 项“基本经济制度等”、第 10 项“诉讼和仲裁制度”等，但按照第 12 条的规定，其中除了第 4 项、第 5 项以及司法制度外，其他事项都是可由全国人大及其常委会授权国务院制定行政法规的。这种规定实际上体现了重大性理论，也就是只有直接剥夺和限制公民基本权利的事项必须由立法机关制定法律，而其他的涉及基本权利的事项则可以由立法机关授权行政机关制定行政法规。

---

① 参见韩大元主编：《比较行政法》，中国人民大学出版社 1998 年版，第 56 页；蔡震荣：《行政法理论与基本人权之保障》（第 2 版），台北，五南图书出版股份有限公司 1999 年版，第 65 页。

② 参见许宗力：《论法律保留原则》，载许宗力：《法与国家权力》，台北，元照出版有限公司 1993 年版，第 158 页以下。

③ BverfG 33，1.

④ BVerfGE 47，46.

⑤ Ekkehart Stein，Göty Frank，Staatsrecht，18 Aufl，Tübingen：Mohr Siebeck，2002. S. 150f.

与“重大性理论”相关的另一个制约立法机关的原则是所谓的“授权明确性原则”。“授权明确性原则”,是指立法机关对行政机关的授权在目的、范围和内容上必须明确。[①]《立法法》第13条体现了这一点。立法机关虽然可以授权行政机关就涉及基本权利的事项制定行政法规,但授权的内容、目的及范围必须明确,而行政机关在制定行政法规时,只能就执行法律的细节性、技术性的事项加以规定,不得逾越授权的限度。

4. 本质内容之保障

“基本权利的本质内容”,又称“基本权利的核心内容”(Der Wesensgehalt der Grundrechte),是指基本权利中被认为绝对不可侵犯、不可限制的核心部分。之所以发展出这样一个概念,乃是基于以下的考虑:依据“公共利益”和“法律保留原则”,立法机关只要在维护公共利益的理由之下就可以依据法律而限制基本权利,但是这种限制有可能使宪法上的基本权利被完全掏空而名存实亡,故而认为基本权利应有一些不可限制的内容,这些内容若被限制,则该基本权利就实际上不存在了,这种内容可以称为“本质内容”或“核心内容”。

基本权利的“本质内容”的概念出自《德国基本法》第19条第2款:“在任何情况下,不得危及基本权利的本质。”这一条款的目的乃是对基本权利进行更加严密的保障:基本权利可以由立法机关出于公共利益而以法律的形式进行限制,但这种限制本身也是有界限的。“本质内容”就是对立法机关所为的对基本权利的限制(Die Lehre von Schranken der Schranken)。[②] 如果立法机关对基本权利的限制被认为侵入了基本权利的核心内容,这种限制就是违宪的。那么,什么是本质内容,判断本质内容的标准又是什么呢?

所谓本质,也就是德国法上所谓“事物的本质”(Natur der Sache),包括人的本质(人的天然的能力、本质冲动、意志目标)以及

---

① 参见李惠宗:《宪法要义》,台北,元照出版有限公司2002年版,第110页;杨建顺:《日本行政法通论》,中国法制出版社1998年版,第347~349页。

② Volker Epping, Grundrechte, Berlin u. a: Springer, 2005. S. 17.

人的各种活动领域和共同体的固有的、客观的规律性。① 也就是事物最为根本的属性。“事物本质”是德国法哲学的基本概念。对于何为“事物本质”,德国的学者们有多种定义,在考夫曼看来,这些不同说法基本上是相同的。拉德布鲁赫认为,“事物本质”是“生活关系的意义”,此种意义是“在存在中现实化的当为,在现实中实现的价值”。斯特拉滕沃斯认为,“事物本质”是“在某种特定观点下被凸显为重要的存在事实”。费席勒认为“事物本质是事物有意义的内涵”,意味“与社会关系现存的实际关联以及在其中所具有的意义内涵”。② 考夫曼把这些定义归纳起来,认为“事物本质”就是“特殊中的普遍”“事实中的价值”。③ 也就是事物中抽象出的普遍性质与核心价值。

按照这种思路,所谓基本权利的本质内容,就是各种基本权利所具有的共同的固有属性,这也是基本权利中最根本的、起码的内容,若此内容被限制或剥夺则基本权利就实际上不存在。故而,即使是立法机关为了公共利益而制定法律,也不可限制此“本质内容”。本质内容的内涵与标准在实务与理论上均不够明确。德国联邦宪法法院曾认为,基本权利是要保障“个人完全不受国家干预作用的私人领域”,④是要保障“人民的一个法定空间,使能够存在一个与自己确信相符合的生活方式”。⑤ 也就是说,尽管国家对基本权利的干预可能是必要的,但基本权利有一个固有的领域,这个领域纯粹是个人自我决定的空间,因而排斥国家的任何干预。而学者们对于“本质内容”为何也有不同主张。有人从《德国基本法》中基本权利的体系出发,认为《德国基本法》第 1 条规定的人格尊严是整个基本权利篇章的基本精神与指导原则,所以,基本权利的本质内容就是人格尊严。如果对某项基本权利的限制会危害的人格尊严,

---

① 参见[德]H. 科殷:《法哲学》,林荣远译,华夏出版社 2002 年版,第 147 ~ 148 页。

② 以上定义均转引自[德]亚图・考夫曼:《类推与“事物本质”》,吴从周译,台北,学林文化事业有限公司 1999 年版,第 105 页。

③ [德]亚图・考夫曼:《类推与“事物本质”》,吴从周译,台北,学林文化事业有限公司 1999 年版,第 106 页。

④ BVerfGE 21,329/353; 24,119/138.

⑤ BVerfGE 12,1/3;52,223/241;32,98/106.

那么这种限制就是被禁止的。也有学者认为基本权利的核心是要使基本权利主体享有最低限度的有弹性的空间,也就是《德国基本法》第 2 条第 1 款所规定的人格发展权。也就是说,个人在人格上的自由发展是基本权利的核心,对基本权利的限制只有在保留了基本权利主体实现自由权的足够可能性的时候,才不构成对基本权利本质内容的侵犯。[①]

"本质内容保障"是德国法上特有的对限制基本权利的条件的严格规定,与德国特定的历史、哲学等密切相关,且具有将事实与价值、存在与当为联系起来的特殊功能,体现了基本权利作为宪法价值的特殊内涵。这一原理在我国也有可借鉴之处。我国宪法规定国家可以以"公共利益"限制基本权利,这一规定容易造成个人权利低于公共利益、出于公共利益的目的可以任意限制个人权利的错误观念,容易造成个人权利被过分限制的后果。而如果意识到基本权利的核心内容不得被限制,对于强化基本权利的保障是有积极意义的。而且,我国宪法关于"人格尊严"的规定也是绝对性的,否定一切对人格尊严的可能侵害,我们也可以借鉴德国的理论,将人格尊严作为所有基本权利不可限制、不可剥夺的核心内容,以此为基本权利保障确立一个底线。

以上各条是对立法机关限制基本权利确立一些条件,是从"何为侵害基本权利"的角度界定了国家立法机关对公民"消极义务"的内容,如果立法机关违反了这些条件,对基本权利进行非法的限制,就违反自己对基本权利所负有的"消极义务"。从相反的角度来讲,立法机关对基本权利作出的限制,必须符合以上的条件,否则就是违反"消极义务"的对基本权利的侵害行为。

二、行政机关的消极义务

在一个法律保留原则得到严格遵循的国家,对基本权利的"不侵犯义务"主要是针对立法机关的。这是因为,如果立法机关制定

---

① 参见陈慈阳:《基本权核心理论之实证化及其难题》,翰芦图书出版有限公司 1997 年版,第 155～156、166～167 页。

的法律没有侵害公民的基本权利，行政机关和司法机关只是在法律之下执行和适用法律，自然也就不会侵害到基本权利。但是，行政机关和司法机关在其活动中都有可能违反法律，造成公民基本权利的侵害，同时在它们行使自由裁量权时，也有可能侵害公民基本权利。所以，在理论上应明确：行政机关、司法机关在遵守法律之外，还有遵守宪法，尊重公民宪法上基本权利的义务。[①]

（一）违法的干预行政

干预行政，又称侵害行政，是指行政机关行使公权力，干预公民权利，限制公民自由与财产，或对公民科以义务或负担的活动。[②] 如行政处罚、行政征收、行政强制等都属于这种直接干预或侵犯公民基本权利的“干预行政”。干预行政由于是直接干预公民的权利，故而受严格的法律保留原则的限制，除不得与法律相抵触外，干预公民权利的行为还必须有明确的法律授权。[③] 从相反的角度来讲，如果行政机关对公民权利的限制或剥夺是严格地依据法律明确授权而进行的，行政机关的行为就不应被视为违反了“消极义务”，受限制的个人此时只能主张立法机关的法律违宪，主张是立法机关违背了其“不侵犯义务”。只有行政机关在没有法律依据或法律明确授权的情况下对公民基本权利进行限制或剥夺的行为，才是行政机关违反消极义务的侵权行为。举例说明，我国《治安管理处罚法》第54条规定：

> 有下列行为之一的，处十日以上十五日以下拘留，并处五百元以上一千元以下罚款；情节较轻的，处五日以下拘留或者五百元以下罚款：
>
> （一）违反国家规定，未经注册登记，以社会团体名义进行活动，被取缔后，仍进行活动的；
>
> （二）被依法撤销登记的社会团体，仍以社会团体名

---

① 这里存在一个如何理解法律保留原则的问题。行政机关自然必须严格依法行政，遵守法律，但这并不意味行政机关仅受法律的拘束。宪法并非必须通过法律才能对行政权发生拘束力，基本权利对行政权有着直接的拘束力。

② 参见杨建顺：《日本行政法通论》，中国法制出版社1998年版，第327页。

③ 参见翁岳生编：《行政法》，中国法制出版社2002年版，第30页。

义进行活动的;

(三)未经许可,擅自经营按照国家规定需要由公安机关许可的行业的。

有前款第三项行为的,予以取缔。

取得公安机关许可的经营者,违反国家有关管理规定,情节严重的,公安机关可以吊销许可证。

如果行政机关严格依据这些规定对相关人员进行处罚,则行政机关并不违背其对宪法上公民结社自由所负的“不侵犯义务”,当事人如认为自己的结社自由权受到侵犯,只能主张这三项规定违反宪法,主张是立法机关违背“不侵犯义务”而对此项自由作出了过度的限制。只有在没有法律依据而对其他的社会团体活动进行处罚时,行政机关才直接构成对结社权的侵犯,才构成对自己在宪法上的“不侵犯义务”的违反。

(二)行政裁量权的滥用

尽管行政机关在限制公民基本权利时必须遵从严格的法律保留原则,或者说法律必须对干预行政作出明确的规定与授权,但无论如何,法律的授权必须给予行政机关以一定的裁量权,例如,在规定行政机关的处罚权时规定一个范围,如“十五日以下拘留”“贰佰元以下罚款”。在这种情况下,就有一个行政机关如何“合理”行使裁量权的问题,如果行政机关限制公民权利是合乎法律规定的,但是并不合理,也应被认为是违反了“不侵犯义务”的侵害行为。关于行政行为“合理性”的认定,各国公法学发展出了许多不同的理论,笔者认为其中最可供我国借鉴的是德国的“比例原则”。一般来说,比例原则包括以下三个方面:①

第一,适当性原则,又称“合目的性原则”。是指干预行政的作出,必须合乎宪法的目的。在我国宪法下考虑适当性原则,应当是指,行政机关干预公民基本权利应符合《宪法》第51条规定的维护“公共利益”的目的。

---

① 参见蔡震荣:《行政法理论与基本人权之保障》(第2版),台北,五南图书出版股份有限公司1999年版,第105～106页。

第二,必要性原则。是指在能够达到维护"公共利益"这一目的的各种手段中,行政机关应当选择其中对公民权利侵害最少的手段。以前文所举的限制游行、集会的例子来说,如果集会、游行妨碍交通,行政机关处以罚款足以使集会游行人认识错误而自我纠正,就不必选择更为严厉的拘留作为处罚手段。

第三,狭义比例原则。这是指虽然为了实现公益目的,必须选择某种手段,但是该手段所引起的公民负担的增加和副作用与所欲达到的目的显然不成比例时,可以考虑放弃此目的,也就是不采取这种手段。仍以集会游行为例,如果集会、游行已妨碍交通且十分严重,此时除拘留游行集会人员外无法恢复"交通秩序"这一"公共利益",但是,这样大面积的拘留会使很多人丧失人身自由或会激起更激烈的冲突,此时,行政机关应放弃维护交通这一目的。①

以上三点都是对行政机关剥夺公民基本权利的限制性条件,是对行政行为合理性的规定。如果行政机关的行为只是合乎法律的规定,但是不合乎这些"合理性"原则,仍然应该被认定是违反了对基本权利的"消极义务",是对公民基本权利的侵害。

【案例与事例分析】火车上拣瓶子被治安拘留案

2006年3月26日晚,家住常德市临澧县合口镇双龙村的滕某英,买了一张N702次长沙至石门的火车票,为在长沙湘雅医院儿科血液组住院医治白血病的3岁孙女回家凑医疗费。她却误坐上了另一趟长沙至怀化的列车到了怀化,第二天上午7时左右,她又怀揣在长沙买的那张车票,在怀化坐上湛江至襄樊的1474次途经列车前往石门。在这10个多小时的旅途中,她捡来28个空瓶子,准备回家后拿去卖。27日下午1时40分左右,在石门县火车站,滕某英被一身着蓝色制服车站工作人员模样的人拦住,要求她到车站派出所接受调查。滕某英被告知,按照铁道部内部通知,从3月1日起,火车上不准捡废品,违者将处以治安拘留。滕某英说她当时极力分辩,但还是被带到了石门县火车站派出所,开始做笔录并接受

① 参见蔡震荣:《行政法理论与基本人权之保障》(第2版),台北,五南图书出版股份有限公司1999年版,第141页。

调查。3月27日下午6时,滕某英被送至石门县公安局拘留所,28日上午9时,她见到了一份"公安行政处罚决定书"。这份由石门县公安局出具的"公安行政处罚决定书"写道:滕某英因在1474次列车14号车厢捡拾物品,扰乱火车上的秩序……根据《治安管理处罚法》第23条第1款第3项的规定,现决定对滕某英拘留五日。

依据《行政处罚法》和《治安管理处罚法》的规定,本案存在的问题包括:铁道部的内部规定无权设定行政处罚;公安机关没有履行听取陈述申辩的义务;在作出拘留决定后,公安机关没有及时通知当事人家属;等等。但其中最重要的是:滕某英的行为是否属于"扰乱公共秩序",以及是否构成"情节较重"?

《治安管理处罚法》在此问题上赋予了行政机关极大的行政裁量权。

《治安管理处罚法》第23条规定:有下列行为之一的,处警告或者二百元以下罚款;情节较重的,处五日以上十日以下拘留,可以并处五百元以下罚款:

(一)扰乱机关、团体、企业、事业单位秩序,致使工作、生产、营业、医疗、教学、科研不能正常进行,尚未造成严重损失的;

(二)扰乱车站、港口、码头、机场、商场、公园、展览馆或者其他公共场所秩序的;

(三)扰乱公共汽车、电车、火车、船舶、航空器或者其他公共交通工具上的秩序的;

(四)非法拦截或者强登、扒乘机动车、船舶、航空器以及其他交通工具,影响交通工具正常行驶的;

(五)破坏依法进行的选举秩序的。

聚众实施前款行为的,对首要分子处十日以上十五日以下拘留,可以并处一千元以下罚款。

基本权利对于行政权的约束也是直接的约束,并非仅仅是法律这一中介来约束行政机关,基本权利的防御权功能也不是只针对立法行为,同样也针对行政机关的行为。如果行政机关在法律赋予的裁量权范围内作出了侵害基本权利的行为,同样也可以被认定为违宪。也就是说,在行政裁量权范围内,行政机关的行为可能是"合法”的，但不是“合宪”的。在前文中，我们讨论了将基本权利保障的精神融入“比例原则”的问题。也就是说，在行政裁量权领域，基本权利对行政权发生约束力，是可以通过比例原则展开的。

在本案中，行政机关的拘留决定就是有违比例原则的，同样也构成对当事人人身自由的宪法权利的侵害。首先，这一决定有违“必要性”原则。也就是说，在各种能够达成行政目的的手段中，行政机关并没有选择对当事人的基本权利影响最小的那一种。《治安管理处罚法》对于“维护公共秩序”这一行政目的提供了警告、200元以下罚款、拘留、拘留并处500元以下罚款等多种手段，在此案中，对当事人进行警告或者罚款就足以达到行政目的，而公安机关却将这一行为认定为“情节较重”，处以拘留五日的决定，构成手段与目的之间的失当。其次，即使公安机关在特定情况下认定非拘留手段不足以达成维护公共秩序的行政目的，但拘留手段本身必然导致大量以拣废物为生的人的人身自由被剥夺的后果，在这种情况下，公安机关可以按照“狭义比例原则”考虑放弃这一行政目的。所以，从这两个方面考虑，行政机关的行为都构成了对当事人人身自由的侵害，在有合宪性审查制度下，当事人可以依据基本权利的防御权功能主张排除侵害。

三、司法机关的消极义务

司法机关违反消极义务，侵害公民基本权利的行为主要涉及三个方面。

（一）枉法裁判

枉法裁判是指法律并没有限制和剥夺公民的基本权利，而法院却错误地适用了法律，对公民的基本权利进行了限制。这种行为就是违背对基本权利的“消极义务”而侵害基本权利的行为。在一般情况下，如果法院进行了枉法裁判，当事人可以提出上诉，由上级法院予以纠正。在这种情况下，将法院的枉法裁判行为看作违反“消极义务”的行为并没有太大的意义。但是，当法院的枉法裁判是终审裁判时，当事人所遭受的权利侵害就无法在普通司法程序中获得救济，此时将枉法裁判看作法院违反宪法上的“消极义务”的行为是有意义的,其意义就在于当事人可以主张法院违反了宪法,向宪法法院或者其他的合宪性机关要求救济。① 所以,强调司法机关对基本权利负有“消极义务”的主要意义是合宪性层面的。

(二)滥用司法裁量权

如同行政机关在执行法律时有裁量权一样,法院在适用法律时也有裁量权,而且司法裁量权也会被滥用。也就是说,法律的规定可以作几种不同的解释,而法院却选择了与宪法相违背的那种,并作出了裁判。在这种情况下并非法律违宪,而是法院对法律的解释违宪,是法院滥用了司法裁量权。② 在这种情况下如果侵害了公民的基本权利,就应认定法院的裁判是对公民基本权利的侵害,是法院违背了宪法上对基本权利负有的“消极义务”。

(三)违法的司法强制等司法行为

除前述的两种错误裁判有可能被认定是违反“消极义务”的侵害行为以外,司法机关还有可能因为在司法程序中的其他司法行为侵害基本权利而被认定违反了“消极义务”。例如,违法采取的司法强制措施。我国《民事诉讼法》第十章规定了“对妨害民事诉讼的强制措施”,规定法院可以对有违反法庭秩序、伪造毁灭证据、妨碍调查取证等行为的诉讼参加人和其他人进行罚款、拘留等司法上的处罚和强制。《刑事诉讼法》和《行政诉讼法》中也有关于司法强制措施的相关规定。这些司法强制也是对公民基本权利的剥夺,如果法院违法实施了这些司法强制措施,也应当被看作违反了其在宪法上的“消极义务”,对基本权利进行了侵害。

此外,司法程序的其他环节也都可能涉及公民基本权利。例如,在我国的庭审中,会出现法官“教育”当事人的情形,而一些法官的措辞失当,会实质上羞辱当事人,侵害当事人的人格尊严。诸如此类司法程序中出现的抵触宪法上基本权利条款的行为,也都可以视为司法权对自身“不侵犯义务”的违反。

---

① 参见林三钦:《论基本权利之侵害》,载李建良、简资修主编:《宪法解释之理论与实务》(第2辑),中山人文社会科学研究所2000年版。

② 参见李婧:《论违宪的概念》,中国人民大学2001年硕士学位论文。

第五章　基本权利的受益权功能与国家的给付义务

第一节　受益权功能的概念与分类

一、受益权功能的概念与界定

基本权利的受益权功能(Funktion der Grundrechte als Leistungsrechte)是指公民基本权利所具有的请求国家作为某种行为,从而享受一定利益的功能。[①] 受益权功能所针对的乃是国家的积极义务,也就是国家要以积极的作为,为公民基本权利的实现提供一定的服务或者给付,所给付的内容可以是保障权利实现的法律程序和服务,也可以是对公民在物质上、经济上的资助。[②] 在这种意义上,受益权功能又可以称为"给付权功能"[③]或者"分享

---

① Volker Epping, Grundrechte, Berlin u. a: Springer, 2005. S. 15 f. Michael Sachs, Verfassungsrecht Ⅱ Grundrechte, Berlin u. a. Springer, 2000. S. 41ff. 曾康繁:《比较宪法》(第 3 版),台北,三民书局 1978 年版,第 119 页。

② 参见李建良:《基本权利理论体系之构成及其思考层次》,载李建良:《宪法理论与实践》(一),台北,学林文化实业有限公司 1999 年版,第 63 ~ 67 页。

③ 许宗力:《基本权的功能与司法审查》,载许宗力:《宪法与法治国行政》,台北,元照出版有限公司 1999 年版,第 159 页。

权功能”,[①]相对应的国家义务可以称为“给付义务”。

受益权功能与前述的基本权利的防御权功能是价值理念完全不同的概念。[②] 防御权功能的目的是排除国家可能对基本权利进行的侵害,是要求国家不作为,体现的是“自由法治国”的理念;而受益权功能的目的则是要求国家在公民基本权利的实现中承担更为积极的角色,通过各种积极的作为去帮助基本权利的实现,所针对的是国家的作为义务,体现的是“社会法治国”的理念。除通过与防御权功能的对比来理解受益权功能外,理解基本权利受益权功能的概念,还需要对以下几个相关和相似的概念作出区分和界定:

1. 国务请求权。受益权是公民依据宪法上基本权利的规定,要求国家提供一定的帮助或者给付,在这种意义上受益权也可称为“国务请求权”。在日本宪法中,受益权与国务请求权是同一概念。[③] 但是,日本法上所说的“国务请求权”,范围比较狭窄,只包括“请愿权”“接受审判的权利”“国家赔偿与补偿的权利”等,[④]并不包括社会权等同样是要求国家作为一定行为的权利。在日本法上,国务请求权与社会权是并列的权利分类,但是按照二者都是要求国家作为一定的行为或者提供一定的帮助和给付这一特征,二者应当都是主要具有受益权功能的权利。

2. 社会权。社会权在其最基本的意义上,是指公民享有的要求国家给予一定物质利益的权利,具体包括劳动权、社会保障权、生存权、文化教育权以及婚姻、家庭等受保障的权利。社会权的存在是为了纠正过度的自由竞争所带来的社会不公正,保障社会正义和社会安全,使人民能够平等地获得符合人的尊严的生活。为了这些目标的实

---

① 李惠宗:《宪法要义》,台北,元照出版有限公司 2002 年版,第 91 ~ 92 页。

② 阿列克西就将受益权定义为防御权的“精确对应物”(exact counterpart)。See Robert Alexy, *A Theory of Constitutional Rights*, trans. by Julian Rivers, New York: Oxford University Press, 2002, p. 294.

③ 参见[日]芦部信喜:《宪法》,李鸿禧译,台北,元照出版有限公司 2001 年版,第 229 页。

④ 参见[日]芦部信喜:《宪法》,李鸿禧译,台北,元照出版有限公司 2001 年版,第 229 ~ 232 页;[日]杉原泰雄:《宪法的历史——比较宪法学新论》,吕昶等译,社会科学文献出版社 2000 年版,第 122 页。

现,国家负有给予公民物质上、经济上帮助和服务的义务。[①] 由于社会权是个人要求国家给予物质利益的权利,所以也有人直接称其为“受益权”,或者“积极受益权”。[②] 社会权和基本权利的受益权功能之间有着密切联系,但是也有着根本性的区别,二者的关系可以概括为以下几点:(1)基本权利的受益权功能最初是从社会权导出的。正是由于社会权的出现,使得基本权利的作用在传统的排除国家干预之外又增加了要求国家积极作为的内容,并由此产生了认为各种权利的实现都有可能需要国家帮助的主张,基本权利的受益权功能才得以明确。(2)受益权功能只是社会权的一项权能。社会权的功能除受益权功能外,还有免于国家侵害的防御权功能。此外,社会权还具有“客观价值秩序功能”,也就是要求国家制定相关法律,建立相关制度的功能。(3)受益权功能是社会权的主要功能。尽管社会权的功能可能包括防御权功能、受益权功能等多个方面,但是其中受益权功能居于主导的地位,其他的功能是次要和辅助的。也就是说,社会权首先是要求国家积极地干预和帮助个人实现其利益,只有在个人已经自主地实现了社会权所指向的利益时,才有必要去要求国家不干预。(4)受益权功能不仅是社会权的功能,其他权利也在不同程度上具有受益权功能,接下来笔者将讨论“参政权”“自由权”所具有的受益权功能。

3. 参政权。参政权是人民作为国家的主权者参与国家政治生活的权利,包括公民的选举权、被选举权。在广义上,参政权还应包括公民担任国家公职的权利和一部分的请愿权利。按照耶林内克的“地位理论”,参政权是从公民的“主动身份”导出的,是公民积极参与国家政治生活的权利,[③]与公民从国家那里获得帮助或给付似乎并无直接关系。但是参政权的实现实际上也有赖于国家的给付,如国家举行选举和组织公务员考试等。如果没有国家的这种积极行为,参

① 参见陈新民:《社会基本权利》,载陈新民:《德国公法学基础理论》(下),山东人民出版社 2001 年版,第 688 ~ 691 页。

② 参见温辉:《受教育权入宪研究》,北京大学出版社 2003 年版,第 102 页。

③ 参见[德]格奥格·耶利内克:《主观公法权利体系》,曾韬、赵天书译,中国政法大学出版社 2012 年版,第 123 页以下。

政权也是无法实现的,[①]所以,参政权实际上也具有受益权功能。

4. 自由权。在前文中我们已经说明,自由权的根本功能是“防御权功能”,也就是说,自由权的作用主要是排除和对抗国家的干预,保存个人活动的自由空间。但在前文中我们已经说明,自由权的实现往往也需要国家的一些积极作为。[②] 例如,言论自由的根本功能是对抗国家干预的防御权功能,但是,言论自由的实现往往也需要国家的积极行为。这是因为,自由的言论在主观上依赖于自由的思想和自由的精神,而思想与精神的自主又依赖于充分的资讯获取,一个受蒙蔽的人无法形成自主的思考,也无法进行自主的表达。而资讯获取往往要求国家承担信息公开、政务公开等义务。所以,自由权在一定程度上也具有受益权功能。

二、受益权功能的法律特征

通过上述的分析与界定,可以将受益权功能的法律特征概括为以下几点:[③]

1. 受益权功能是基本权利所具有的请求国家作为的一种功能。这是基本权利的受益权功能与防御权功能的根本差异所在,防御权所要求的是国家的不作为,而受益权要求的是国家的作为,前者要求的是国家不侵犯基本权利,而后者要求的是国家积极干预基本权利以促成其实现。

2. 受益权功能是各项基本权利所普遍具有的一项权能。首先,受益权功能是基本权利的一项权能,并非一种基本权利,虽然在一些宪法学著作中以受益权指代“国务请求权”或者“社会权”。在本书中,虽然有时会直接使用“受益权”,但仍是就“受益权功能”而言。这是因为,每项基本权利都会具备几种权能,而“受益权功能”只是基本权利的权能之一。其次,如同防御权功能是基本权利所普遍具有的权能,受益权功能也是基本权利所普遍具有的权能。前文中,我们已经说明,“接受裁判权”“请求国家赔偿权”以及劳动、生

---

① 参见李建良:《基本权利理论体系之构成及其思考层次》,载李建良:《宪法理论与实践》(一),台北,学林文化实业有限公司1999年版,第65页。

② 参见本书第三章第二节第一部分之(一)“国家对自由权的积极义务”。

③ Michael Sachs, Verfassungsrecht Ⅱ Grundrechte, Berlin u. a. Springer, 2000. S. 41ff.

存、社会保障、文化教育等社会权是直接要求国家积极作为的权利，它们所具有的“受益权功能”非常明显。但参政权、自由权等基本权利在防御权功能之外，也具有要求国家积极帮助的含义，所以，这些权利也具有受益权功能。不同的是，某些权利中，受益权功能居于主导地位，而在另一些权利中，防御权功能居于主导地位。

3. 受益权功能针对的是国家的给付义务。受益权功能针对的是国家给予公民物质上、程序上的帮助和给付的义务，所以又称为“给付请求功能”，①国家所负义务是积极义务。而受益权功能所针对的积极义务的内容主要是物质上、经济上以及程序上的某种利益，所以可称之为“给付义务”，至于给付义务包括哪些具体内容，各国家机关如何承担给付义务，在下文将予以详细的讨论。

三、受益权功能的分类

基本权利的受益权功能按照个人要求国家给付内容的不同，可以分为消极受益权和积极受益权。消极受益权是公民在基本权利所保障的利益受到侵害的情况下，请求国家予以司法救济，具体而言，就是请求法院进行审判活动。而积极受益权，则是指为了公民基本权利的实现，国家直接提供给公民某项利益。积极受益权功能所要求的国家给予的利益可以是物质性的福利，也可以是与物质利益有关的某种服务或者其他利益。

第二节　国家给付义务的概念与地位

一、给付义务的基本概念及其与消极义务的关系

公民基本权利的受益权功能对应的是国家的给付义务。所谓给付义务，是指国家以积极作为的方式为公民提供某种利益的义务。给付的内容可以是物质性的利益，可以是法律程序，也可以是

---

① 参见许宗力：《基本权的功能与司法审查》，载许宗力：《宪法与法治国行政》，台北，元照出版有限公司1999年版，第159页。

服务行为。给付义务与上一章所讨论的消极义务是完全不同的义务形式,消极义务是要求国家不去干预人民的自由,让每个人都通过不受限制的自我奋斗去谋求富足的生活。但是,人们自己的努力未必使他们都能获得物质上、经济上的满足,各种原因会造成贫富不均,一些人无法保障自己的生存。在这种情况下,国家提供物质上、经济上和程序上的给付就显得比要求国家不干预更为重要。国家履行给付义务很大程度上就是为了保障所有个人都能获得符合人的尊严的最低生存条件,使人们在任何情况下都能维持起码的生活水准。[①] 对国家课以给付义务就是要求国家提供社会扶助以维持基本的社会正义。可以这么说,同样是对国家活动的一种限定,消极义务是要"限制国家",要防止国家成为专制的、残暴的、一些人压迫另一些人的工具,而积极义务是要"鼓励国家",让国家成为帮助和促进人们享受幸福生活的积极力量。同时,国家承担积极的给付义务还是国家履行消极义务的保障。这听起来似乎是自相矛盾的,但实际上消极义务和积极义务必然是相辅相成的,国家机关具有不可以侵犯公民权利的消极义务,然而,当国家机关违背消极义务侵犯公民权利时,却必须由司法机关对公民提供司法救济,司法救济的提供也是一种"给付"。此外,实现自由权所需的一些基本条件也需要国家的积极行为去提供。所以说,国家的给付义务与消极义务之间是相互区别而又相互联系的。

二、给付义务的法律特征

(一)给付义务是一种积极义务

给付义务是以作为的形式表现的,是要求国家从事某种行为的义务,而不是要求国家不为某种行为的义务。所以,给付义务是国家积极义务的一种,不同于国家不侵犯公民权利的消极义务。

(二)给付义务的内容是向公民提供某种利益

给付义务是积极义务,是国家为特定行为的义务,这种积极行为并非侵犯公民基本权利的侵权行为,而是向人民提供一定利益的

---

① 参见陈爱娥:《自由——平等——博爱:社会国原则与法治国原则的交互作用》,载《台大法学论丛》1997 年第 26 卷第 2 期。

行为。这种利益总体上可以分为两类：(1)程序性利益或者相关服务，例如，对公民权利的保障提供司法救济途径；(2)物质性利益或者相关服务，例如，给予社会弱者物质帮助、为儿童提供免费教育。[①]但是，这二者之间并非绝对的划分，有时候给付内容究竟是物质利益还是程序利益很难区分。

(三)给付义务与公民的请求权相对应

国家为帮助或促进公民基本权利的实现而承担的积极义务有很多，但并非所有的积极义务都属于给付义务的范围，只有人民可以直接向国家请求的才属于给付义务。在这一点上，给付义务与第六章所要讨论的"国家的保护义务"是不同的。给付义务是与公民基本权利的受益权功能相对应的，受益权功能本身也是一种请求权功能，[②]是以他人的行为为对象的，只有与这种请求权直接对应的国家对公民的给付才属于给付义务范围。而国家为促进公民权利实现的某些积极作为，并非公民可以直接向国家请求，所以不属于给

---

① 参见李建良：《基本权利理论体系之构成及其思考层次》，载李建良：《宪法理论与实践》(一)，台北，学林文化实业有限公司1999年版。

② 请求权意义上的"受益权功能"实际上是阿列克西所说的"狭义上的受益权"。阿列克西区分狭义上的受益权和广义上的受益权，是想说明这样一个问题：国家确实对基本权利承担积极的义务，但在多大范围上这种积极义务是与基本权利作为"主观权利"的性质相对应的。也就是说，在多大范围上，个人可以依据宪法上的基本权利条款，直接"要求"(claim)国家积极作为。阿列克西认为受益权可以分为三个部分：(1)保护性权利；(2)组织与程序保障；(3)狭义的受益权。在这三个部分中，只有"狭义受益权"是主观权利意义上的，而"保护性权利"和"组织与程序保障"则是基本权利作为"客观法"的内容。See Robert Alexy, *A Theory of Constitutional Rights*, trans. by Julian Rivers, New York: Oxford University Press (2002), p. 295 – 296. 笔者是在狭义上使用"受益权功能"这一概念的，也就是将受益权功能看作基本权利作为主观权利的功能之一，对应的是国家的给付义务。而广义上的受益权所包含的保护性权利和组织与程序保障的内容，笔者将其归入下一章第二节"基本权利的客观价值秩序功能的内容"中加以讨论。在德国的基本权利理论中，作为一种请求权的受益权又被区分为原始的受益请求权(originäre leistungsrechte)和派生的受益请求权(derivative leistungsrechte)。二者的区别在于，原始受益请求权是直接从基本权利中导出的请求权，而派生的受益请求权则是从平等权中导出的。也就是说，后者并非个人直接依据某项基本权利而要求国家的给付，而是因为国家对其他个人有过此种给付，从而他人以平等保护为理由要求国家给付。关于二者的区分，请参见 Michael Sachs, Verfassungsrecht Ⅱ Grundrechte, Berlin u. a. Springer, 2000. S. 42. f; Volker Epping, Grundrechte, Berlin u. a. Springer, 2005. S 5. f.，笔者并没有采用这种区分。

付义务范围。[1] 例如,国家建立工作时间制度和休假制度是对基本权利的积极促进行为,但公民并不能直接依据宪法上的“休息权”要求国家去建立这种制度,所以这就不属于国家给付义务的范围;又如,国家建立社会保障制度是保障人民基本生存需要的一种积极行为,但人民不能直接请求国家建立这种制度,而在国家建立了这一制度的情况下,个人可以向国家直接请求“最低生活保障”等给付。国家提供“最低生活保障”的义务就属于给付义务的范围,而国家建立低保制度的行为就不属于给付义务的范围,而是属于下一章所要讨论的“国家的保护义务”范围。

第三节　消极受益权功能与司法救济义务

一、消极受益权功能

(一)基本概念

基本权利的消极受益权功能是指在基本权利受到损害时,公民可以向法院提起诉讼要求保障。其基本含义是当基本权利受到损害时,权利人能够得到司法救济。在这种意义上,消极受益权功能也可称为“司法受益权功能”。之所以称为“消极”受益权,是因为这项权能是在公民的基本权利受到侵害后,公民为了维护自身利益而被迫行使的权能,与其他受益权功能直接要求国家给予一定利益有所不同。

(二)消极受益权功能与诉讼权的关系

基本权利的司法受益权功能与公民的诉讼权有着密切关系。

---

① 所以,在某些理论中,并不把“分享权功能”和“给付权功能”等同,认为前者是人民请求使用现有的设备或者资源,而后者是请求创设制度以满足需要,前者是现实的,而后者是期望的,所以往往认为后者不应当构成真正的、具体的请求权。参见李建良:《基本权利理论体系之构成及其思考层次》,载李建良:《宪法理论与实践》(一),台北,学林文化实业有限公司1999年版;[日]芦部信喜:《宪法》,李鸿禧译,台北,元照出版有限公司2001年版,第102页。

而诉讼权所关注的主要问题是公民如何启动和参加司法程序，又可称为“接受审判权”。所谓接受裁判权，又称“受审判的权利”或“裁判请求权”，是指任何人在其权利受到侵害时请求法院予以公正审判的权利。[①] 有些国家的宪法直接规定了“接受裁判权”，例如，《日本国宪法》第32条规定：“任何人在法院接受审判的权利不得剥夺”；从反面来说，这种规定是禁止法院“拒绝裁判”，[②]也就是说法院有提供司法救济的义务。我国宪法没有这种规定，相类似的是我国《宪法》第41条规定的“申诉、控告、检举的权利”，但这一权利只是针对国家机关及其工作人员的违法行为的，并未规定公民有概括性的“诉讼权”或者“接受裁判权”。但这并不妨碍在法理上认定公民有因权利受损害而提起诉讼的权利。接受审判权是一种“程序性权利”，是为了保障实体性权利而设立，所以又被称为“第二性权利”。任何权利在受到损害时，权利人都应当有请求司法救济的权利，所谓“无救济则无权利”。从这种意义来讲，任何权利都内在地包含“司法受益权功能”。所以说，公民的每项基本权利都应当具有“司法受益权功能”，当基本权利受到侵害时，公民有权向法院要求予以救济，这就表现为公民行使其“接受裁判权”。

(三)消极受益权功能的实现有待宪法诉讼制度的建立

权利在受到侵害的情况下，权利人可以通过民事、行政和刑事诉讼来获得救济，但是这种救济是法律层面的，是对“法律权利”的救济。而我们所说的基本权利的“司法受益权功能”则主要是宪法层面的对“基本权利”的救济。基本权利的消极受益权功能的实现，有赖于宪法诉讼制度的建立。我们知道，普通的司法程序无法为基本权利提供充分而有效的司法救济，因为对基本权利的损害往往是立法机关制定的法律或者其他有着较高政治地位的主体造成的。所以，宪法诉讼制度不建立，基本权利的“司法救济功能”就无法实现，对基本权利充分的司法救济也就不可能。宪法诉讼制度是法治

---

① 参见刘敏：《论裁判请求权——民事诉讼的宪法理念》，载《中国法学》2002年第6期；左卫民等：《公民诉讼权——宪法与司法保障研究》，载《法学》2001年第4期。

② 参见[日]宫泽俊义：《日本国宪法精解》，董璠舆译，中国民主法制出版社1990年版，第261～262页。

体系中的大问题,也是我国宪法学界长期讨论的热点问题,本书限于主题,不再赘言。

二、国家的司法救济义务

(一)司法救济义务的含义与特征

司法救济义务,是指法院进行审判活动,对基本权利所受的损害予以补救和恢复的义务。司法救济义务是积极义务,国家履行此项义务的方式是对基本权利案件进行审判。司法救济义务是国家最为古老和重要的义务之一。德国著名思想家洪堡在《论国家的作用》一书中就指出:国家最优先的义务之一就是调查和裁决公民权利的争端,“在社会里,公民安全主要赖以为基础的东西,就是把整个个人随意谋求权利的事务转让给国家。但对于国家来说,从这种转让中产生了义务……因此,如果公民之间有争端,国家就有义务对权利进行裁决,并且在占有权利上要保护拥有权利的一方”。[①]而洛克也认为,人们让渡给国家的权利就是“惩罚别人侵权行为的权力”,因而国家的一项基本的权能,也是国家最重要的义务,也就是充当公正的裁判者的义务。[②] 我国也有学者强调,提起诉讼以请求国家救济是公民的基本权利,而相应地,国家的裁判就是一种义务,而不是国家赐予公民的恩惠。[③] 国家司法救济义务的法律特征包括以下几个方面:

1. 司法救济义务的主体是法院,包括普通法院和宪法法院

虽然我们说司法救济义务是国家的义务,但这项国家义务的具体承担者是法院。应当注意的是,这里的法院除普通法院外,还应该包括宪法法院。我们在前面已经说明,普通法院对基本权利所能提供的司法救济是极为有限的,例如,法院可以通过行政诉讼和行政赔偿诉讼对公民人身权、财产权、人格权等提供救济,但这种救济存在两个方面不足:首先,这种救济对于基本权利而言是间接的,它

---

① [德]威廉·冯·洪堡:《论国家的作用》,林荣远、冯兴元译,中国社会科学出版社1998年版,第137页。

② 参见[英]洛克:《政府论》(下篇),叶启芳等译,商务印书馆1964年版,第78页。

③ 左卫民等:《公民诉讼权——宪法与司法保障研究》,载《法学》2001年第4期。

所直接救济的是公民的法律权利。法律权利是公民宪法上的基本权利由立法机关具体化后形成的，由于经过了立法机关制定法律这一环节，法律权利对于公民利益的保障程度可能低于宪法上基本权利的保障程度，在某些情况下立法机关制定的法律本身可能就已经不正当地限制和剥夺了公民的基本权利。在这种情况下，要求普通法院对基本权利提供充分的司法救济是强人所难的。其次，即使普通法院可以直接适用宪法上基本权利的规定，[①]它们所能提供的救济也是有限的。普通法院对于那些内容明确的基本权利（如人身权）有可能能够提供一些救济，但是大量的基本权利的内容是不明确、不具体的，这种情况下需要对宪法作出相当宽泛的解释，这种工作是普通法院所不能承担的。

所以，司法救济义务的承担，很大程度上有赖于宪法诉讼制度的建立。当然，建立什么样的宪法审查和宪法监督制度是可待讨论的问题，但是，就基本权利所针对的司法救济义务而言，没有一个有着较高权威和崇高地位的类似法院的机构承担，这项义务基本落空。

2. 司法救济义务的内容是法院进行审判活动

司法救济义务的内容是程序性的，我们甚至可以说所谓司法救济义务就是法院"进行审判的义务"。我们说司法救济义务是国家"给付义务"的一种，那么在这个义务之下法院提供的"给付"是什么呢？这种"给付"就是审判活动本身，也就是说，法院的司法救济义务就是提供审判行为。具体来说，司法救济义务可以包括以下几个方面：(1)受理案件之义务，对于符合法定条件应当予以受理的案件，法院不得拒绝受理，对于不应受理的案件，也应按照法律的规定作出不予受理或者驳回起诉的裁定；(2)进行审判的义务，对于已经受理的案件必须进行审判，不得拒绝审判，而且法院还有"公正审判的义务""及时审判的义务"；(3)作出判决的义务，对于已经审理的

① 法院可否直接适用宪法规定，是我国宪法学界当前正在热烈讨论的问题，实际上这个问题的产生，根本上是因为我国缺乏有效的宪法监督制度，而学界所提的建立宪法监督制度的建议也无法实现。对于法院直接适用宪法规定的研究，参见肖蔚云：《宪法是审判工作的根本法律依据》，载《法学杂志》2002 年第 3 期。

案件,法院必须作出判决,这种判决还应当是明确的和可执行的。

3. 司法救济义务直接针对诉讼权,间接针对基本权利的司法受益权功能

法院进行审判的义务直接针对的是公民的“诉讼权”(接受裁判权),但是,我们在前面已经分析了“诉讼权”的性质,说明了诉讼权实际上是公民的每一项基本权利都具有的要求司法救济的功能的体现,所以,法院的司法救济义务间接针对的是公民基本权利的“司法受益权功能”。

(二)司法救济义务的绝对性

1. 司法救济义务绝对性的一般原理

国家,具体而言是法院,对于公民基本权利的救济义务是一种绝对性义务。[①] 之所以说这种义务具有绝对性,是因为如果国家不承担此项义务,拒绝对公民基本权利案件进行审判,公民基本权利的实现就缺乏有效的保障。所谓“无救济则无权利”。强调司法救济义务的绝对性对于公民基本权利是否能得到保障是有着决定性意义的,我们可以从下面的案例中得到这种认识:

【案例与事例分析】王某立等诉民族饭店案

北京民族饭店职工王某立等16人是合法登记的选民,其选民资格是经过二龙路选举委员会认定的,但是,由于这16人已经下岗,民族饭店没有将选民证交给王某立等人,也没有通知他们参加选举。王某立等以民族饭店为被告向北京市西城区人民法院提起民事诉讼,要求赔偿。北京市西城区法院以不属于民事诉讼受案范围为由,作出了“不予受理”的裁定。16名职工上诉至北京市第一中级人民法院,北京市第一中级人民法院驳回上诉。[②]

在这一案件中,法院以不属于民事诉讼受案范围为由对该案件不予受理,看上去理由是相当充分的。但是,如果从王某立等人选举权利受到损害的角度去看,他们却失去了唯一的获得救济的可

---

① 当然,公民提起宪法诉讼也应具备一定的条件,例如,在美国,就要遵循“成熟性”“诉讼身份”等原则,这个问题是宪法诉讼中的原告资格(standing)问题。

② 参见王振民:《我国宪法可否进入诉讼》,载《法商研究》1995年第5期。

能。所以，不对国家课以“司法救济义务”以保障人民的诉讼权利，《宪法》对于公民基本权利的规定就缺乏拘束力和强制力，从而无法保证其实现。所以，国家不能以任何不正当理由拒绝裁判，国家的“司法救济义务”具有绝对性。在这种绝对性要求之下，我国建立有效的宪法监督制度或者宪法诉讼制度就更属必然。

2. 社会权的“可司法性”

我们说国家的“司法救济义务”具有绝对性，意味着所有的基本权利都应当具有“司法受益权功能”，也就是说，公民在自己的任何基本权利受到侵害时，都应该可以向法院提起诉讼要求救济。传统的宪法理论却认为，公民的社会权是不可以直接向法院请求救济的。如果这种理论成立，那么国家的“司法救济义务”就不是绝对性的义务，而是只针对公民的政治权利和自由权，不针对公民的社会权的相对性义务了。那么，社会权到底能不能由法院进行救济呢？这在宪法学上被称为社会权的“可司法性”或“可审判性”问题。对此问题，宪法理论中有两种完全不同的主张。

(1) 否定社会权“可司法性”的主张

主张社会权不可以请求法院救济的理由，主要有以下两点：①第一，社会权的内容不具体。社会权具有“纲领性条款”(program clauses)的性质，②不像人身权、住宅自由之类的自由权那样所指明确，其内容往往是不具体的，是难以由法院直接适用的。例如，受教育权，宪法只是规定公民有受教育的权利，但是，“公民”是仅仅指少年儿童还是全体公民，受教育权是仅仅包括初级教育还是包括中级、高级教育，这些内容是无法从宪法规定中直接获得答案的。既然社会权的内容不具体，那它们就不像自由权那样可以直接由法院适用，而是必须先由立法机关予以具体化。第二，有违权力分配原则。在许多国家，立法、行政、司法是国家权力的基本结构，权力运作不得侵犯其他权力的作用空间。而确定社会权的内容应该属于

① 参见陈新民：《德国公法学基础理论》，山东人民出版社 2001 年版，第 698～699 页。

② 参见林来梵：《从宪法规范到规范宪法》，法律出版社 2001 年版，第 179 页。

政治决策的范围,属于立法权的权限范围。这是因为,社会权的落实需要国家财政的支持,国家必须对各种社会资源进行重新分配,这种涉及国家整体的利益调整和财政安排的事务,应属立法机关的权限。如果认为公民可以直接向法院请求对社会权进行救济,无疑是让法院去从事应由立法机关从事的政治决策,这是违反权力分配原则的。如果破坏了权力分配这一基本架构,宪法体制的稳定基础也就被破坏了。基于以上理由,传统的西方宪法理论认为公民对于宪法规定的社会权并不享有针对国家的直接请求权,也不能直接请求法院予以救济。只有在立法机关制定法律将这些权利具体化为法律权利后,公民才可以依法向政府请求保障,而政府不予保障时,才可以向法院请求救济。总而言之,宪法上的社会权不具备"可司法性"。

(2)肯定社会权"可司法性"的主张与措施

尽管主张社会权不具有"可司法性"的理论显得理由充分,但是不可回避的事实是,否定了权利的"可司法性"就等于否定了权利本身。可以说,认为社会权不可以通过司法进行救济的传统观念导致了社会权缺乏有效的约束力,在落实上远远落后于其他权利,这会使宪法对社会权的规定显得软弱和空洞。正如日本学者大须贺明所言,这种主张社会权只是纲领性条款,而不是"可司法"的具体权利的主张,可以说完全抛弃了社会权好不容易才获得宪法保障的历史意义。① 美国学者佩弗也认为,如果不把福利权利看作一种"有效的请求"(valid claim)的话,福利权利就不是真正的权利了。② 所以,在当代的宪法理论中,许多学者都主张,应当给予社会权司法救济,使其具备"可司法性"。

那么,主张社会权具有"可司法性"的理论如何反驳传统理论主张社会权不具备"可司法性"的两项理由呢?其反驳基本如下:其一,司法机关对社会权提供救济并不会破坏权力分配。司法机关对

---

① 参见[日]大须贺明:《生存权论》,林浩译,法律出版社2001年版,第76页。

② Rodney Peffer, *A Defense of Rights to Well-Being*, Philosophy & Public Affair 8, 1978, p. 67.

法律没有充分保障社会权的直接救济，实际上是司法机关对法律进行的“漏洞补充”或者“法的续造”，是司法机关法律解释职责的延伸。而且，法律的“漏洞”并非“未为任何规定”，“毋宁是欠缺特定——依法律的规定计划或其整体脉络，得以期待——的规则”，[①] 司法机关对这种漏洞进行补充并不是以司法权直接对抗立法权。而且，有权力判断宪法案件的应当是享有宪法解释权的机关（如宪法法院），而宪法解释本身也是将宪法具体化的一种途径，所以由握有宪法解释权的司法机关对立法进行暂时的补充是有正当性的。[②] 另外，由于宪法运作形成了一系列限制司法机关越权的规则，让司法机关对社会权提供救济，并不会造成司法权侵犯立法权。[③] 其二，社会权内容的不具体不妨碍司法机关在较低程度上保障社会权。虽然社会权的内容是不具体的，需要立法机关进一步明确，但是，各项社会权总是有其最基本和最核心的部分，即使立法机关没有尽到立法的责任，司法机关仍然可以在一个较低的标准上对社会权提供救济。[④] 基于以上的反驳理由，许多学者主张应当承认社会权具有“可司法性”。

针对社会权的司法救济应当如何展开，在近年的实践中各国发展出了多种比较有效的措施。这些措施包括：①集体申诉制度。[⑤] 社会权的核心内容是国家向公众提供福利，所以社会权被看作具有“集体权利”的性质，而不是单纯的“个人权利”。所以，在个人难以请求对社会权的司法救济的情况下，集体申诉不失为一种不错的解

---

① ［德］拉伦茨：《法学方法论》，陈爱娥译，台北，五南图书出版股份有限公司 1996 年版，第 285 页。

② 参见陈慈阳：《立法惰情与司法审查》，载陈慈阳：《人权保障与权力制衡》，台北，唐山出版社 2002 年版。

③ 这些规则包括：第一，诉讼身份原则；第二，诉讼成熟性原则；第三，回避“政治问题”原则；第四，避免做抽象解释原则；等等。参见张翔：《分权制衡原则与宪法解释——司法审查与宪法法院制度下的经验与理论》，载《法商研究》2002 年第 6 期。

④ 参见许宗力：《基本权的功能与司法审查》，载许宗力：《宪法与法治国行政》，台北，元照出版有限公司 1999 年版，第 162 页。

⑤ 参见郑贤君：《社会权利的司法救济》，载《法制与社会发展》2003 年第 2 期。

决办法。②通过扩大解释公民的政治权利与自由来保护社会权。[①] 这种办法是将公民的自由权等进行扩大解释以涵盖社会权的内涵，例如，通过扩大解释，将获得食物等生活资料的权利作为传统的生命权或者健康权的内容而加以司法救济。③公共利益诉讼。在印度的司法实践中，发展出一种“公共利益诉讼”作为救济社会权的手段。印度的法院宣称：任何公众人士都可以为他人提起诉讼，请求法院的司法救济。评论者认为：“法院这样做不是立法，它只不过在宪法的框架内引进了一些可操作性的原则”，这种措施是相当积极和有效的。上述这几种为社会权提供司法救济的措施有些属于国际人权法上的措施，有的是某些国家宪法实践的具体措施，都体现了使社会权具备“可司法性”的发展趋势。

(3)“立法不作为”诉讼

前述的几种为社会权提供司法救济的措施都无法解决一个制约社会权获得司法保障的根本性问题：社会权的内容是不具体的，需要靠立法机关制定法律具体化后才能充分地实现，而司法机关限于职能，即使能够对社会权提供一些保障也只能是较低程度的。比如，在立法机关没有就劳动者的失业保障作出规定的情况下，一个失业者可以依据宪法上的劳动权和生存权规定直接向法院请求获得失业救济金，但是，他不可能请求法院提供职业培训或者职业介绍。所以，前面的那些司法救济措施对社会权的保障只能是低层次的，而要想使社会权得到充分的实现，还是要靠立法机关制定相关的法律。所以，对社会权的司法救济，最终还得落实到如何由司法机关督促立法机关制定相关法律上来。这就导致了“立法不作为”诉讼在司法活动中的出现。

为社会权提供保障的“立法不作为”诉讼，[②] 是指立法机关违反宪法所委托的义务，未对社会权提供保障或者所规定之保障程度未达到应有的标准而引起公民对立法机关的诉讼，其目的是促使立法

---

① 参见[荷兰]M. 谢宁：《作为法律权利的经济和社会权利》，载艾德等：《经济、社会和文化的权利》，黄列译，中国社会科学出版社 2003 年版。

② 立法不作为诉讼所包括的不仅仅是对社会权的保障问题，还包括其他一些立法机关不履行立法义务的问题，这里我们只讨论其中与社会权保障有关的部分。

机关及时、完整、适当地履行其立法义务。[①] 立法不作为实际上包括不作为和不完全作为两种，公民可以对二者提起立法不作为诉讼。立法不作为诉讼在理论和实践中发展最完善的是德国，下面就以德国法为中心进行讨论。

德国1951年公布的《德国联邦宪法法院法》创设了"宪法诉愿"制度，后来又通过对《德国基本法》的修改(第90条4a)规定，人民的基本权利在受到公权力侵害时，可以通过提起宪法诉愿而请求宪法法院予以救济。宪法诉愿就是公民在穷尽一切救济手段而仍然无法保障自身权利时向宪法法院提起的宪法诉讼。宪法诉愿的针对对象是公权力，立法权当然包括在内。这一规定是否包括立法不作为，在早期曾有争议，但在现在已为德国公法学界所普遍肯定。在立法不作为理论看来，"保护不足"就是"侵害"，属于《德国基本法》第90条4a所指称的"公权力侵害"范围。认定立法不作为要着重于其实质而非形式。也就是说，立法不作为既包括立法机关没有制定相关法律，也包括虽制定了某项法律但将诉愿人原来所期待的利益排除了，而后者才是最为常见的。对于社会权保障而言，立法不作为就是没有对公民所应享有的某项基本权利立法或者制定的法律没有将某些公民所期待的利益予以规定，在这种情况下，公民可以提起宪法诉愿。如果宪法法院认定立法机关确有立法不作为的事实，则可以宣告那些未给予公民充分保障的法律违宪或者无效。而且，按照"期限理论"，立法机关在宪法法院宣告违宪或者无效后，还应当在一个适当的期限内制定出一个合宪的、充分保障公民的社会权的法律，以弥补原先立法的疏漏与不足。[②] 按照这种见解，对于立法机关未能充分保障公民的社会权的"立法不作为"，公民可以提起宪法诉讼，而法院也可以进行非常有效的司法救济——

---

① 参见陈新民：《宪法委托之理论》，载陈新民：《德国公法学基础理论》，载山东人民出版社2001年版。

② 对于期限理论是否成立，在德国宪法学界是有争论的，有人认为如果认可法院可以对立法机关的立法限定期限，会让司法权凌驾在立法权之上，造成权力分配原则的破坏，而且立法机关能否在该限定期限内制定出合乎宪法目的的法律来，也是值得怀疑的。参见陈新民：《宪法委托之理论》，载陈新民：《德国公法学基础理论》，山东人民出版社2001年版。

督促或者强制立法机关制定充分保障公民的社会权的法律。

综合以上各点,我们可以看出,承认社会权具有“可司法性”,为社会权创制各种司法救济的途径是当今世界基本权利保障的发展趋势。在社会权具备了“可司法性”之后,宪法上所有的基本权利就都具备了请求司法救济的“司法受益权功能”。这样,国家的“司法救济义务”就是具有绝对性的国家义务。也就是说,法院对于所有的对基本权利的侵害都有义务提供司法救济。当然,司法救济义务的绝对性在我国当前现实之下还只是理论上的应然性,在建立起真正有效的宪法诉讼制度之后,对基本权利的司法救济义务才能完全落实。但是,从理论上是可以认定国家的司法救济义务具有绝对性的。

第四节　积极受益权功能与物质给付义务

一、积极受益权功能

(一)基本概念

基本权利的积极受益权功能,是指基本权利所具备的使公民从国家那里得到某种福利、服务和其他利益的功能。之所以称之为“积极受益权”,乃是与消极受益权相对应而言的。消极受益权是公民在基本权利所保障的利益受到侵害的情况下,请求国家予以司法救济,具体而言,就是请求法院进行审判活动。而积极受益权,则是指为了公民基本权利的实现,国家直接提供给公民某项利益。积极受益权功能所要求的国家给予的利益既可以是物质性的福利,也可以是与物质利益有关的某种服务或者其他利益。

(二)积极受益权功能与社会权的关系

在前文界定的“受益权功能”概念中,我们已经说明了作为一类基本权利的社会权与作为基本权利的一项权能的受益权功能之间的密切联系。而实际上,社会权和基本权利的积极受益权功能都是要求国家给予公民某种利益,特别是物质性利益,积极受益权功能最初就是从社会权而来的。但之所以使用“基本权利的积极受益权功能”这样的概念，是为了强调除了劳动权、生存权、社会保障权、受教育权等社会权之外，其他的基本权利也都会在特定情况下具备要求国家给予物质利益的功能。例如，前文所说的公民的诉讼权，其本意是要求国家不得拒绝审判，但为了真正保障这项权利的实现，某些情况下也会要求国家提供物质上、服务上的帮助，如对特定主体减免诉讼费用、指定律师提供法律援助等。所以，社会权和积极受益权功能虽然有紧密联系，但又是有根本区别的，前者是基本权利的一类，而后者则是基本权利所普遍具有的一项权能。

二、国家的物质给付义务

（一）物质给付义务的含义与特征

物质给付义务是指国家为了公民基本权利的实现而向公民提供物质利益或者与物质利益相关服务的义务。物质给付义务是积极义务，国家履行此项义务的方式是提供各种福利和服务，是对公民的一种给予。物质给付义务的法律特征包括以下两个方面：

1. 物质给付义务由国家各机关以不同方式承担

总体而言，物质给付义务的主体是国家，但国家各机关依据其功能和活动方式的不同分别承担此项义务。其中最核心的是行政机关，这是因为从功能上讲，对公民直接施以积极作为的主要是行政机关。从行政机关的职能角度来看，行政机关的“给付行政”活动就是其承担对基本权利的“给付义务”的方式。立法机关通过制定法律，将笼统的国家义务从内容、范围、方式、程度等方面予以具体化，以此作为行政机关具体活动的依据。同时，国家给予公民物质利益必然涉及国家的财政，而财政权是立法机关的职权，所以，物质给付义务的落实也需要立法机关的财政安排。司法机关由于其“消极性”“被动性”，为公民提供各种物质利益并非其职能的范围。但是，在极其例外的情况下，司法机关也会承担一些特殊的物质给付义务。国家各机关对给付义务的分担是个非常复杂的问题，以上论述只是就其基本内容作大致概括，在本章第五节“各国家机关对给付义务之分担”中，已对此问题进行详细的分析和说明。

2. 物质给付义务的内容是提供物质性利益和与物质性利益相关的各种服务

物质给付义务的根本出发点是保障所有个人都享有尊严的生活,其内容主要是经济上、物质上的给付,例如,发放失业救济金、最低生活保障金、对受灾人民进行援助、免费教育等。此外,物质给付义务还包括为了帮助人们获得物质利益而进行的各种服务活动,如举办职业培训、进行职业介绍、提供救助。针对不同的权利,物质给付义务的内容也完全不同,在下文中笔者将进行较为详细的列举。

(二)物质给付义务的内容

前文已说明物质给付义务所针对的是基本权利的积极受益权功能,而积极受益权功能最初是从社会权中导出的,所以,国家针对社会权的给付义务是物质给付义务中主要的部分,此外,对于社会权之外的基本权利,国家在一定程度上也会负有给付义务。下面分别就国家针对不同权利的给付义务予以概要的说明:

1. 针对社会权的物质给付义务

社会权的基本目标在于保证所有个人都享有符合人的尊严的基本生存条件,具备起码的生活水准,所以,针对社会权的国家物质给付义务是最丰富的,分述如下:

(1)劳动权

劳动是人维持自己的生存并获得发展的基本手段,国家对劳动权承担着积极的给付义务。国家对劳动权的给付义务最重要的是为劳动者创造就业机会,但这并不是说国家负有直接雇佣或者招募劳动者的义务。国家不可能为每个公民提供工作岗位,这是显而易见的。最早规定劳动权的德国《魏玛宪法》(1919 年),其在第 163 条规定:“每个德国人都应有从事经济劳动以维持其生存的可能性”,但是,在 20 世纪 30 年代的资本主义经济“大萧条”中,有 600 万德国人失业而国家无能为力。① 可以说劳动权的最初实践就说明

① 据统计,在 1932 年,德国的失业人数占到了就业人口的 45%,而政府除提供一年多的微薄救济外,没有能力创造任何就业机会。参见[法]里昂耐尔:《魏玛共和国时期的德国(1919 ~ 1933)》,李末译,山东画报出版社 2005 年版,第 84 页。

国家不可能承担直接提供工作的义务,而学界的通说也认为,劳动权并不意味着可以要求国家给予工作岗位。那么,国家对劳动权的物质给付义务包括什么呢?按照我国《宪法》第42条第4款的规定,“国家对就业前的公民进行必要的劳动就业训练”,国家对劳动权的给付义务应包括提供劳动培训的服务。除此项义务外,国家对劳动权的物质性给付义务还可能包括提供具体的职业介绍服务、[①]对失业者提供生活保障。职业介绍是国家可以向劳动者直接提供的服务,而对失业者的生活保障也可以属于国家对生存权的给付义务的范围,综上所述,国家对劳动权的物质给付义务包括:①提供劳动培训服务的义务;②提供具体的职业介绍服务的义务;③对失业者提供生活保障的义务。

我国《宪法》还规定了一项与劳动权密切相关的权利——休息权(《宪法》第43条),对于这项权利,国家的义务可以包括兴建国家休假地点、提供带薪假期等。[②] 当然国家的这些义务主要是针对国家直接雇佣的人员的,如公务员等国家机关工作人员,以及国有企事业单位的职工,而其他并非国家直接雇佣的人员的休息权所针对的是各用人单位的义务,并非国家的义务。

(需要说明的是,我国《宪法》第42条第2款规定:“国家通过各种途径,创造劳动就业条件,加强劳动保护,改善劳动条件,并在发展生产的基础上,提高劳动报酬和福利待遇。”这并非对国家物质给付义务的规定,而是宪法课以国家的“政策性义务”。这种义务不像前述的给付义务那样是直接提供物质利益或者与利益相关的服务,而主要是要求国家制定法律,[③]以及建立各种劳动制度。这种义务不属于给付义务,而是属于本书第六部分所讨论的“国家保护义务”,我国《宪法》中的其他社会权条款中也有类似规定,在本章中不再一一指出,关于这一问题本书将统一于第六部分讨论。)

---

① 参见林来梵:《从宪法规范到规范宪法》,法律出版社2001年版,第218页。

② 参见肖蔚云、魏定仁、陈宝音:《宪法学概论》,北京大学出版社2002年版,第209页。

③ 参见林来梵:《从宪法规范到规范宪法》,法律出版社2001年版,第218页。

(2)生存权

我国《宪法》第45条第1句规定:“中华人民共和国公民在年老、疾病或者丧失劳动能力的情况下,有从国家和社会获得物质帮助的权利。”这条规定被称为“物质帮助权”,实际上就是“生存权”,只不过我国宪法的规定较其他国家生存权的规定在权利主体范围上较狭窄而已。生存权是指公民享有符合人类尊严的基本生活条件的权利,[①]相应的国家给付义务就是提供这些基本生活条件。可以看出,生存权既是一项基本权利,是要求国家给予物质利益和相关帮助的权利,同时它又体现了整个社会权体系的基本目标和价值,因而,有些学者甚至用生存权去概括其他的各项社会权。[②] 那么,生存权作为一项基本权利所针对的物质给付义务是什么呢?主要应当是国家为生活无着的公民提供食物、居所、救济金等“基本生活条件”。当然,何为“基本”,要看各国之经济社会发展条件;就我国而言,现有的国家对生存权承担的物质给付义务主要有以下几个方面:①最低生活保障;②养老金;[③]③医疗费用;④灾害救助。

另外,我国《宪法》还有几条与生存权有关的规定,例如,第44条规定:“国家依照法律规定实行企业事业组织的职工和国家机关工作人员的退休制度。退休人员的生活受到国家和社会的保障。”第45条第2款、第3款规定:“国家和社会保障残废军人的生活,抚恤烈士家属,优待军人家属。国家和社会帮助安排盲、聋、哑和其他有残疾的公民的劳动、生活和教育。”这些权利概括起来可称为“社会保障权”。社会保障权与生存权关系密切,可以说社会保障权就

---

① 我国通常所使用的生存权概念是一个国家或民族所享有的集体人权。而生存权就其本意而言,是个人享有的权利,二者是不同的。关于二者的辩证,参见林来梵:《从宪法规范到规范宪法》,法律出版社2001年版,第220~221页。笔者之所以使用“生存权”,而不使用“物质帮助权”概念,是因为“物质帮助”并不能概括国家向个人提供的生活条件的全部,这些条件中有些是国家的帮助行为,而非物质利益。

② 参见[日]大须贺明:《生存权论》,林浩译,法律出版社2001年版,第137页以下。

③ 养老金制度规定于《老年人权益保障法》第3章第28条、第29条,而且在第31条还规定了老人在无劳动能力、无生活来源、无赡养人和扶养人,或者其赡养人和扶养人确无赡养和扶养能力的,由政府给予救济,甚至于“保吃、保穿、保住、保医、保葬”。

是一种生存权。但是,社会保障权的范围要比传统生存权稍微广泛一些,所针对的国家给付义务可能会超过以上几点。①

应当注意的是,国家对生存权的给付义务在不断地扩大,例如,2003 年 6 月国务院通过的《城市生活无着的流浪乞讨人员救助管理办法》(以下简称《办法》),在生存权的主体和内容上都有所扩大。《办法》第 1 条规定的立法目的就是"保障其基本生活权益",而其保障内容也有相当大的扩展。《办法》第 7 条规定:"救助站应当根据受助人员的需要提供下列救助:(一)提供符合食品卫生要求的食物;(二)提供符合基本条件的住处;(三)对在站内突发急病的,及时送医院救治;(四)帮助与其亲属或者所在单位联系;(五)对没有交通费返回其住所地或者所在单位的,提供乘车凭证。"可以说,这个规定体现了国家给付义务的扩展趋势,这也是社会经济发展的必然结果。又如,为保障城市困难群众度过冬季严寒,辽宁省沈阳市从 1997 年开始,建立并逐步完善城市供暖保障金制度,为城市中的低保户、救助户及困难企业职工补贴供暖费,补贴的供暖费可以占到总供暖费的 80%。② 这等于是国家直接出钱保障公民的基本生活条件,也体现了扩大国家物质性给付义务的趋势。

(3)受教育权

接受教育是公民提高生存能力和自我发展的基本途径,受教育权也是要求国家积极帮助的权利。尽管家长、社会都对受教育权负有义务,但是有学者主张国家的义务才是最重要的。"政府对人民的义务是主义务,其他则是从义务。"③那么国家的义务是什么呢?按照我国《义务教育法》的规定,国家的义务包括培养师资的义务(第 32 条)、地方各级人民政府创造条件使适龄儿童、少年入学接受义务教育的义务(第 5 条)。④ 但是,这里规定的义务,有些是直接

① 参见林嘉:《社会保障法的理念、实践与创新》,中国人民大学出版社 2002 年版。

② 参见《沈阳供暖补贴三大变化暖人心》,载中华网,www. china. com,最后访问日期:2003 年 10 月 14 日;《关注供暖:沈阳取暖费政府补贴 困难户冬暖如春》,载新华网,www. xinhuanet. com,最后访问日期:2003 年 11 月 18 日。

③ 温辉:《受教育权入宪研究》,北京大学出版社 2003 年版,第 61 页。

④ 参见温辉:《受教育权入宪研究》,北京大学出版社 2003 年版,第 70 页。

向人民提供给付,有些不是。如果从给付义务是提供物质性利益或物质相关利益的义务角度来看,国家对于受教育权的给付义务可以包括:①“免费教育”的义务,义务教育的理想状态是教育的完全免费,国家直接为公民提供受教育机会,而公民不需要缴纳费用。在某些国家,教育已经实现了全部或部分的免费,国家负有向公民提供教育机会的直接给付义务;[①]②提供与受教育相关的物质条件的义务,如为贫困学生提供教材、文具等(在某些国家甚至为学生提供牛奶和午餐),此外,还包括将受教育者作为群体而提供校舍及其他教学设备。当然,这些义务并非任何国家都能够承担的,具体承担到何种程度要看其社会经济发展的整体水平。但是,在某些国家,教育被看作公民生存与发展的基本条件,也被看作国家富强的基础。因而,即使在经济极其困难的情况下,提供免费教育也是国家的义务,例如“二战”后的日本。

(4)科研文化权利

我国《宪法》第47条规定:“中华人民共和国公民有进行科学研究、文学艺术创作和其他文化活动的自由。国家对于从事教育、科学、技术、文学、艺术和其他文化事业的公民的有益于人民的创造性工作,给予鼓励和帮助。”这一规定首先是将“科研、文艺创作和其他文化活动”规定为公民的自由权,作为自由权的科研文化权利首先具备的是防御权功能,所针对的是国家的消极义务,也就是要求国家不得干预公民的科研文化活动。这是因为,科研、文艺创造等活动是人类“精神自由”的表现,在根源上与言论自由是一致的,故而必须排除国家的非法干预。但是,科研文化权利也是公民的社会权,它要求国家“给予帮助”,也就是国家负有一定的给付义务。国家对于科研文化权利的给付义务主要是提供科研经费和科研条件的义务。

2. 针对其他权利的物质给付义务

虽然给付义务最主要的部分是针对公民的社会权的,是为了保障公民有尊严地生活,但是在人的尊严这一基本权利的根本价值之

① 参见温辉:《受教育权入宪研究》,北京大学出版社2003年版,第58~59页。

下,基本权利早已是一个不可分割的体系,社会权以外的其他基本权利的实现往往也需要国家给付各种利益。基本权利体系中的其他权利,也大都针对一些国家的物质给付义务,下面举例说明:

选举权、被选举权属于政治权利,是公民积极参与国家政治生活的权利。依其本义,国家除不得随便剥夺之外,并不负有什么积极的给付义务。但实际上,若没有国家组织选举活动的积极作为,公民的选举权利实际上也无法实现。所以,国家对选举权负有一定的积极给付义务。

诉讼权作为一种程序性权利和保障其他权利的制度性权利,所针对的国家义务本来只是"司法救济义务",也就是禁止国家拒绝审判。但是,这项权利要想完全实现,某些情况下也会要求国家提供物质上、服务上的帮助,如对特定主体减免诉讼费用、指定律师提供法律援助、为少数民族公民参加诉讼提供翻译。

【案例与事例分析】吉迪恩诉温赖特案(Gideon v. Wainwright[①])

美国宪法第六修正案规定,在刑事诉讼中,被告有获得及时和公开审判的权利,并且,被告为了辩护,有获得律师帮助的权利。这一修正案一般仅仅被解释为国家必须进行及时公开的审判,并且不得剥夺刑事被告聘请律师的权利。但这项权利在发展中被美国联邦最高法院认为具有福利权利的性质,也就是说在特定情况下,国家有义务为穷人提供律师帮助。

吉迪恩因盗窃被起诉,在庭审中,他要求佛罗里达州法院为其提供一名辩护律师,遭到拒绝。吉迪恩在没有律师辩护的情况下被法院判处五年徒刑。在监狱服刑期间,吉迪恩向最高法院提出申诉,认为自己因为贫困而丧失了公平审判的权利,认为佛罗里达州司法程序违反宪法第六修正案。

美国联邦最高法院一致裁决,国家应当为穷人提供律师,否则就不可能有公正审判。布莱克(Black)大法官在判决中认为:"在美国的抗辩式的刑事审判体制中,任何一个被指控的被告,如果因贫困而请不起律师,就不会受到公正的审判,除非法院给他提供律

---

① 372 U. S. 335 (1963).

师。”从而,在刑事被告无力聘请律师的情况下,州财政有提供资助之必要。

分析:这一案件体现的就是诉讼权的积极受益权功能,国家对诉讼权同样负有物质的给付义务。诉讼权的防御权功能和消极受益权功能非常明显。诉讼权作为防御权,意味着国家不能剥夺当事人接受公正及时审判的权利。而作为消极受益权,意味着国家必须提供司法救济。但这一案件反映出,诉讼权实际上也具有要求国家给付物质性利益的积极受益权功能,而国家为穷人提供雇佣律师的经济资助行为就是在履行国家对诉讼权的物质给付义务。应该说这一案件从实证的角度说明了积极受益权功能是各种基本权利所普遍具备的功能。

住宅自由是最早出现的自由权,主要功能是防御权功能,也就是要求国家不能侵入住宅,所谓“风能进,雨能进,国王不能进”。但是,住宅是人最基本的生存条件之一,所以在生存权等社会权利出现在宪法中之后,产生了要求国家为人们拥有住宅而提供相应给付的主张,在国际人权法上也把帮助人民获得充足住宅权作为国家的义务。[①] 这说明在人权被充分尊重、社会经济高度发展的条件下,过度强调权利的消极性是不必要的。为了基本权利的实现,要求国家帮助就显得比要求国家不干预更有意义,基本权利也就渐渐产生出“受益权”功能。可以说住宅自由功能的演变在这个“自由权的社会化”问题上有典范的意义。

以上三项权利在我国宪法中也是有相关规定的,这三项权利所体现的要求国家承担积极给付义务的变化可以说体现了国家义务从消极向积极变迁的发展趋势。除此之外,我国宪法中没有规定,而在其他国家宪法中有规定的一些权利也体现了这种趋势,例如,生命权从来都是宪法所要保护的权利,美国独立宣言、法国人权宣言都宣称人民建立国家是为了保障生命、财产和自由。生命权最初也只是自由权,要求国家不得侵犯、不得随意判处死刑

① 参见[挪]A. 艾德:《国际人权法中的充足生活水准权》,载刘海年主编:《〈经济、社会和文化权利国际公约〉研究》,中国法制出版社 2000 年版。

等。但是,生命权在发展中也渐渐产生了积极权利的性质,宪法中还出现了与生命权紧密相关的健康权等。在这种变化下,国家对于生命权就可能要承担积极的义务,如提供食物、提供保健服务、提供医疗等。①

又如环境权,日本学者这样阐述环境权的内涵:"我们具有支配环境、享受良好环境的权利;对于随意污染环境、正在妨碍我们的舒适生活或者想要加以妨碍的人,我们基于该项权利,具有要求排除或者防止这种妨碍行为的请求权利。"②环境权不仅意味着公民可以要求他人不得破坏环境,也意味着国家要承担积极义务以改善环境、治理污染等。我国《宪法》虽然没有直接规定人民的环境权,但从反面规定了国家的积极义务。我国《宪法》第 26 条规定:"国家保护和改善生活环境和生态环境,防治污染和其他公害。国家组织和鼓励植树造林,保护林木。"这也可以看作对国家物质性给付义务的规定。

第五节　各国家机关对给付义务之分担

前文已提及国家的给付义务是由国家各机关依据其功能和活动方式的不同来分别承担的。其中最主要的义务主体是行政机关,这是因为给付义务是国家向人民提供某种利益,而行政机关作为"执行机关"和"管理机关",国家给付人民以各种利益的这种主动性职能,应当是由行政机关承担的。行政机关承担给付义务的方式就是"给付行政"活动。但是,立法机关和司法机关也在其功能范围内承担部分给付义务。按照"依法行政"的原则,行政机关对人民进行给付活动也应当有法律上的一定依据,行政机关的给付行为应当是对立法机关制定的法律的执行。所以,立法机关以制定法律的方

① 参见[挪]A. 艾德等:《经济、社会和文化的权利》,黄列译,中国社会科学出版社 2003 年版,第 153 页以下。

② [日]仁藤一、池尾隆良:《环境权的法理》。转引自[日]大须贺明:《生存权论》,林浩译,法律出版社 2001 年版。

式将给付义务的具体内容、方式、范围等作出规定,也可以被看作对国家给付义务的承担。而司法机关也要承担部分给付义务,主要是进行审判活动以保障基本权利的"司法救济义务",但在特定情况下,司法机关也会承担一些物质性的给付义务。各国家机关对给付义务的分担,涉及国家权力之间的分工与合作,内容相当复杂,下面分别从行政、立法、司法三个方面对这个问题予以厘清。

一、行政机关

(一)行政机关是给付义务的主要承担者

行政机关是国家物质给付义务的主要承担者,也就是说主要是由国家行政机关向公民提供物质性利益和其他帮助或者服务。行政机关作为给付义务主要承担者的原因是,行政权与立法权、司法权在功能和活动方式上的区别。立法机关只是对人民的权利义务作出一般性的规定,并不直接对人民有所作为。即使需要由立法机关对给付义务的内容作出规定,立法机关也只是"间接地"承担了给付义务。而司法机关的职能只是对纠纷进行裁决,其角色更是消极的。所以说,国家向人民提供各种福利、帮助和服务的义务,主要是由行政机关承担的。行政机关为公民提供给付的这些行为,属于行政活动中"给付行政"的范畴。

(二)给付行政的含义与内容

给付行政,又可称为"服务行政"或者"福利行政",是指提供给人民物质利益、服务或者其他利益的行政作用。① 行政活动可分为干预行政、给付行政和计划行政。② 给付行政理论的鼻祖是德国公法学家福尔斯托霍夫,在他看来国家对人民负有"生存照顾的义务",国家应当提供金钱、物质或者服务以提高或者改善人民的物质或者精神生活的品质,这是国家的重要任务之所在。③ 最初的给付行政是指行政机关对公民的"生存照顾"。所谓生存照顾,"是指对

---

① 参见翁岳生编:《行政法》,中国法制出版社 2002 年版,第 29 页。

② 关于干预行政与国家义务的关系,请参看本书第四章第四节第二部分;关于计划行政与国家义务的关系,请参考本书第六章第六节第二部分。

③ 参见杨建顺:《日本行政法通论》,中国法制出版社 1998 年版,第 326 ~ 328 页。

于不得不从事现代集团生活的人，给付、提供其为维持日常生活所不可欠缺的生活物资或者生活服务的活动，如电力、煤气、自来水等供给事业以及通信、运输事业等”。[①] 可以说，最初的给付行政就是对“生存照顾义务”的承担，生存照顾义务就是一种给付义务。“生存照顾”这一产生于德国法的理念，对现代各国的公法都产生了相当的影响，甚至在美国的宪法实践中也开始认为国家对特定的公民有“照顾与保护的积极义务”（affirmative duties of care and protection）。[②] 但是，现代的给付行政的范围不限于“生存照顾”。实际上，各种通过授益性活动和直接促成社会成员利益的公行政活动都应当视为给付行政。[③] 现代的给付行政可以包括以下三个方面：（1）供给行政；（2）社会保障行政；（3）资助行政。[④] 其内容都是对人民提供各种福利和服务的活动。

应当注意的是，我们说行政机关承担给付义务的方式是给付行政活动，但是并非所有的给付行政活动都是对给付义务的承担，只有那些直接向公民提供物质性帮助或者服务的给付行政活动才属于行政机关履行给付义务的范畴，人民对于行政机关的给付行为还要有请求权。并且，给付行政也应当依据法律的规定来进行，也就是说，给付行政也要遵循法律保留的原则，要避免“恣意给付”的出现。但是，由于给付行政是向人民提供利益，所以其法律保留程度没有对干预人民权利的侵害行政的法律保留严格，因而在没有法律明确规定的情况下，国家也可以在较低程度上为人民提供给付。

二、立法机关

立法机关的主要活动方式是制定法律，所以其承担给付义务的方式也是立法。也就是说，对于基本权利实现所需的物质性条件和其他条件的范围、内容、数额、提供方式等，立法机关应当制定法律

---

① 杨建顺：《日本行政法通论》，中国法制出版社 1998 年版，第 327 页。

② Allan Ides & Chritopher N. May, *Constitutional Law: Individual Rights*, CITIC Publishing House, 2003, p. 112.

③ 参见杨建顺：《日本行政法通论》，中国法制出版社 1998 年版，第 329 页。

④ 参见杨建顺：《日本行政法通论》，中国法制出版社 1998 年版，第 329 ~ 331 页。

予以保障。我们说过,直接向公民提供物质性利益的是行政机关,那么为什么立法机关也对此负有义务呢？其原因可以概括为以下几点：

首先,是基于“法律保留原则”。虽然行政机关是承担给付义务的主要主体,但现代行政的基本原则是“法律保留”,也就是行政机关的一切活动都必须有法律的依据,[①]相应地,立法机关就必须制定法律为行政机关的行为提供依据。我们知道,法律保留原则的本意是要防止行政机关去随意地限制和剥夺公民的权利,而这里却是行政机关向公民提供某种利益,那么有什么必要用法律去限制行政机关提供利益的行为呢？这是因为,行政机关是通过积极的行为去履行其给付义务的,而有人认为,任何的积极行为都是对公民权利的威胁,“帮助”与“侵害”之间没有绝对的界限,对于一些人的帮助同时可能就是对另一些人的侵害。[②] 例如,为了满足居民的住宅需求,行政机关对某些商品房的价格作出限制,这固然是为居民提供了一项福利,同时却是对开发商经济利益的损害。在这种情况下,法律保留还是必要的。除此之外,有些人还从概括的“法治原则”出发,认为行政机关任何的行为都应受到法律的约束,无论其行为内容是有利还是不利于人民的权利。

其次,给付义务涉及财政负担与利益分配。给付义务主要是国家向个人提供物质性利益,这要求国家在财政上的支持,而按照现代的政治原理,财政权是由立法机关掌握的。[③] 所以,给付义务的承担不能没有立法机关的参与。可以说,给付义务是一种“昂贵的”义务,它要求国家耗费大量的物力、财力去为公民提供福利,而相对应的国家的消极义务则是“免费的”,它并不需要国家去花费金钱,只

---

① 应当注意的是,这里的法律保留与上一章中所说的法律保留并不完全相同。上一章中所说的法律保留,是指对基本权利的限制,只能由法律作出。所以,这种法律保留是所谓“侵害保留”;而这里所说的法律保留,是指基本权利的具体内容要由法律作出规定。也就是说,某些权利原来是不具体明确的,而现在由法律将其具体化。所以,这种保留是所谓的“形成保留”。

② 参见翁岳生编:《行政法》,中国法制出版社 2002 年版,第 30 ~ 31 页。

③ 参见肖蔚云、魏定仁、陈宝音:《宪法学概论》,北京大学出版社 2002 年版,第 244 ~ 245 页。

是要求国家不去侵犯公民的权利。[①] 可以说,消极义务只是要求国家不成为专制国家或者极权国家,而给付义务则是希望国家能让人民生活得更加幸福和满足,这体现的是人们对国家的要求“从安全到完美”的变迁。[②] 所以,积极义务是要求国家在财政上、经济上投入更多,这是有赖于立法机关参与的。此外,给付义务还涉及利益的分配和对冲突利益的调和,这属于国家的政治决策内容,而行政机关作为一个立法机关的执行机关,无能力作出这种判断。而立法机关是由人民选举的代表所组成的,他们代表着不同的利益、对不同的利益负责,所以,立法机关天然的是个利益协调和利益分配的机关。对于国家各种资源的分配这种政治性事务,立法机关是唯一有权威的机关。所以,给付义务的承担必须有立法机关的参与。

但是,值得特别注意的是,立法机关对国家给付义务的所谓分担,只是制定法律以建构基本制度,并不直接向公民提供给付,所以立法机关的这些行为未必属于严格的给付义务范畴。我们在前面说过,给付义务对应的是受益权功能,也就是说,给付义务必然与公民的请求权相伴随。[③] 而公民是否可以直接请求国家制定法律(不是一般意义上的立法建议,而是有着法律约束力的具体请求权),却是个没有绝对答案的问题。[④] 在前述的建立了“立法不作为”诉讼制度的那些国家(如德国),公民可以直接请求国家立法,所以,国家的立法义务就可以被看作国家给付义务的一部分。而在没有建立

---

① 这里是借用了国际人权法上人们对“公民的政治权利”和“社会、经济、文化权利”的形象说法,前者是“免费”的,而后者是“昂贵”的,有人觉得,国家即使不愿意承担对社会、经济、文化权利的义务,也应当会愿意批准《公民权利和政治权利国际公约》。参见[挪威]A. 艾德:《人权对社会和经济发展的要求》,载刘海年主编:《〈经济、社会和文化权利国际公约〉研究》,中国法制出版社 2000 年版,第 10 页。

② 参见[美]莱斯利·里普森:《政治学的重大问题》,刘晓等译,华夏出版社 2001 年版,第 329～330 页。

③ 德国联邦宪法法院对受益权的请求权功能和首先应当由立法机关来决定的性质做了如下的经典论证:“受益权应保留这种意义上的可能性,个人能够理性地向社会提出请求。这首先应由立法者来判断,其判断应该考虑财政经济以及其他社会利益,要根据基本法第 109 条第 2 款而考虑到整体经济平衡的需要。” BVerfGE 33 303(333).

④ 对于“立法不作为诉讼”的合理性的问题,参见本书第六章第四节第三部分“国家保护义务在国家义务体系中的地位”。

"立法不作为"诉讼制度的国家,公民不可以直接请求国家立法,国家的立法行为就只是对立法权的行使,最多也只能被看作下一章中所讨论的"国家的保护义务"。对于这一点,理论上必须明确,否则就会造成"给付义务"和"保护义务"这两种积极义务的混淆。

三、司法机关

司法权被认为是消极性的权力,但这并不是说司法机关不对公民承担积极的给付义务。实际上,司法机关最基本的职能——审判活动本身就可以被看作对公民的积极给付。这就是我们前面所说的"司法救济义务",公民在自身权利受到侵害的情况下向国家提起诉讼,就是请求国家提供及时和公正的司法程序。正是基于这种考虑,一些宪法理论才将"接受审判权"等向国家要求程序性给付的权利称为"受益权"。所以,司法机关的给付义务首先表现为"司法救济义务"。

司法机关还会承担一些与司法活动相关的物质性给付义务,如对特殊群体减免诉讼费用、为刑事被告指定律师进行法律援助、为少数民族的诉讼参加人提供翻译等。由于这些义务是与司法活动紧密相连的,所以不像其他的物质性给付义务那样是由行政机关承担,而是由司法机关承担。

此外,在法律对基本权利的保障并不充分或者完全没有保障的情况下,大部分的国家并没有像德国那样的"立法不作为"诉讼制度,公民除直接向普通法院提起诉讼外,没有其他的司法救济途径。此时,司法机关可以在一个比较低的程度上直接判令行政机关提供给付。① 例如,对于某一类公民,法律并未规定其可以接受"最低生活保障",而实际上他们已经无法保证自己的基本生活条件,在这种情况下,他们可以直接向行政机关请求给予最低生活保障,如果行政机关认为他们不属于应受保障的人群而拒绝给付时,他们可以直

---

①　参见许宗力:《基本权的功能与司法审查》,载许宗力:《宪法与法治国行政》,台北,元照出版有限公司1999年版。

接向法院起诉,法院可以直接判决行政机关按最低标准给予他们生活保障。这也应看作司法机关承担给付义务的方式。这种情况下,司法机关是“越法裁判”,是依据宪法对法律进行了漏洞补充或者法的续造,而行政机关依据法院判决提供的给付也在一定程度上违背了“法律保留”原则,但是由于是在“最低标准”“最低程度”上的给付,尚属于法律弹性所能容许的范围。而且允许司法机关在无法律明确规定的条件下直接判决给予公民一定的物质给付,体现了现代国家的“人性关怀”,也是对公民基本权利的保障体系的完善。

第六章 基本权利的客观价值秩序功能与国家的保护义务

第一节 基本权利的双重性质

基本权利的防御权功能和基本权利的受益权功能被认为是基本权利作为“主观权利”的功能，这是因为防御权功能和受益权功能都赋予个人以请求权，也就是可以要求国家作为或者不作为。但是，基本权利同时被认为是德国基本法所确立的“客观价值秩序”，公权力必须自觉遵守这一价值秩序，尽一切可能去创造和维持有利于基本权利实现的条件。在这种意义上，基本权利又是直接约束公权力的“客观规范”或者“客观法”。[①] 这就是德国法上的基本权利双重性质理论。在基本权利的双重性质理论之下，德国的宪法理论与实践构筑了一个精致严密而井然有序的基本权利保障体系，使得国家权力乃至整个社会生活都在以人格尊严为核心

---

① Rudolf Weber-Fas, Der Verfassungsstaat des Grundgesetzes: Entstehung-Prinzipien-Gestalt, Tübingen: Mohr Siebeck, 2002, S. 73. ff.

的基本权利基础上得以整合。[①] 双重性质理论构成了德国对基本权利的宪法解释的基本框架，对于我国正在建构中的基本权利理论体系有着很强的借鉴意义。在下文的分析中，我们会发现我国宪法中的基本权利条款非常契合客观价值秩序理论的解释，从中可以推导出基本权利的客观价值秩序功能。

一、基本权利双重性质理论的起源

（一）语词起源

“基本权利的双重性质”实际上起源于德文中“Recht”一词的多义性。作为名词的“Recht”在德文中有两个基本含义：一为“法”；二为“权利”，[②]为了保证法律概念的规范与严格，德国人在使用“Recht”一词时往往在其前加上“客观的”或“主观的”修饰，以明所指。“subjektives Recht”（主观权利）就是指权利，而“objektives Recht”（客观法）就是指法。由于“权利”一词的双义性是许多欧陆语言的共同现象，所以德国的做法也为其他国家所借鉴。例如，法国公法学家莱昂·狄骥在其名著《宪法学教程》的开篇就使用这种区分方法：“同一个词‘法’指代两个绝不相同但又可能互相渗透，紧密联系的概念：客观法和主观权利。”[③]他还批评某些法国学者将这两个概念蔑称为“从日耳曼进口的概念”，认为这种区分解决了法国法学家长期不能清晰划分的概念问题，认为“由此，客观法与主观

① 哈贝马斯以一个政治哲学家的视角对这一基本权利学说作了以下的概括：“它（指德国联邦宪法法院判决中隐含的基本权利学说）承认这样一个事实，即权利体系已经不再能够在一个不受拘束的、通过自主个人之决定而自发地再生自己的经济社会的合适基础上得到保障了。相反，基本权利要得到实现，必须通过一个反思地导控的、提供基础设施的、抵御风险的、同时进行调节、推动和补偿的国家的服务性成就。最重要的是，在诸子系统横向分化并且网络化的复杂社会中，基本权利所提供的保护必须不仅涉及国家的行政权力，而且也要涉及所有大型组织的社会权力。而且，这种保护不能再是仅仅消极地理解为对于干预的抵御、而也成为要求积极地授予利益的根据。这样，联邦宪法法院的判决认定基本权利具有这样的地位：一个总体法律秩序的原则，其规范内容将结构赋予整个规则体系。”参见［德］哈贝马斯：《在事实与规范之间》，童世骏译，生活·读书·新知三联书店2003年版，第305～306页。

② 参见《新德汉词典》，上海译文出版社2000年版，第932页以下。

③ ［法］莱昂·狄骥：《宪法学教程》，王文利等译，辽海出版社、春风文艺出版社1999年版，第3页。

权利成为两个适用的概念,对其的使用也被认为是完全合理的”。[①] 所以,“主观权利”与“客观法”的区分最初只具有明定概念含义的意义,只在德法等国使用,而在那些语文上可以区分“法”与“权利”的国家,并无使用“主观权利”与“客观法”这两个概念的必要。或者说,即使我们使用“主观权利”“客观法”这一组概念,其在含义上也完全等同于“权利”和“法”。[②] 正如一位美国学者所言,“德语中的 Recht 一词存在一种不可译的二重性,subjektives Recht 大致是个人权利的意思,而 objektives Recht 大致是‘客观法’。英语使用两个完全不同的词:法和权利,这两个概念可以比较准确地对应德语和其他大陆语言”。[③] 所以,“主观权利”和“客观法”的区分最初只是一种语言现象,然而“二战”后的德国宪法学却以此为基础对基本权利的性质进行了全新的诠释,既将基本权利看作“权利”,又将其作为“法”。

(二)规范起源

基本权利作为可请求的“主观权利”的规范依据,《德国基本法》第 19 条第 4 款明确规定:“任何人的权利受到公权力的侵犯,都可以向法院起诉。”由于 1949 年《德国基本法》建立了以联邦宪法法院为核心的违宪审查制度,特别是建立了可以由个人在具体案件审理过程中提请对违宪法律法规进行审查的“具体审查制度”,公民基本权利具备“主观权利”的性质在法律上已非常明确。更为重要的是,德国通过宪法修正案(德国基本法第 93 条 4a)和《联邦宪法法院法》确立了“宪法诉愿”制度,也就是个人在穷尽了一切法律途径的情况下,还可以向联邦宪法法院诉请保护基本权利,这就使得基本权利具备了彻底而完整的“主观权利”功能。

基本权利作为“客观法”在《德国基本法》上的直接依据是第 1

① [法]莱昂·狄骥:《宪法学教程》,王文利等译,辽海出版社、春风文艺出版社 1999 年版,第 3 页。

② 值得注意的是,我国一些学者将这一概念翻译为“主观权利”和“客观权利”,应该说有欠准确,参见[德]哈特穆特·毛雷尔:《行政法学总论》,高家伟译,法律出版社 2000 年版,第 152 页。

③ William Ewald, *Comparative Jurisprudence (I): What was It Like to Try a Rat?* 143U. Pa. L. Rev. n295.

条第3款,该款规定:“下列基本权利是约束立法、行政和司法的直接有效的法律。”按照这一规定,基本权利就是可以直接约束公权力运作的规则,也就是公权力主体要时刻以维护保障基本权利作为自己的基本考量。基本权利对公权力的这种约束不是合宪性层次上的,也不是个人请求排除公权力侵害层次上的,所以,基本权利在这里体现的并不是“主观权利”的性质,而是一种“客观规范”,或者“客观法”。除了这一条款以外,《德国基本法》的其他一些条款,也被看作基本权利具备“客观规范”性质的依据,主要包括:(1)第1条第1款、第2款的基本内容是,以人格尊严为核心的基本权利是人类共同的基础,国家有尊重和保障的义务,这意味,基本权利是先于国家的存在,基本权利并不是制宪权的创造物,相反,制宪权及其派生的其他国家权力都要受基本权利的约束;(2)第19条第2款规定:“在任何情况下,对基本权利的限制不得危及其本质内容”,第79条第3款规定:“对基本法的修正,不得影响……第1条至第20条所确立的基本原则。”这两款表明,即便是由社会中的多数所推动的制宪权和立法权也要受基本权利的约束,这种规定可以被解释为基本法赋予了基本权利以一种超越国家的、约束国家权力的“客观规范”的地位。

虽然基本权利作为“客观规范”的性质在基本法中有所体现,但是最终在规范层面上确立基本权利“客观法”性质的是联邦宪法法院的一系列判决。其中最重要的是1958年的吕特判决和1975年的第二次堕胎判决。

在1958年的吕特判决(Lüth-Urteil)中,德国联邦宪法法院首先说明了基本权利的“主观权利”性质:

“毫无疑问,基本权利的主要目的在于确保个人的自由免受公权力的干预。基本权利是个人对抗国家的防御权,从基本权利观念在人类精神史上的发展,以及各国将基本权利纳入宪法的历史过程中,我们可以看出这一点……这也是为什么会存在针对公权力行为的宪法诉愿制度的原因所在。”①

---

① BVerfGE 7,198(204f.).

接下来,宪法法院又说明了基本权利具备客观法的性质:

“然而,同样正确的是,基本法无意构造一个价值中立的体系。基本法的基本权利一章建立了一个客观价值秩序,这个价值秩序极大地强化了基本权利的实效性。这一价值秩序以社会团体中的人类的人性尊严和个性发展为核心,应当被看作是宪法的基本决定而对所有的法领域产生影响。立法、行政和司法都应该从这一价值秩序中获得行为准绳与驱动力。”①

在1975年的第二次堕胎判决中,联邦宪法法院重申了基本权利的此种双重性质,认为基本权利条款不仅包含个人对抗国家的主观防御权,也包含作为宪法基本决定的客观价值秩序,它是所有的法领域和所有的公权力的准则。接下来,宪法法院从国家“保护义务”的角度对这种双重性质作了说明:

“国家对于(胎儿生命权)的义务是多方面的。不言自明,这首先意味着禁止国家对生命发展有任何的直接侵害,同时也要求国家采取积极的行动去保护和促进生命发展,这意味着国家有义务去保护胎儿免受非法堕胎的威胁。”②

通过这样一系列的判决,德国联邦宪法法院最终确定:基本权利既是个人可以诉请法院对抗国家侵害的主观防御权,也是一种宪法所确定的、课以公权力“保护义务”的、一切公权力必须自觉遵守的“客观规范”。

(三)理论起源

本来纯属语言现象的“主观权利”和“客观法”的区分何以在战后德国基本法的制定和实践中被融为一体,并成为德国思考基本权利问题的基本框架呢?在这里,有必要梳理一下“基本权利的双重性质”的理论背景。

---

① BVerfGE 7,198(1958). See Donald P. Kommers, *The Constitutional Jurisprudence of the Federal Republic of Germany*, Durham and London: Duke University Press, 1997, p. 363.

② BVerfGE 39,1(1975). See Juergen Christoph Goedan, *The Influence of the West German Constitution on the Legal System of the Country*, 17 Int' L. J. Legal Info. 1989, p. 115.

在魏玛宪法时期，宪法上的基本权利条款几乎没有任何法律上的实效性，基本权利既不是个人得主张的权利，也不是能够有效约束公权力的宪法规范。德国有着强大的立法绝对主义和法律实证主义传统，这种传统决定了在魏玛宪法的时代，基本权利仅仅被看作对立法机关的“指示”或者“纲领”，而不是可以诉请法院保护的权利。当时有一种“转换理论”，认为宪法上的基本权利只有经过立法机关制定法律才能成为真正的权利。也就是说，宪法上的权利并不构成实质意义上的权利，即使立法机关侵害宪法上的权利，个人也不能直接请求司法保护。基本权利“仅仅是对立法机关的指示，而不是法院可以马上适用的规则”。① 在立法绝对主义之下，法院和法官不过是“法律的奴仆”，以保障基本权利为目标的对立法的司法审查是不可想象的。在当时的德国人看来，美国式的司法审查是一种“司法绝对主义”，由于其有违多数规则，有损国家的主权，在德国的传统之下是不可接受的。② 虽然在魏玛宪法的晚期，德国联邦最高法院进行了一些司法审查，但当时普遍认为，司法审查至多只能针对立法机关是否正确地按照法定程序制定和颁布了法律，至于这些法律的实质内容是否合乎宪法的标准——自由、平等、正义等，完全不在司法审查的范围之内。所以，尽管《魏玛宪法》规定的基本权利前所未有的广泛，但由于无法容纳对立法的实质性司法审查，个人并不能直接依据宪法上的基本权利条款而要求排除国家的侵害，所以基本权利并不是“个人得主张”意义上的主观权利。

此外，19 世纪中期以来，德国法哲学中法律实证主义居于主导地位，③这使“法律”而非自由与正义成为法学理论的核心。立法者被看作主权者，除其自我设限之外，立法者不受任何限制。宪法中

---

① Heinrich Rommen, *Natural Law in Decisions of the Federal Supreme Court and of the Consttutional Courts in Germany*, 4 Nat. L. F. 1959, p. 2.

② Peter C. Caldwell, *Popular Sovereignty and the Crisis of German Constitutional Law: The Theory & Practice of Weimar Constitutionalism*, Durham and London: Duke University Press, 1997, p. 33 – 34.

③ Peter C. Caldwell, *Popular Sovereignty and the Crisis of German Constitutional Law: The Theory & Practice of Weimar Constitutionalism*, Durham and London: Duke University Press, 1997, p. 63.

的基本权利条款同样也不能真正约束立法者,在决定应该保护哪些现存权利以及应该创设哪些新权利上,立法机关具有充分的“形成自由”。所以,宪法中的基本权利条款也不是能够约束立法机关的“客观的法”。

“二战”后,基于对纳粹残暴统治的深刻反思,德国逐步摆脱传统立法绝对主义和法律实证主义的束缚,开始从自然法的理念中寻求改革之路。战后德国法哲学经历了一场自然法的复兴,从 1946 年开始,德国的知识分子阶层展开了对自然法精神的深刻思考,而参加战后制宪会议的代表们更普遍接受了权利是一种一般的、更高的客观准则的观念。在起草基本法的讨论中,有代表声称:“我们认为权利是自然法的一部分,权利比国家更古老,也比国家更重要,它一次次地通过对抗国家而有力地维护自身。尽管愚蠢的人类曾经否定过它,但作为一种高级法,它是有效的。”[①]自然法理论对于《德国基本法》的制定有着极其深刻的影响,有学者甚至认为,秉持自然权利观念的法国宗教哲学家雅克·马里旦的思想是 1949 年《德国基本法》的决定性因素。[②] 自然法的观念也催生了德国法学对基本权利性质和地位的重新思考。

首先,由于接受了人权是超越法律体系的普遍高级法的观念,立法权不再被看作绝对的,其运作也被认为必须服从自然权利和自然法。这样,以保障基本权利为目的的对立法的司法审查在观念上才成为可能。正因如此,德国制宪会议一开始就达成下列共识:强化司法在国家政治生活中的地位,摒弃立法绝对主义,同时必须建立个人诉请联邦宪法法院排除公权力侵害的机制,强调司法权作为基本权利保障机制的地位。由此,宪法中的基本权利才有可能成为个人得诉请法院保护的“主观权利”,才有可能成为真正的权利。

其次,由于基本权利开始被看作先于国家和高于国家的存在,传统的法律与权利的关系就发生了逆转。个人的权利不再是立法

---

① Heinrich Rommen, *Natural Law in Decisions of the Federal Supreme Court and of the Consttutional Courts in Germany*, 4 Nat. L. F. 1959, p. 6.

② Edward M. Andries, *Jacques Maritain and the* 1949 *Basic Law*, 13 Emory Int'l L. Rev, 1999, p. 3.

者的创造物，相反，法律和国家权力要从保障基本权利中去获得正当性。在这种意义上，拉德布鲁赫等法学家“赋予各种基本权利以一种普遍的价值”。[①] 而且，作为普遍的客观价值，基本权利对于立法权不再是空洞的“指示”和“纲领”，而是能够实际约束立法者的客观规范。基本权利作为客观规范的实效性充分体现在德国宪法“自由民主基本秩序”的观念中，按照德国的宪法观念，以基本权利为基础的自由民主基本秩序，“透过宪法法院之运作，即有实定法之功能”。也就是说，基本权利不仅是个人的权利，还是直接约束公权力运作的“客观规范”或者“客观法”。

二、基本权利双重性质理论的基本内容

（一）基本权利作为“主观权利”的基本含义

在前文已提及，基本权利是在“个人得主张”的意义上被称作“主观权利”的。也就是个人得依据自己的意志向国家提出要求，而国家必须按此要求作为或者不作为。[②] 基本权利的此种“主观属性”包含两层含义：（1）个人得直接依据宪法中的基本权利条款要求公权力主体为或者不为一定的行为；（2）个人得请求司法机关介入以实现自己的要求。[③] 换言之，如果个人依据其基本权利向公权力主体提出一项请求，公权力主体就负有相应的作为或者不作为义务，如果公权力主体没有履行此义务，个人可以请求司法救济。我们知道，“请求”是权利之基本属性，故而，将基本权利作为“主观权利”是强调其作为权利的属性。

基本权利作为主观权利的核心功能是所谓的“防御权功能”。也就是当国家侵害基本权利时，个人得请求国家停止侵害，而且此项请求可以得到司法上的支持。在合宪性制度，特别是宪法诉愿制

---

① ［德］科殷：《法哲学》，林荣远译，华夏出版社 2002 年版，第 61 页。

② Bodo Pieroth, Bernhard Schlink, Grundrechte: Staatsrecht II, Überarbeitete Aufl. Heidelberg, 1990. S. 19.

③ See Helmut Goerlich, *Fudamental Constitutional Rights: Content, Meaning and General Doctrines*, in The Constitution of the Federal Republic of Germany, Ulrich Karpen ed., Nomos Verlagsgesellschaft, 1988, p. 49 – 50.

度建立的背景下,基本权利具备“主观防御权”功能在理论上已经不存在任何疑义。防御权功能是基本权利最原始和核心的功能,从人类历史上看,最有可能侵害个人权利的乃是掌握各种强制力量的国家公权力,因而,宪法中对于基本权利的规定,首要目的就是防止公民的生命、自由与财产受到公权力的侵犯,维护个人免受国家恣意干涉的空间。确保这一目的实现的最有力手段就是由个人提起宪法诉讼以排除国家的侵害。故而,基本权利作为主观权利的基本功能就是“防御权功能”。① 相对于基本权利的防御权功能,国家的义务是“不作为义务”或者“消极义务”,也就是基本权利不被侵害的行为。

除“防御权功能”外,基本权利在一定条件下还具有直接请求国家积极“作为”以使个人享有某种利益的“受益权功能”。这一问题在学理上存在相当大的争议。一般认为,由于宪法中基本权利的规定过于抽象,对于国家给付的种类、范围、条件等没有明确的规定,因而个人不能直接依据基本权利的规定请求国家提供一定的给付。只有在立法机关通过立法明确了国家给付的具体内容后,个人依据法律之规定才可以请求国家积极“作为”。所以,宪法中的基本权利条款一般并不直接导出个人请求国家积极作为的主观权利。然而,德国联邦宪法法院在一些判决中却认为,如果国家的某项积极措施对于基本权利的实现是不可或缺的,那么个人就可以直接依据宪法而要求国家提供给付。这在一定程度上肯定了基本权利具有请求国家积极作为的“主观受益权功能”。② 但是一般而言,基本权利作为主观权利主要是就“防御权功能”而言的,狭义上的主观权利就是“主观防御权”。

(二)基本权利作为“客观法”的基本含义

基本权利作为“客观法”的基本含义是:基本权利除是个人的权利之外,还是基本法所确立的“价值秩序”(Wertordnung),这一

---

① Rudolf Weber-Fas, Der Verfassungsstaat des Grundgesetzes: Entstehung-Prinzipien-Gestalt, Tübingen: Mohr Siebeck, 2002, S. 73.

② 基本权利是否具备主观请求权意义上的“受益权功能”,与基本权利作为客观价值秩序的“再主观化”问题密切相关,在下文中我们还将进行讨论。

秩序构成立法机关建构国家各种制度的原则,也构成行政权和司法权在执行和解释法律时的上位指导原则。[①] 由于基本权利的这一性质只涉及基本权利对国家机关的规制和约束,一般不赋予个人以主观请求权,所以基本权利在这里只是“客观的法”或者“客观规范”。如果说“主观权利”是强调基本权利作为“个人权利”的性质,则“客观法”强调的是基本权利本身就是约束国家公权力的“法律”。

基本权利作为客观法的理论是由德国联邦宪法法院在一系列判决中建立的,不同判决在概念使用上并不统一。德国联邦宪法法院会使用“客观价值秩序”(objective Wertordung)、“基本权利的客观法面向”(objektive-rechtliche Grundrechtsgehalte)、“基本权利作为客观规范”(Grundrecht als objektive Normen)、“客观法的价值决定”(objektivrechtliche Wertenscheidung)、宪法的“基本决定”(verfassungsrechtliche Grundentscheidung),乃至“方针”(Richtlinien)、“推动”(Impulse)、“基本原则”(Grundprinzipien)等术语来指称同一内容,[②]但其基本原理是大体一致的,试阐述如下:

首先,基本权利不仅是个人权利,也是整个社会共同体的价值基础。《德国基本法》第1条第2项规定:“德国人民确认不容侵犯和不可转让的人权是所有人类共同体、世界和平与正义的基础”,这可以看作德国人民作为制宪者的价值决定的表达。这种表达无意于在意识形态上保持中立,而是将人权作为超越一切法秩序的“客观价值”以及联邦德国国家共同体的“基本秩序”。作为整个社会共同体的基本秩序,基本权利的影响力就超越了“个人—国家”关系的层面,而能够笼罩社会生活的一切侧面,对法的一切领域(无论公法还是私法)都产生扩散的效力,整个社会生活都应该在基本权利这一价值基础上进行整合。

其次,基本权利构成国家机关一切行为的准则。基本权利对于

① Volker Epping, Grundrechte, Berlin u. a: Springer, 2005. S. 121. f.

② 参见张嘉尹:《论“价值秩序”作为宪法学的基本概念》,载《台大法学论丛》2001年第30卷第5期。

社会生活的影响需要通过国家权力的运作去实现。作为超越一切实定法,甚至超越制宪权的客观价值,基本权利对立法权、行政权和司法权都有直接的效力。一切公权力都要受此“客观价值”的约束,时刻以基本权利作为其考量因素,运用一切可能的手段去促进和保障基本权利的实现。正如有学者概括的那样,“基本权利作为客观价值的功能构成了国家一切行为的基础,没有什么政治问题不是在基本权利思维之下展开讨论的”。① 从某种意义上讲,国家的一切行为都是以基本权利为归依的。

最后,国家应当为基本权利的实现提供实质性的前提条件。客观价值秩序理论认为,仅仅靠排除国家干预并不能保证基本权利的真正实现,基本权利的实现需要一些实质性的前提条件,而这些前提条件有待国家去提供。德国联邦宪法法院在第三次电视判决中对《德国基本法》第5条规定的广播自由有这样一段论述:“(广播自由的主观防御权功能)并不足以保障广播自由,这是因为,不受国家干预本身并不能使得各种意见充分而广泛地表达出来,防御权功能不足以实现广播自由这一目标。相反地,这一目标的实现要求建立一个体系,使得人类观念的多样性能够通过广播而获得尽可能完整和广阔的表达与传递,这样,公众就自然可以获得全面的信息。为了达到这一目标,立法机关就必须立法,确立一些实质性的、组织上的、程序上的条款以保证广播自由真正实现。”②基本权利的实现当然首先要求国家不要干预,但是基本权利要想真正落实,却往往需要国家提供各种物质和制度条件。国家对于基本权利不仅负有不侵犯的消极义务,还负有帮助和促进的积极义务,这种义务在德国法上被称为国家的“保护义务”(Schutzpflicht)。国家保护义务的范围是非常广泛的,“保护义务之表现形态,乃联邦及各邦之立法者负有制定规范之任务,行政权负有执行保护性法律(包括行使裁量

---

① Juergen Christoph Goedan, *The Influence of the West German Constitution on the Legal System of the Country*, 17 Int' L. J. Legal Info. 1989, p. 121.

② BVerfGE57, 295 (1981). See Donald P. Kommers, *The Constitutional Jurisprudence of the Federal Republic of Germany*, Durham and London: Duke University Press, 1997, p. 409.

权）之义务，宪法法院以保护义务为标准，审查立法者及行政权之相关作为及不作为，普通法院以保护义务为标准，审理民事案件，并作成裁判”。[①] 国家的保护义务主要是立法机关的义务，也就是说，基本权利实现的各种前提性条件，主要是由立法机关通过制定法律而使之完备。但是，保护义务不以此为足，其他国家公权力机关在立法机关未能提供充足条件的情况下，也有义务促进和帮助基本权利的落实。

还需要注意的一点是，基本权利不仅是作为一个整体而构成“客观价值秩序”，同时，每项基本权利都可被看作一项“客观价值”。[②] 例如，言论自由首先是一项对抗国家的“主观防御权”，但同时是一项约束公权力的客观价值秩序。相应地，国家在不为侵害言论自由的行为之外，还应当为言论自由的实现创造条件，这意味着国家应当制定法律去保证弱势群体的言论不被主流利益集团所压抑，等等。

第二节　基本权利的客观价值秩序功能的内容

客观价值秩序理论赋予基本权利以开放性的特质，基本权利含义不再限于“排除国家干预”，在“客观价值秩序”这一抽象可能性之下，一切有助于基本权利实现的具体行为和具体制度都可能被解释为基本权利的内涵而被正当化。在德国战后的宪法实践中，被宪法解释确定下来的基本权利的“客观功能”主要包括以下几个方面：

一、制度性保障

任何权利的实现都有赖于一定的制度。这些制度可能在国家

---

① ［德］克里斯提安·史塔克：《基本权利之保护义务》，李建良译，载《政大法学评论》第58期。

② See Donald P. Kommers, *German Constitutionalism: A Prolegomenon*, 40 Emory L. J. 11(1991)；张嘉尹：《论“价值秩序”作为宪法学的基本概念》，载《台大法学论丛》2001年第30卷第5期。

成立之前就已经存在,因而被制宪者在宪法中规定下来。对于基本权利的这一制度层面,立法机关不仅不可以否定和废弃,还必须积极地建构和维护。换言之,立法机关必须通过制定法律来建构制度,以进一步明确宪法中基本权利的具体内涵,保障基本权利的实现。基本权利所具备的这种积极要求立法者建立和维护制度,以促进基本权利实现的功能,就是所谓制度性保障(Institutionelle Garantien)功能,国家对此负有制度性保障的义务。[①]

为了基本权利的具体落实,立法机关须建构和维护的制度包括财产权制度、婚姻制度、劳动保障制度、新闻传媒制度、大学制度等。这些制度往往跨越公法和私法两个领域,构成基本权利最终落实的前提性因素。例如,财产权的实现必然依赖一国法律体系中良好的民法物权制度和行政征收征用制度,如果没有了这些"制度性保障",单纯的宪法财产权规定几乎毫无意义。[②] 相应地,国家对宪法中的财产权的义务就不单单是消极的"不侵犯义务"(针对财产权的主观防御权功能),还包括立法机关通过立法建立民法物权制度、行政征收征用制度等的积极义务。

制度性保障的概念最早是由德国著名公法学家卡尔·施密特提出的。[③] 他在《宪法学说》一书中指出:"透过宪法法规、可以为某些特定的制度提供一种特殊保护。因此,宪法的目标就是防止用普通立法来实施一项废止行为。"[④]被施密特指为制度性保障的实例有:《魏玛宪法》第105条关于禁止设置例外法院的规定;第119条关于婚姻是家庭生活的基础的规定;第139条关于星期日为休息日的规定;第103条关于职业公务员队伍保障机制的规定;第142条

---

① Michael Sachs, *Verfassungsrecht* Ⅱ *Grundrechte*, Berlin u. a. Springer, 2000. S. 49. ff.

② Laura S., *Underkuffler-Freund*, *Property*: *A Special Right*, 71 Notre Dame L. Rev, 1996, p. 1038.

③ 卡尔·施密特是魏玛宪法最重要的解释者,是那个时代最具影响力的宪法学家。关于施密特与魏玛宪法,可参见 Ellen Kennedy, *Constitutional Failure*: *Carl Schmitt in Weimar*, Durham and London: Duke University Press, 2004。

④ [德]卡尔·施密特:《宪法学说》,刘锋译,世纪出版集团、上海人民出版社 2005 年版,第182页。

对科学研究自由的宪法律保障的规定;等等。①

但是,施密特最初提出“制度性保障”的概念,是为了将“制度”和“基本权利”区分开。这是因为,在魏玛宪法之前的时代,一般认为基本权利对立法者并没有约束力,立法者可以通过立法架空基本权利。当时对于基本权利的论证,无非两种思路:一种是将基本权利看作纯粹的纲领,并不具备在实证法上的约束力。而另一种思路虽然认为基本权利具有拘束力,但将基本权利置于法律保留之下,认为基本权利只有经过法律的实证化后才具有真正的约束力。这样,基本权利的保障就完全依赖于立法机关,这种思路在当时立法绝对主义的背景下是完全合乎逻辑的,但无疑会造成基本权利流于空洞和丧失意义。对于这种基本权利的困境,卡尔·施密特就提出了制度性保障这一概念。他认为“应当将制度保障与基本权利区别开来”,“(制度性)保障的结构无论在逻辑上还是在法律上都完全不同于基本权利的结构……它仅仅存在于国家之内,并非建基于原则上不受限制的自由领域的观念之上,而是涉及一种受到法律承认的制度”。② 卡尔·施密特刻意区分制度性保障与基本权利,可以避免某些制度被当作权利而被立法者架空。

而现代的“制度性保障”则是在基本权利具备很强实效性的前提下,进一步加强基本权利的效力的一种理论,这与施密特最早提出制度性保障的目的已完全不同。在现代的宪法理论下,宪法中的基本权利规范已经对公权力有了绝对的约束力,这特别表现在立法的合宪性制度的普遍建立上。基本权利不再是纲领性的条款,也不再必须通过立法机关具体化才能发生效力。所以,在现代宪法下讲制度性保障,更多的是在将基本权利作为个人权利保障之外,再将其作为制度而加以保障,最终的目的还是强化基本权利的实效性。而且,施密特所称的制度,乃是历史上业已形成的制度,所谓制度性保障是对现状的保障。而现代宪法上所讲的制度性保障,在“保障

---

① 参见[德]卡尔·施密特:《宪法学说》,刘锋译,世纪出版集团、上海人民出版社2005年版,第183~184页。

② [德]卡尔·施密特:《宪法学说》,刘锋译,世纪出版集团、上海人民出版社2005年版,第182页。

已有制度”的含义之外,更多强调的是立法机关有积极的义务去制定和形成制度,所以,其含义也较施密特所说的制度性保障要积极得多。

二、组织与程序保障

与制度性保障有密切关系的基本权利的另一项客观功能是“组织与程序保障”。基本权利只有在一定的组织和程序的背景之下才能得到充分的实现,从而,基本权利作为客观价值秩序就要求国家提供这种组织和程序上(Organisation und Verfahren)的保障。[①] 举例来说,学术科研自由往往要依托大学这个组织,而这个组织的各种事务(例如,课程设置、授课教材、学位授予)如果都是由少数行政官员组成的管理层来决定,那么教师们的学术自由也就无法实现了。在这种情况下,特定的“组织”对于权利的实现就显得很重要,比如,建立“教授委员会”“学术委员会”等组织来决定学校的一些事务而排斥纯粹行政人员的干预,由全体教师以民主方式决定重大事务。国家在建立大学制度时应该就这些“组织”作出相应的设计,以保证学术自由能够真正实现。德国联邦宪法法院在 1973 年的“大学判决”中指出了“组织”对于基本权利实现的功能。在该案判决中,联邦宪法法院认为从基本权利(这里指学术自由)作为客观价值秩序可以衍生出国家采取“组织性措施”的义务。只有这样,学术自由才能真正实现,学术自由的效力因此得到增强。[②] 类似的还有工会组织的问题,如果没有工会组织与雇主进行的团体交涉,工人的各种合法权利,例如,工资、安全保障、休息,往往难以实现。所以,国家在建立制度时,就应该规定工会如何组建,如何避免被雇主操纵等,以此给予工人权利以“组织上”的保障。

程序的保障也同样重要,权利的实现需要程序保障。这种程序

---

① See Sabine Michalowski, *German Constitutional Law*: *The Protection of Civil Liberties*, Ashgate Publishing Ltd. & Darmouth Publishing Ltd. (1999), p. 77; Michael Sachs, *Verfassungsrecht* Ⅱ *Grundrechte*, Berlin u. a. Springer, 2000. S. 53. ff.

② BVerfGE 35, 79(116).

保障在最狭窄的意义上就是司法程序的保障，[①]立法机关仅仅把权利的具体内涵规定下来是不够的，立法机关有义务去规定这些权利受到侵害时如何寻求司法救济。除了这种最核心意义上的程序保障外，其他的各种程序，例如，行政许可程序、各种听证程序和回避程序，对于公民基本权利的实现都有重要的意义，甚至是实现基本权利的工具。所以，国家在制定法律建立相关制度时，应该提供有助于基本权行使的程序，这是基本权利作为客观价值秩序而课以国家的“客观法上的义务”。

基本权利的程序保障功能是深受美国宪法“正当程序”(due process)的影响而发展出来的基本权利的新的权能。大陆法系一向有重实体而轻程序的特点，在基本权利的问题上，所关注的主要是“某权利的保障范围为何”“何种基本权利的限制是被允许的”之类的问题，并不太关注基本权利与程序之间的关联性。换言之，传统大陆法的思维所重视的是基本权利保障的“结果”，而非“过程”。但英美法国家则格外重视基本权利与正当程序之间的关系。不仅关注“什么情况下可以限制基本权利”，更关注“此种限制应按照什么样的程序进行才是公平的”，以及“什么样的程序能够使得基本权利更好实现”。缺乏正当的程序被看作对基本权利的重大威胁，基本权利的保障与程序的正当性之间有着密切的关联。英美法的“正当程序”理论在“二战”后对德国等大陆法国家的基本权利理论也产生了影响，从而产生了在对基本权利的实体性保障之外另外建立程序性保障的主张。这种主张可以包含以下内涵：(1)立法机关规定的限制基本权利的实体性条件越模糊，则越应该在程序上作出严格的规定，通过程序使得这些模糊的限制性条件进一步具体化。在干预行政中，如果限制基本权利的实体规定不够具体，则可以规定一个听证程序，在作出行政措施之前，给当事人以陈述、申辩的机会，使行政机关也有机会进一步斟酌是否应当限制基本权利。这是一种“以程序补实体”的思路。(2)避免程序本身成为损害基本权

---

① Robert Alexy, *A Theory of Constitutional Rights*, trans. by Julian Rivers, Oxford University Press, 2002, p. 326.

利的因素。在大陆法的传统思维下,只要实体上正当,程序如何似乎并不那么重要。但实际上,程序本身就足以成为损害基本权利的因素。例如,某个社团登记的具体规定,可能并未对结社权作出实体上的不当限制,但规定了极为烦冗的程序,令人望而却步,那么这种程序本身实际上就妨碍了基本权利的实现。这就要求立法机关在制定相关法律时,不仅在实体上不能侵害基本权利,还要建立公开、公平、高效的程序以促进基本权利的实现。

需要注意的是,组织与程序保障与制度性保障在相当大的程度上是重合的。完全清晰地辨析二者是不可能的。在某种意义上,组织与程序保障也属于制度性保障的内容,只不过更为具体而已。

【案例与事例分析】沃尔玛拒建工会案

案情:世界零售业巨头沃尔玛1996年进入中国,在深圳开设了第一家购物广场和山姆会员店,其超过99.9%的员工都是中国员工。该集团目前在国内17个城市开办35家商场,约有1.9万名中国员工,没有一家商场建立工会组织。沃尔玛总部设在深圳,深圳市总工会主席上门做工作,第一次会见时谈建会问题被婉拒,第二次干脆拒绝接见,理由是“沃尔玛在全球都没有组建工会的惯例”。2002年以来,为了在沃尔玛组建工会,各地的工会组织与沃尔玛开始了“拉锯战”。工会工作人员试图说服沃尔玛,并向沃尔玛解释中国《工会法》规定企业应成立工会。多年来沃尔玛的答复总是很明确:不会组建工会。沃尔玛终于被中华全国总工会圈定为“重点攻坚对象”,成了名副其实的“钉子户”。

沃尔玛和其他一些跨国公司拒建工会,甚至不惜成为“钉子户”,自然有其内在原因。他们不愿组建工会,除了担心工会与公司对立以外,一个主要的考虑就是节约成本。《工会法》规定,企业按照职工工资总额的2%缴纳工会经费,其中60%以福利形式发还职工,另外40%上交上级工会。这意味着即使只有很少员工加入工会,企业仍然要按全部员工工资的2%缴纳经费。但是,跨国公司拒建工会的外部原因,则与一些地方政府的态度有关。很多地方政府认为,如果要求外企组建工会,可能会吓跑投资者,影响当地的投资“软环境”和招商竞争力。一些地方政府片面强调GDP增长,重资本、轻劳动，忽视对职工权益的维护和保障。如有些地方的“土政策”规定，外商投资企业“可以暂缓组建工会”“五年内可不参加社会保险”。以及执法检查要经过某些机构甚至政府分管领导批准，给企业挂免检“绿牌”和为劳动保障方面的违法行为“开绿灯”，等等。这些过度的亲商政策，明显违反《工会法》。

实际上，一些地方以漠视劳工权益为代价的过度亲商政策已经造成了严重后果，其表现是工伤事故居高不下，劳动者收入长期偏低，无任何劳动保障，甚至连人身自由也受到了限制。工人尽管人数众多，但由于没有工会，缺乏组织，因而无法与厂方进行平等的讨价还价。他们只能选择成本很高的维权方式。于是，从2003年开始，全国不少地方出现了民工荒，农民工通过极端方式索要拖欠工资的事件也时有发生。这不仅妨碍企业的发展，也必定影响社会的稳定。有关部门有一个统计分析：发生职工群体性事件的企业，有90%以上是没有工会组织的。但是，在那些实行过度亲商政策的地方，政府的态度如果不转变，那么拒建工会的“钉子户”，可能还是束手无策。

（资料来源：《市场报》2004年11月16日，第1版）

分析：在劳动者劳动权的实现中，工会是不可或缺的组织因素。按照基本权利的组织性保障功能，国家应当通过立法建立工会组织，以保障劳动者劳动权利的实现。在本案中，尽管已经有一部《工会法》，但该法在为劳动权提供的组织保障上显然不足。这突出表现在，工会法规定的工会组织的建立和运行，过多依赖企业的自觉，在经费、人员、活动场所等方面，工会完全受制于企业，劳动者实际上无法依据《工会法》自行建立能够有效运行的工会组织。由于立法没有对工会组织予以有力保障，所以尽管全国总工会方面多次交涉，依然无法为劳动者真正实现基本权利的劳动结社权利。而一些地方政府的“土政策”更是完全无视基本权利对公权力的直接约束力，没有以基本权利的实现作为其行为的归依，没有自觉地将基本权利作为公权力行为的最终目的。所以，在本案中，与其谴责沃尔玛等外企，不如反思在公权力运作中受基本权利这一“客观价值秩序”约束的自觉性存在的不足。从基本权利功能的角度考虑，国家在此问题上的“组织保障义务”待加强。

三、保护义务

在保护义务这一概念的使用上,有广义和狭义两个层次,广义的保护义务是指基本权利的“客观价值秩序功能”所针对的国家的所有义务,包括制度性保障义务、组织与程序保障义务,以及其他各种排除妨碍的义务。[①] 而狭义的保护义务则仅指国家保护公民免受来自第三方的侵害的义务。[②] 狭义的保护义务与制度性保障义务、组织和程序保障义务既有联系也有区别,国家承担狭义保护义务的方式也主要是立法,但并不是在制度、组织、程序上提供权利实现的条件,而是直接保护公民免于第三方的侵害。所以,在某些情况下,行政机关和司法机关也被认为应当承担对基本权利的保护义务。在理论上已经明确的几种狭义保护义务包括:

(一)刑法上的保护

公民的许多项权利都会受到来自国家以外主体的侵害,例如,人身自由、住宅自由、人格权、财产权,国家通过制定刑事法律,规定对这些权利的一些侵害是犯罪行为,以此保护公民免受不法的干预。[③] 例如,刑法对杀人罪、非法拘禁罪、侮辱罪、诽谤罪、盗窃罪、抢劫罪等的规定,就是在履行国家保护生命权、人身自由、人格尊严、财产权等权利的义务。

【案例与事例分析】刑法修正案对“强迫职工劳动罪”的修订

我国 1997 年通过的《刑法》第 244 条规定:“用人单位违反劳动管理法规,以限制人身自由方法强迫职工劳动,情节严重的,对直接责任人员,处三年以下有期徒刑或者拘役,并处或者单处罚金。”然而,社会中存在非法雇用童工劳动的现象,按照罪刑法定的原则,《刑法》第 244 条对这种现象无法适用。为了保护儿童利益,全国人

---

① [德]克里斯提安·史塔克:《基本权利之保护义务》,李建良译,载《政大法学评论》1997 年第 58 期。

② Volker Epping, Grundrechte, Berlin u. a: Springer, 2005. S. 43 ff.

③ 参见[德]彼得·巴杜拉:《国家保障人权之义务与法治国家宪法之发展》,载陈新民:《宪法基本权利之基本理论》(上),台北,元照出版有限公司 1999 年版,第 3 页。

大常委会2002年12月通过刑法修正案将第244条增加1款，规定："违反劳动管理法规，雇用未满十六周岁的未成年人从事超强度体力劳动的，或者从事高空、井下作业的，或者在爆炸性、易燃性、放射性、毒害性等危险环境下从事劳动，情节严重的，对直接责任人员，处三年以下有期徒刑或者拘役，并处罚金；情节特别严重的，处三年以上七年以下有期徒刑，并处罚金。"这一修正，可以看作对《宪法》第49条第1款"婚姻、家庭、母亲和儿童受国家的保护"所赋予国家保护儿童义务的履行。

（二）警察法上的保护

警察法上的保护是指基本权利受到侵扰时，受害的个人可以请求警察的介入。本来警察只有在有法律依据的情况下才可以采取防范危险的措施，这是因为警察的行为具有强制力，向一方提供保护，往往侵害另一方的权利，所以一般情况下警察的活动要严格遵循"法律保留"或者"依法行政"原则。然而，如果侵害非常严重，而介入又极为紧迫时，警察就必须采取防范危险的措施，这时可以突破"法律保留"原则，而直接从作为"客观价值秩序"的基本权利那里寻找行为依据。①

（三）保护公民免受外国的侵害

在公民的财产、生命、健康等受到外国的侵害时，如果公民无法通过国际法或者外国法得到救济，国家就负有保护的义务。② 这也是从"客观价值秩序"中导出的义务。保护公民免受外国侵害的义务与上一项"警察法上的保护义务"都体现了国家保护义务在国家义务体系中的补充性，也就是当公民权利无其他实现可能时，由国家提供帮助。

（四）基本权利的第三人效力（扩散作用）

基本权利的第三人效力，是指当平等主体之间发生基本权利侵害时，宪法上的基本权利条款被适用于私法关系，对私法关系发生

---

① 李惠宗：《宪法要义》，台北，元照出版有限公司2002年版，第94页。

② ［德］克里斯提安·史塔克：《基本权利之保护义务》，李建良译，载《政大法学评论》1997年第58期。

效力。[①] 由于基本权利被适用到了“个人—国家”关系之外的领域，所以第三人效力也被称为基本权利的“扩散作用”或者“放射作用”(Ausstrahlungswirkung)。基本权利第三人效力理论来自 1958 年吕特判决，该案件本来是一个民法案件，德国联邦宪法法院就是通过说明作为客观价值秩序的基本权利对民法具有放射作用而使得宪法在民法领域发生了效力。在该判决中，宪法法院认为“作为客观规范的基本权利在私法中也具有法效力。这种放射性效力作用于私法的解释和适用，法官必须在个案中审查可能被适用的民法的实体性规定，是否受到宪法上基本权利的影响。如果是的话，法官就必须以基本权利的精神去解释和适用这些民法规定”。[②]

德国的理论与实践中关于“第三人效力”的通说是“间接效力说”(Unmittelbare Drittwirkung)，也就是法官在审理民事案件时，通过对民法概括条款的解释将基本权利这一客观价值秩序注入私法体系，使基本权利间接地对私人关系发生效力。[③] 如果按照这种“间接效力说”，基本权利的第三人效力不过是国家保护义务的一种适用情形。[④]

我们可以这样理解：法官作为一个受“客观价值秩序”直接约束的公权力主体，有义务将民法规范作合乎宪法基本决定的解释，有义务在衡量私人关系间基本权利冲突的基础上，保障基本权利免受侵害。所以，虽然基本权利的第三人效力是在私法关系中发生的效

---

① See Stephen Gardbaum, *The "Horizontal Effect" of Consitutional Rights*, 102 Mich. L. Rev. 403 (2003).

② BVerfGE 7, 198 (1958). 该案的案情大致如下：吕特是汉堡新闻协会主席，因为哈朗曾经为纳粹拍摄反犹太电影，他号召制片商、版权公司和公众联合抵制哈朗导演的影片《不朽的爱人》。该电影的制片商和发行公司起诉吕特，法院认为吕特的行为属于《德国民法典》第 826 条规定的违背善良风俗的民事侵权行为。吕特上诉，并提起宪法诉愿，并最终获得救济。

③ See Kenneth M. Lewan, *The Significance of Constitutional Rights for Private Law: Theory and Practice in West Germany*, 17 ICLQ 599 (1968). Volker Epping, Grundrechte, Berlin u. a: Springer, 2005. S 120 ff.

④ 参见[德]克里斯提安 · 史塔克：《基本权利之保护义务》，李建良译，载《政大法学评论》1997 年第 58 期。

力，但依然还是对公权力主体的约束。[①] 换言之，宪法对作为公权力主体的法官有约束力，所以，法官有义务在审判活动中将基本权利的精神贯彻于法的各个领域。

还需要注意的是，由法官承担此种“保护义务”是一种极为例外的情形。在更多的情况下，基本权利的第三人效力或者说基本权利对私法的影响意味着立法机关要通过制定民法规范（特别是侵权法）去调整在私法领域中发生的基本权利冲突。以民法中的善意取得制度为例。从基本权利的宪法解释的角度来看，善意取得制度不过是物权人和善意取得人之间财产权的冲突。在这种情况下，国家通过制定民法而确定哪些情况下适用善意取得，哪些情况下不适用善意取得，国家立法的行为就是对宪法财产权在私法领域中的衡量和保障，在这种意义上讲，这是国家保护义务的履行。只有当民法规则不足以适用时，才可以由司法机关继续履行国家的保护义务，也就是通过解释民法基本原则而调整基本权利的冲突。

第三节　我国宪法规定所体现的客观价值秩序功能

我们探讨基本权利的客观价值秩序理论，并非只是为了增进宪法学知识的积累而进行简单介绍。任何对其他国家理论的关注都是基于对本国问题的关切，正是因为这一理论对中国当代的基本权利实践有借鉴意义，我们才会对这一理论作精细的分析。实际上，如果对我国宪法中的基本权利条款和其他与基本权利相关的规定进行分析，似乎完全可以阐释出“基本权利的客观秩序功能”，这并非说我国现行宪法的起草者对这一理论有意直接照搬或者暗度陈仓，这种暗合实际上是宪法自身发展逻辑的自然结果。宪法作为人类社会发展的必然现象，有着自身的基本发展规律，其中之一就是

---

① 在这种意义上，一些学者将“第三人效力”称为“宪法私法化”是不能成立的。参见蔡定剑：《中国宪法实施的私法化之路》，载《中国社会科学》2004 年第 2 期。

对人民的权利保障逐步加强的趋势。[1] 从防御权功能保障人民免于国家干预,到受益权功能要求国家帮助,再到客观价值秩序功能要求国家尽一切可能去实现基本权利,这种变迁所体现的逐步加强公民权利保障的趋势是共同的。美国宪法理论中没有“客观价值秩序”一说,但有着与德国相似的处理问题的方式(例如,本书第二章第三节中提到的美国“国家行为”理论与德国“第三人效力理论”的相关性)。在这种总体趋势下,任何国家的宪法都概莫能外。而且,德国宪法理论中这种国家对基本权利提供积极保障的观念,在相当的程度上就是因为受到了社会主义宪法的影响。[2] 我国宪法的一些规定体现了“客观价值秩序功能”也不足为奇。

一、我国宪法规定所体现的制度性保障以及组织与程序保障功能

应该说我国宪法上基本权利条款所体现的“制度性保障”和“组织与程序保障功能”是相当明显的,很多条款赋予国家建立相关制度、组织社会资源、提供程序保障的责任。例如,第 43 条第 2 款规定:(国家)“……规定职工的工作时间和休假制度”;第 44 条第 1 句规定:“国家依照法律规定实行企业事业组织的职工和国家机关工作人员的退休制度”;第 45 条第 1 款第 2 句规定:“国家发展为公民享受这些权利(指物质帮助权——作者注)所需要的社会保险、社会救济和医疗卫生事业。”除了这些直接规定的“组织与程序保障”外,还有一些条款是隐含基本权利的组织与程序保障的功能的。例如,第 42 条第 2 款规定:“国家通过各种途径,创造劳动就业条件,加强劳动保护,改善劳动条件,并在发展生产的基础上,提高劳动报酬和福利待遇。”这意味着国家应当建立各种促进劳动就业和保护

---

① 参见肖蔚云、魏定仁、陈宝音:《宪法学概论》,北京大学出版社 2002 年版,第 63 页。

② 实际上,西方宪法中国家角色由纯粹消极向积极转向就是深受社会主义宪法影响的,1917 年的苏俄革命对西方社会有着巨大震动,1919 年《魏玛宪法》在相当程度上是受 1818 年《苏俄宪法》影响的结果。参见[日]杉原泰雄:《宪法的历史——比较宪法学新论》,社会科学文献出版社 2000 年版,第 101 ~ 104、114 页。

劳动者的制度,例如,安全生产制度、最低工资制度、失业救济制度以及促进就业的制度。又如,第41条规定了公民的申诉、控告、检举权,这意味着国家必须设立诉讼程序和其他的司法制度以及行政复议程序等行政救济制度,而第41条第3款规定:“由于国家机关和国家工作人员侵犯公民权利而受到损失的人,有依照法律规定取得赔偿的权利”,这意味着国家必须建立国家赔偿制度。还有,第34条规定了公民的选举权和被选举权,这意味着国家要建立一系列关于选举的制度,设置各种相关程序,包括选民登记程序、选民名单公布制度和争议解决制度、候选人推荐和介绍制度、投票程序、当选程序、再选程序等。

基本上,一切基本权利的实现,都必须由国家建立各种制度作为公民实现权利的前提条件,几乎没有什么权利是不需要一定的制度就能实现的。宪法中基本权利条款的规定实际上都体现了“制度性保障”和“组织与程序保障功能”,国家应当为这些权利的实现设立各种制度和程序。

二、我国宪法规定所体现的保护义务功能

基本权利的保护功能就是要求国家运用各种方法消除公民基本权利实现上可能遇到的阻碍,保障每个人都能享有不低于他人的基本地位。这一项功能包含的范围是很广的,对于不同基本权利,国家进行保护的方式方法都是不同的。所以,这项功能往往就直接表现为规定“国家保护……”我国《宪法》也体现了基本权利的这种保护功能,例如,第36条第3款第1句规定:“国家保护正常的宗教活动”;第46条第2款规定:“国家培养青年、少年、儿童在品德、智力、体质等方面全面发展”;第48条第2款规定:“国家保护妇女的权利和利益,实行男女同工同酬,培养和选拔妇女干部”;第49条第1款规定:“婚姻、家庭、母亲和儿童受国家的保护”;第50条规定:“中华人民共和国保护华侨的正当的权利和利益,保护归侨和侨眷的合法的权利和利益。”这些规定都是从宏观上要求国家对公民基本权利负起积极的责任,使得公民的基本权利能真正实现,保证处于社会弱势的群体能够保证享有与强者相当的基本地位。

三、我国宪法规定所体现的扩散作用

扩散作用就是把基本权利的义务主体模糊化,而只考虑其落实的问题。也就是说,基本权利除了适用于个人与国家间的公法关系外,还可能适用于私人间私法关系,当然这种适用是要非常谨慎和小心的。我国宪法中也体现了这种"扩散作用",例如,《宪法》第 36 条第 2 款规定:"任何国家机关、社会团体和个人不得强制公民信仰宗教或者不信仰宗教,不得歧视信仰宗教的公民和不信仰宗教的公民",这一条在限制国家的同时也限制了社会团体和个人,体现了宗教信仰自由的"扩散作用"。此外,还有第 40 条也直接规定:"……任何组织或者个人不得以任何理由侵犯公民的通信自由和通信秘密",也是直接把基本权利的效力扩及个人。也就是说,如果个人侵犯了他人的基本权利,国家有义务介入其中,调解公民间的权利冲突,尽可能保障双方权利。按照这种规则逻辑,其他关于人身自由、住宅自由、人格尊严等的规定也可能具有"扩散作用"。(当然,将宪法规定适用于私人关系有着严格条件和非常大的风险,操作不当,会对公民权利造成更大的损害。对于"扩散作用"这项功能如何实现,在下面讨论国家的"保护义务"时会详细论及)

从以上三个方面的分析,我们可以看出,我国宪法关于基本权利的规定,完全可以包含基本权利的"客观价值秩序功能"的三个方面内容。而这些规定在性质上也符合客观价值秩序功能的法律特征:首先,这些规定包含了国家对人民的基本权利进行保护的各种可能性,这与客观价值秩序范围广泛的特征是相符的;其次,这些规定只是对国家行为的要求,并不直接赋予人民相应的请求权,这一点才是这些规定具有"客观价值秩序功能"的根本所在。例如,按照《宪法》第 42 条的规定,国家被要求建立安全生产制度和劳动保护制度,这并不意味着煤矿工人可以直接向国家要求提供安全防护设备。只是由于这些制度的建立,工人的劳动权才能得到实现。可以说这些规定只是国家活动的原则或者类似国家行为纲领的东西,并非个人可以直接向国家请求的权利。

四、对宪法规范“纲领性”的重新阐释

我国宪法上的基本权利具备客观价值秩序功能，这等于说，我国宪法对基本权利的一些规定对国家的行为有一定约束力（宪法要求国家积极保护人民权利），但没有绝对的强制约束力（公民不能直接援引而要求国家作为或者不作为），这种状况类似于我国宪法学过去经常论及的“纲领性宪法规范”。[①] 在笔者看来，对这些纲领性规定重新作出积极阐释是完全可能和必要的。

实际上，各国宪法都有所谓纲领性的规定，即便是否定和批判纲领性的学者，也认为“宪法和纲领的内容是可以互相渗透的，宪法和纲领之间并没有不可逾越的鸿沟”。[②] 但是，纲领性并不像他们所主张的那样在纲领性内容形成宪法规范后就不存在了。[③] 没有哪个国家的宪法是完全没有纲领性的，宪法规范的原则性和模糊性决定了宪法必然是有纲领性的。既然是一种无法否定的客观存在，那么在理论上一味否定纲领性就显得武断而且无补于事，因为这样并不会对宪法规范性的建立有所助益。而客观价值秩序理论就为我们提供了积极认识和利用宪法纲领性的新的视角。在客观价值秩序理论之下，那些具有纲领性的基本权利规定，可以被看作对国家行为的一般性的约束。尽管这种约束的力量还无法与基本权利中那些可以直接请求国家作为或者不作为的内容相匹敌，但是它毕竟与完全没有法律约束力的软弱的纲领不可同日而语。它虽然没有完全的法律约束力，但它的约束力要比纯粹靠国家权力的自觉去发现与维护的“道德义务”强大得多。所以，把这些规定看作“客观价值秩序”，可以很好地加强基本权利作为法律规范所产生的法律效果，也使得宪法更具积极性，更能保障人民的利益。

---

① 参见李龙：《论宪法规范》，载《法学评论》1994 年第 6 期。

② 胡锦光：《论宪法规范的基本特点》，载《中国人民大学学报》1996 年第 2 期。

③ 参见胡锦光：《论宪法规范的基本特点》，载《中国人民大学学报》1996 年第 2 期。

第四节　国家保护义务的概念与地位

一、国家保护义务的基本概念

基本权利的客观价值秩序功能所针对的是国家的保护义务(staatliche Schutzpflichten)。顾名思义,国家的保护义务就是指国家负有的保护公民权利的义务,由于是对基本权利的保护义务,所以也称“基本权利的保护义务”(grundrechtliche Schutzpflichten)。[①]

在日常生活中,我们经常使用“国家有义务保护公民基本权利”之类的说法,这实际上是对国家针对公民基本权利所负义务的一种概括性说法,而作为严格法学概念的“国家保护义务”则是具有特殊的具体意义的。保护义务,最早是从保护公民的生命权、健康权产生的,[②]是要求国家在公民基本权利受到来自国家之外的个人和其他主体侵害时,必须以积极的作为去排除侵害。所谓“保护”,必然涉及三方的关系,甲侵犯了乙,而丙去帮助乙,丙的行为才是一种保护行为。国家的保护义务首先是国家保护公民免受第三方的侵害,而我们在前面两章讨论的国家的“消极义务”和“给付义务”,都只涉及国家和公民两方的关系。国家的保护义务的最主要方式是国家通过制定法律,建立各种制度,为公民基本权利的实现创造条件。[③] 这与消极义务和给付义务不同,消极义务是国家不去侵犯公民权利,而给付义务是国家给予公民某种利益(主要是物质性的),二者都使得公民个体的基本权利直接实现。而国家的保护义务则并非直接实现公民权利,而是为公民基本权利实现创造普遍的条

---

① 参见张嘉尹:《论“价值秩序”作为宪法学的基本概念》,载《台大法学论丛》2001年第30卷第5期。

② 最早确立保护义务概念的是德国联邦宪法法院为保护胎儿生命权而作的两次堕胎判决。关于这两个判决的内容,请参见陈爱娥:《宪法对未出生胎儿的保护——作为基本权保护义务的一例来观察》,载《政大法学评论》1997年第58期。

③ 参见[德]彼得·巴杜拉:《国家保障人权之义务与法治国家宪法之发展》,载陈新民:《宪法基本权利之基本理论》(上),台北,元照出版有限公司1999年版,第3页。

件。所以，国家保护义务实际上包含两个方面：(1)保护公民免受第三方的侵害；(2)制定法律，为基本权利的实现创造条件。[①] 这两方面是国家保护义务的基本内涵。

二、国家保护义务的特征

国家保护义务(Schutzpflichten des Staates)的特征可以概括为以下三个方面：[②]

(一)国家保护义务是不同于国家给付义务的另一种积极义务

按照义务类型的二分法，国家保护义务属于积极义务。与本书第四章所讨论的国家的消极义务不同，国家保护义务是以作为的形式表现的，也就是说国家要为某种积极的行为。在这一点上，国家的保护义务与本书第五章所讨论的国家的给付义务是相同的，二者同属积极义务的范畴。但是，二者又有根本性的差异，给付义务是要求国家直接提供各种利益，义务的主要承担者是行政机关，此外还包括司法机关提供司法救济这一程序性义务；而国家保护义务则主要是要求国家提供基本权利实现所需的各种制度和前提条件，义务的主要承担者是立法机关。在下文，我们会专门讨论"国家各机关对保护义务的分担"问题。

(二)国家保护义务一般不与公民请求权相对应

国家保护义务是从基本权利的"客观价值秩序功能"导出的，而我们已经说明，客观价值秩序功能与基本权利的主观权利功能(防御权功能和受益权功能)不同，它不是一种请求权功能。由于国家的保护义务往往是国家建立基本权利实现所必需的制度、程序和组织，公民不能直接请求国家去建立这些制度，国家只是按照自己的判断去履行这项义务。"(国家保护义务)的标志，在于这种义务是一种'客观法上的义务'。易言之，由这个义务所衍生出的行为要求及命令，却并不能赋予人民可以直接要求立法者应该有所作为之请

---

① 参见[德]克里斯提安·史塔克：《基本权利之保护义务》，李建良译，载《政大法学评论》1997年第58期。

② Bodo Pieroth, Bernhard Schlink, Grundrechte: Staatsrecht Ⅱ, Heidelberg: Überarbeitete Aufl, 1990. S. 27 ff.

求权。”①

在不对应请求权这一点上,国家的保护义务与国家的消极义务和给付义务完全不同。国家的给付义务是在公民提出请求后才履行的,而国家的保护义务则是国家主动或者自动履行的,没有哪个公民可以直接请求国家去履行这项义务。我们可以举例说明,国家对于公民的物质帮助权负有物质给付的义务,例如,给予最低生活保障,这是公民可以直接向国家行政机关请求的,而同时国家对于公民的物质帮助权还负有“保护义务”,这意味着国家应当建立“最低生活保障制度”或者其他社会救助制度,而公民是不能直接要求国家制定法律以建立这些制度的。换言之,国家可以完全不考虑某个公民的立法要求,公民的立法要求是没有法律约束力的。又如,公民可以通过行使诉讼权而请求国家给予司法救济,因为这是国家的给付义务,而公民却不可以直接要求国家制定诉讼法,因为这属于国家的保护义务。国家保护义务不与公民请求权相对应,使得国家的保护义务与国家的其他义务完全不同,可以说国家的保护义务在某种意义上都不是完整的“法律义务”,而是带有部分“政治义务”或者“道德义务”的性质。

但是,也有人认为,如果国家的保护义务绝对不与公民的请求权对应,会导致基本权利的客观价值秩序功能失去对公权力的实际约束力,所以主张在特定条件下国家保护义务可以对应公民的请求权。这就是所谓客观价值秩序的“再主观化”问题,本书将在本章第五节第二部分中进行讨论。

(三)国家保护义务的范围极为广泛

国家保护义务是从基本权利的客观价值秩序功能导出的,我们在前面已经说明,基本权利的客观价值秩序功能实际上包含了国家对基本权利进行保护的一切可能性,所以,国家保护义务的范围也是极为广泛的。这一点从“保护”这一用语就能表现出来,在前几章中我们讨论的国家义务要么是“不侵犯”,要么是“给付”,都是指称

① 参见[德]彼得·巴杜拉:《国家保障人权之义务与法治国家宪法之发展》,载陈新民:《宪法基本权利之基本理论》(上),台北,元照出版有限公司1999年版,第4页。

某种具体的行为方式的，而“保护”一词所涵盖的行为却不是具体的，而是抽象的各种可能性。德国联邦宪法法院的裁判所认定的需要保护的公民利益的范围也是很广的，包括了生命、健康、人身自由、人格尊严、学术科研自由、婚姻家庭、儿童、财产等方面。[①] 虽然国家承担保护义务最主要的方式是立法，但是行政机关和司法机关也要承担一些保护义务。在实践中，国家的保护义务逐渐被分成了几种比较具体的形式，包括：(1)国家的制度性保障和组织与程序保障义务，也就是国家建立各种制度和程序，创造基本权利实现的前提条件的义务；(2)保护公民免受私法关系中其他私人侵害的义务，也就是说在私法案件审判中，排除其他私法主体对公民基本权利侵害的义务；(3)狭义保护义务，指国家保护公民免受其他来自第三方侵害的义务。这三项义务实际上直接与基本权利的客观价值秩序功能中的“组织与程序保障功能”“扩散作用”和“保护功能”相对应，对于国家义务的这些具体内容，在下面还将进一步详细说明。

三、国家保护义务在国家义务体系中的地位

国家保护义务是伴随客观价值秩序功能这个基本权利的新兴功能出现的，而其性质和内容与传统的国家义务又完全不同，那么国家保护义务在国家的义务体系中应当处于什么位置呢？换言之，我们应当在何种程度上强调国家的保护义务，国家的保护义务会对国家承担的其他义务有什么影响？这是需要在理论上予以厘清的基本问题。对国家保护义务在国家义务体系中的地位，可以从以下三个方面加以理解：

（一）国家保护义务具有前提性和基础性

之所以说国家的保护义务具有前提性，是因为国家承担保护义务是要为基本权利创造制度上、组织上和程序上的条件，没有这些条件，公民的基本权利就无法在社会生活中真正的落实。所以，国家的保护义务在国家义务体系中具有前提性。国家保护义务最典

---

① 参见[德]克里斯提安·史塔克：《基本权利之保护义务》，李建良译，载《政大法学评论》1997年第58期。

型的表现就是立法机关针对各项基本权利制定法律,而这些法律是基本权利实现的基础性保障。例如,国家制定各种诉讼法和其他程序法,建立权利的救济制度,公民的诉讼权才能实现;国家制定教育法,建立教育制度和师资培养制度,提供教育设施,公民的受教育权才能实现;国家建立婚姻制度、继承制度,公民在婚姻家庭方面的利益才可能实现。有人可能会说,这些权利是社会性权利,当然要求国家积极作为,国家保护义务对于自由权的实现是否也具有前提性呢?

实际上,那些原本被认为只需要国家不干预就能实现的自由权,往往也需要国家积极的保护才能实现。例如,如果国家不建立良好的行政征收制度,行政机关就可能随意地剥夺公民的财产,公民的财产权益也就无法实现了。所以,国家保护义务的履行是基本权利实现的前提,它为基本权利创造了各种制度条件和社会条件,人们有赖于这些先行构筑的条件,才能真正实现自己的权利和自由,所以国家保护义务具有前提性。

(二)国家保护义务具有补充性

国家保护义务还具有补充性,是对现有的权利保障制度的补充。基本权利是个内容庞大、情况复杂的系统,现有的各种制度难免会有所缺漏,国家保护义务对于现有制度的不足可以起到补充的作用。例如,在法律制定中,没有考虑公民的两项权利间可能会冲突的某种情形,结果在某民事案件中发生了某项公民权利被过度压抑的情况,在这种情况下,司法机关可以通过适用宪法来进行补救。又如,国家的某项福利性法律没有把某一类人列为保护对象,以致这些人无法得到本应得到的福利,①在这种情况下行政机关或者司法机关可以通过适用宪法而给予这些人此种利益。所以,在现有制度保护不足的情况下,国家保护义务对于公民权利保障具有补充性。这也意味着,在国家履行了其他的义务而仍无法充分保障公民

① 在这种情况下,即使有合宪性制度,公民也很难提起诉讼以获得救济,因为这项法律并没有剥夺他的权利,而只是没有赋予他某项利益,很难说是违宪地侵害了公民权利。而公民如以平等权受损害为由起诉更是难以得到支持。

的基本权利时，国家保护义务能弥补这种缺陷。

（三）国家保护义务处于非核心的地位

国家保护义务是具有前提性和补充性的国家义务，但是在基本权利的保障体系中，国家的保护义务却处于非核心的地位。这似乎是自相矛盾的，但是，国家保护义务的这种非核心地位，却是其性质所决定的。前文中我们已说明，国家的保护义务是不与公民的请求权所对应的，这决定了它对于公民权利的保障缺乏直接性。权利的基本属性之一是“请求”，而且这种请求不是一般意义上的请求，而是有着强制力和约束力的请求。我拥有一项权利，意味着我可以请求他人做什么或者不做什么，而他人就必须做什么或者不做什么。国家保护义务却是不与这种请求权相对应的。如果公民想要实现某项权利，他可以直接要求国家履行不侵犯义务或者给付义务，如果国家不履行义务，他可以提起诉讼要求救济。而如果他要求国家履行保护义务，例如，要求国家制定某项法律，他的要求是不可能直接得到满足的。因为是否就此事项制定法律，是国家立法机关自由裁量权的范围，立法机关经过衡量后可能会认定不应该制定这项法律，即便是立法机关认为可以制定这项法律，那个建议立法的公民的权利也要在这项法律通过实施之后才能实现。所以，从公民权利实现的角度来讲，国家履行不侵犯义务和给付义务才是直接有效的，而国家履行保护义务却是间接和缺乏实效性的。所以，国家的保护义务相对于国家的不侵犯义务和给付义务，在基本权利保障体系中是处于非核心地位的。

那么，我们能否通过设立诉讼程序，而使国家的保护义务更为直接和有效呢？比如，如果立法机关不制定某项法律，允许公民通过诉讼由法院判决立法机关制定这项法律。① 实际上这也是很难实现的，因为如果建立这种“立法不作为诉讼”，就等于让法院去判断立法机关该不该立法，应该怎样立法，而法院是没有作出这种判断

① 这是使国家的保护义务“主观化”。也就是说，国家保护义务是从基本权利的“客观价值秩序功能”来的，是不对应请求权的，如果可以对国家保护义务提起诉讼，等于让客观价值秩序变成了主观权利。

的能力的。法律应该怎样制定,涉及国家资源的分配和全社会利益的协调,是一种政治性的判断,需要大量的立法调查和立法论证才能够作出,法院对此是无能为力的。即便是法院勉强作出判断,也很可能根本是违背社会现实而可能会导致巨大的社会问题的。所以,判断该不该立法,该如何立法只能是属于立法裁量范围的问题,司法机关无能力干预也不应干预,否则就破坏了司法机关和立法机关之间的分权或者分工。司法机关不得审查立法机关的立法裁量被看作司法机关必须遵守的原则,司法机关对立法机关的这种尊重实际上是对民主的尊重,这被称为“司法谦抑主义”。① 在某些国家,建立了“立法不作为诉讼”制度,比如,在德国,公民可以向宪法法院提起“宪法诉愿”要求国家通过立法保护自身权益,此外,还可以要求国家作出其他现有制度未规定的行为以保护自己权利。但是,宪法法院在进行判断时是极为谨慎的,而宪法诉愿得到支持的比例也微乎其微。之所以会这样,还是因为司法机关认为自己无能力作出应由立法机关作出的判断。在德国联邦最高法院 1977 年的施莱耶案的判决中,法院就认为,保护义务只是要求国家必须积极地保护基本权利,至于国家应如何完成这一使命、应采取什么保护手段、怎样的保护措施等问题,国家有权机关原则上享有相当大的自主裁量空间,除非是根据具体的情况判断,必须采取某种特定方式才能尽到保护义务的时候,国家的自主裁量空间才可能缩小,宪法法院才可能支持公民的请求。② 根据以上内容,我们所要说明的是,由司法机关去强制立法机关履行保护义务是极难做到的,也是有违权力分配原则的。所以,国家的保护义务比较难以直接有效地保障公民权利,因此,国家保护义务在国家对基本权利的义务体系中是非核心的。

---

① 参见[美]杰罗姆·巴伦、[美]托马斯·迪恩斯:《美国宪法概论》,刘瑞祥等译,中国社会科学出版社 1996 年版,第 22~23 页。

② BVerfGE 46,160 v. 16. 10. 1977.

第五节　主观权利与客观价值秩序的相互关系

前文对“主观权利”和“客观法”的分析，纯粹是以相互区分、相互比较的视角展开的。这种视角能够简化问题、突出重点，但是深入的研究要求我们认识到基本权利的双重性质之间关系的复杂性。基本权利的主观属性和客观属性是可以区分的，但这种区分并非建基于唯一的标准。更为重要的是，这两种属性之间是有密切的联系的，正如德国联邦宪法法院在第三次电视判决中所言，“主观权利与客观法的要素是彼此渗透、相互补充的”。[①] 要想充分理解基本权利的客观价值秩序理论，必须对基本权利的主观属性和客观属性之间的关系进行充分的梳理。

一、主观权利与客观法之区分

我们可以通过以下三组范畴去区分基本权利的主观属性和客观属性：

（一）主观—客观

这是主观权利与客观法之间最直观和最表面的区别，主观与客观的区别在于是否赋予个人以请求权。主观权利赋予个人以请求权，国家必须依据个人请求作为或者不作为。而基本权利作为客观价值秩序则一般不赋予个人以主观请求权，而仅仅对国家课以单纯的保护义务。“这种义务是一种‘客观法上的义务’。易言之，由这个义务所衍生出的行为要求及命令，却并不能赋予人民可以直接要求立法者应该有所作为之请求权。”[②] 主观权利是建立一种“国家——个人”的法律关系模式，国家为特定行为的义务总是与个人的权利相对应的。而客观法只是单纯地对国家课以义务，并不存在

---

① BVerfGE57，295. 1981.

② ［德］彼得·巴杜拉：《国家保障人权之义务与法治国家宪法之发展》，载陈新民：《宪法基本权利之基本理论》（上），台北，元照出版有限公司1999年版，第4页。

相对应的权利主体。

我们可以举两个例子来加以说明:(1)人身自由。人身自由作为一种主观防御权,意味着如果国家的行为(如某项法律)侵害了这项自由,个人可以通过提起宪法诉讼要求排除侵害。同时,国家为了保障人身自由,可能需要建立一套培训制度对警察等公职人员进行人权教育,这对于公民实际享有人身自由非常重要。但公民不能要求国家建立这样一套制度。也就是说,个人对此没有主观请求权,国家建立这套制度的义务是"客观法上的义务"。(2)生存权。在某些国家,宪法规定了公民的生存权,国家对此负有物质给付的义务。如果公民可以直接依据宪法中的基本权利规定向国家请求某种具体给付,生存权就是一种主观权利。而如果宪法上的生存权仅仅意味着国家应当建立"最低生活保障"等制度,个人就不可能对此享有主观请求权,也就是个人不能直接要求国家制定法律以建立这些制度。在这种意义上,基本权利就不再是个人得主张意义上的"主观权利",而只是一种约束公权力运行的"客观规范"。

需要注意的是,是否赋予个人请求权只是主观权利和客观法最表面化的区分标准。在下文中,我们将说明,基本权利的主观属性和客观属性之间是相互渗透的,只有当我们希望严格区分主观权利和客观法的时候,这一区分标准才是有必要的。

(二)规则—原则

将基本权利条款看作规则还是原则是区分主观权利和客观法的第二个标准。德国法上的这种思考模式实际上来自美国著名学者德沃金。德沃金在逻辑上区分了规则(rules)和原则(principles):规则是完整的、无例外的、绝对的,而原则是不完整的、有例外的、相对的。[①] 概言之,规则是确定性命令,原则是非确定性命令。如果将基本权利条款解释为规则,则国家在一定的前提条件下,必须为特定的行为。而如果将基本权利条款解释为原则,那么国家只是被抽象地、概括性地课以保护基本权利的义务,而应采取哪种具体的保

① 参见[美]罗纳德·M.德沃金:《认真对待权利》,信春鹰、吴玉章译,中国大百科全书出版社1998年版,第43、47页。

护措施则由国家机关自己判断决定。主观权利体现的是基本权利作为规则的属性，也就是说，国家应当为哪种行为是明确的、具体的、特定的，从而基本权利的权利人就有明确的请求内容。客观法体现的是基本权利作为原则的属性。也就是说，国家在原则上有义务保障基本权利，但国家只是在可能的范围内尽可能地去实现基本权利，而应当以何种具体手段达到这一目标则由国家机关考虑实际情况自行选择。

我们以生命权为例来说明基本权利作为规则与原则的不同性质。《德国基本法》第 2 条第 2 款规定："人人有生命与身体不受侵犯的权利"，结合第 102 条的规定，"废除死刑"，生命权条款可以被解释为："任何情况下，不得判处任何人死刑。"相应地，个人对此就有一项主观权利，也就是如果被判处死刑，个人可请求宪法法院认定违宪。而如果将生命权条款解释为一项原则，则国家就有义务去保护公民的生命免受各种可能的威胁，但是具体应选择哪种保护方式应由国家机关自行选择。正如阿列克西所言，"毫无疑问，国家有义务保护个人免于谋杀与屠戮，但这未必意味着国家必须以制定刑法的方式去履行义务"。① 基本权利作为客观法所体现的正是这种原则性和非确定性特质。

1977 年德国联邦宪法法院对"施莱耶案"的判决非常清楚地阐明了生命权的这种原则属性。1977 年 9 月 5 日，德国工业联合会主席施莱耶被恐怖分子绑架，恐怖分子要求德国政府释放他们的 11 个同伙以换取施莱耶，被德国政府拒绝。施莱耶的儿子提起一项宪法诉愿，以国家依据《德国基本法》第 2 条有义务保护施莱耶的生命权为由，要求宪法法院紧急介入，判令德国政府接受恐怖分子的要求。联邦宪法法院在判决中承认国家对生命权有保护义务，但是，宪法法院指出："在决定如何实际履行保护生命权的义务上，国家公权力基本上是自由的，它有权决定何种保护手段是必要的和可行的。""此项义务的有效履行，要求称职的公权力主体在每个个案的

---

① Robert Alexy, *A Theory of Constitutional Rights*, trans. by Julian Rivers, New York: Oxford University Press, 2002, p. 302.

具体环境下作出适当的应对,但却并不直接要求采取某种具体措施。”[①]因而,宪法法院无法命令政府释放恐怖分子以营救施莱耶,施莱耶家人的请求无法得到支持。

(三) 个人法益—集体法益

主观权利的着眼点在个人与国家的关系,强调基本权利作为个人权利、个人利益的意义。而客观价值秩序理论则强调基本权利是整个社会共同体的共同价值基础,强调将基本权利作为整体来保护,使得所有人的所有基本权利在相互协调之下达到整体效力的最大化。所以,当德国联邦宪法法院从客观法的角度去思考基本权利问题时,它更多地着地眼于社会整体的利益。在施莱耶案中,宪法法院认为:“宪法为国家创设了一项义务——将公民作为一个整体而不是个人去加以保护。”[②]从而,如果国家按照恐怖分子的要求释放他们的 11 名同伙,虽然可以换回施莱耶的生命,但会危害更多人的生命权。所以,出于整体利益或者公共利益的考虑,宪法法院也无法支持施莱耶家人的请求。按照这样的理论,主观权利与客观法的区分可以被理解为:当基本权利涉及的是个人的生活、个人的利益时,所体现的就是主观权利的侧面;而当基本权利涉及的是社会共同体的整体法益或者公共利益时,所体现的就是客观法的侧面。

二、主观权利与客观法之联系

前文从三个不同的层次探讨了基本权利的主观属性与客观属性之间的区别,但从中我们也可以体会到二者之间的相互关联。其实,无论我们怎样强调主观权利与客观法之间的区别,这二者始终是基本权利的一体两面。正如德国联邦宪法法院在第 3 次和第 5 次电视判决中所指出的那样,主观权利的要素和客观法的要素是相

---

① BVerfGE. 46,160(1977). See Donald P. Kommers, *The Constitutional Jurisprudence of the Federal Republic of Germany*, Durham and London: Duke University Press, 1997, p. 357.

② BVerfGE. 46,160(1977). See Donald P. Kommers, *The Constitutional Jurisprudence of the Federal Republic of Germany*, Durham and London: Duke University Press, 1997, p. 357.

互渗透相互补充的。我们可以从以下两个方面考察主观权利和客观法之间的联系。

(一)客观法包含主观权利

基本权利的客观法属性是晚于主观权利属性而为宪法理论与实践所接受的,那么,何以客观属性可以包含主观属性呢?从前文中我们可以看出,客观法理论是以"国家对基本权利负有保护义务"为基本逻辑的,也就是概括性地、抽象地课以国家帮助、促进、发展基本权利的义务。而当这种义务的内容在一定情况下足够明确时,个人也就有了可以确定的请求内容,在这种情况下个人也就有了主观权利。也就是说,客观法是单纯课以国家以义务,而主观权利只是使得部分国家义务有了对应的个人权利。在这种意义上,客观法是可以包含主观权利的。换言之,每一项主观权利所对应的都不过是国家依据客观法就应当承担的义务,主观权利不过是客观法的一种特殊情形。所以,如果我们不把主观权利和客观法严格区分的话,基本权利的客观法侧面是可以包含主观权利侧面的。

如果我们脱离这种规范构造的层面,而从更为宏观的价值层面去理解主观权利和客观法的关系的话,我们同样可以看到客观法对主观权利的包容关系。我们知道,客观法理论是将基本权利作为整个社会共同体的客观价值秩序的。而主观权利的内涵——个人得请求国家不侵害自身权利,得请求国家作出一定给付——也是整个社会所普遍认可的,也构成社会共同体的价值基础。从另外一个视角看,客观法理论所主要关注的是社会的整体利益,但这种整体利益并不是排斥个人利益,相反,整体利益乃是由个人利益整合而成的。在这种意义上,客观法也是可以包含主观权利的。

(二)客观法的"再主观化"

基本权利的客观属性与主观属性相互关联的另一个层面是,客观价值秩序可以向主观权利转化,也就是所谓的客观法的"再主观化"问题。客观法只是单纯地对国家课以义务,而国家在如何履行此项义务上有着充分的裁量权,这使得客观价值秩序仍然流于空泛,缺乏真正的实效性。客观价值秩序理论是希望赋予基本权利以更强的实效性,然而仅仅对国家课以义务,不赋予个人权利却使得这种有效性大打折扣了。这就产生了将客观价值秩序“再主观化”的必要。正如阿列克西所言,“如果想避免权利与义务间的断裂,唯一的选择就是从保护义务条款中导出保护性权利”。① 德国联邦宪法法院的一些判决也已经承认从客观价值秩序中可以导出主观请求权。

以“大学判决”为例。在此项判决中,德国联邦宪法法院首先确定了“学术自由”由客观价值决定,进而该判决指出:“基于此项价值决定,基本法第五条第三项之基本人权的权利主体有权要求,该项基本人权所确保之自由空间亦受这种不可或缺之国家措施(也包括组织方式)的保护,唯借助该措施,其自由学术活动才得以实现。若非如此,则作为客观价值决定的基本法之保护效能将广泛地被剥夺。”②在这里,宪法法院认定,如果国家的某项具体措施对于基本权利的实现是不可或缺的,那么个人对此项措施就有主观请求权。由此,客观价值秩序就转化为一项主观权利。

然而,客观价值秩序的再主观化却遭到了严重的质疑,反对将客观价值秩序主观化主要有以下两点理由:

第一,基本权利作为客观价值秩序的内涵的确定,也就是国家究竟应采取哪种积极的保障措施,是一个需要协调多方基本权利人利益的问题。国家决定保护一方的利益,往往同时意味着对他方利益的限制。“保护”和“侵害”都是国家的某种积极作为,在本质上没有根本的区别。例如,刑法规范的制定一方面是在保护公民的权利和利益,而另一方面也意味着对公民生命、自由、财产等的剥夺。所以,国家保护义务的履行是一个综合考量的问题,如果赋予权利人概括性的请求权,极易造成涉及个案当事人具备贯彻其主张的实力,而其他不直接涉案的社会公众的利益遭到过分压抑。③

第二,再主观化会造成宪法法院侵犯立法机关的权力,破坏分

---

① Robert Alexy, *A Theory of Constitutional Rights*, trans. by Julian Rivers, New Yorke: Oxford University Press,2002,p. 302,326.

② BVerfGE 35. 79.

③ 参见陈爱娥:《基本权作为客观法规范——以组织与程序保障功能为例,检讨其衍生的问题》,载李建良、简温修主编:《宪法解释之理论与实务》(第2辑),中山人文社会科学研究所2000年版,第262页。

权制衡原则。前文中我们已说明,客观价值秩序所针对的国家保护义务的主要承担者是立法者。这是因为,客观价值秩序要求国家积极作为,与不作为义务不同,国家积极作为义务的承担是需要国家财政的支持的。国家必须作财政上的重新安排,进行社会资源的重新分配,这是一个政治决策的过程,应当属于立法机关的权限。如果赋予个人主观请求权,个人就可以请求宪法法院审查立法机关的这一政治决策过程,这是有违司法权与立法权的权力界限的。而且,如果总是由宪法法院去确定保护个人权利的具体措施的话,宪法法院就会成为“代位立法者”,这也会破坏权力分配原则。

反对客观法“再主观化”的这两点担忧也不是无道理的。那么在“客观法的无力”与“再主观化的危害”这两难之间,更应该成为问题焦点的就应该是“再主观化”的标准问题。在大学判决中,宪法法院已经确立了一项标准,就是如果某项国家具体措施对基本权利而言是“不可或缺的”,则客观价值就可以导出个人主观权利。进一步讲,有学者对客观法的再主观化确立了更为详细的标准,包括:(1)基本权利的实质确保有必要性;(2)请求权标的之内容可得确定;(3)必要的财政手段已经确保,且不侵害立法者的财政支配权。[①] 也就是说,如果某种措施对于基本权利的实现是必需的,而且该措施的内容非常明确,行政机关也可以自行解决经费问题,不需要立法机关另行拨款,那么个人对该项措施的请求就可以得到司法机关的支持。

在前文中,为了说明主观权利与客观法的区分,我们使用了三组范畴:(1)主观—客观;(2)规则—原则;(3)个人法益—集体法益。对于“再主观化”这一主观权利与客观法相联系的层面,我们仍然可以从这三组范畴出发去理解。

第一,我们不能因为强调基本权利是客观价值,而忽视其本来的权利属性。客观的价值要想获得最终的有效性,还必须转化为权利。而权利的基本属性是请求(claim),客观价值的展开过程,必然是个逐步主观化的过程。

---

① 参见陈爱娥:《自由——平等——博爱:社会国与法治国原则的交互作用》,载《台大法学论丛》1997 年第 26 卷第 2 期。

第二,基本权利条款有着很强的原则属性。但是,当在一定的具体条件下,该原则应该具备的内涵已经非常明确和具体时,原则就会转化为规则。基本权利作为原则是非确定性命令,国家有充分的自由裁量权。但是,在某些具体条件之下,国家的裁量权会被限缩到只有唯一的选择,这种情况下,非确定性命令就转化为确定性命令,原则就转化为规则。

第三,客观法着眼于整体法益、公共利益的保护,但是,整体是由个人组成,在保护整体利益的过程中,如果某个人的请求得到了支持,实际上就是将个人作为整体的一分子进行了保护。个人利益在这里是所谓的"集体利益的反射利益"。从客观法中导出个人的主观权利,实际上是对公法上的一种"反射利益"的保护。

从以上内容可以看出,基本权利的主观属性与客观属性是相互区别但又相互渗透的。通过对二者的解释,基本权利的内涵被不断扩大,并且被不断的规范化,由此就可以形成基本权利的完备保障体系。

【案例与事例分析】驱逐恶邻案[①]

案情:在民法的建筑物区分所有权制度中,出现这样一种传统民法原理无法解决的问题。某些小区的业主经过合意制定"业主公约",对业主的财产权作出了一定的限制,这种"业主公约"与一般意义上的民事合同有所不同,它并非基于所有业主的一致同意,而是以多数决的方式通过的。在这些"业主公约"中,有一种"驱逐恶邻"的规定,也就是如果某业主将自己的住宅出租给他人作商业经营,或者自己将住宅同时用作商业用途,或者有其他破坏小区秩序的行为,业主大会可以将这名业主驱逐,也就是强制其出让自己的住宅。这种规定虽然对某些业主的财产权进行了限制,但也被看作业主群体为自身利益维护居住小区的特性、维护小区较为稳定的居民群体的合理规定。被驱逐的业主向法院提起诉讼后,法院一般无法支持。这是因为,"业主公约"毕竟是私法上的合意行为,属于私法自治的领域。但是,在极为例外的情形下,法院也会支持被驱逐

① 本事例的分析得到了陈鑫博士的启发。

的业主。比如,根据该业主的经济状况和当地相当条件的住宅的价格水平,该业主在被强制出让自己的住宅后,无力购买新的住宅,会导致生活水平的严重下降。此时,法院有可能支持被驱逐业主的请求,保障其财产权。

分析:这一案件属于较为典型的"基本权利的第三人效力"的问题,也就是私法上的行为对基本权利进行了限制,被限制权利的基本权利主体援引宪法上的基本权利条款对抗此种限制。这种案件由于属于基本权利的客观价值秩序功能,一般来说并不赋予基本权利主体以主观请求权,也就是个人不能依据宪法上的基本权利条款向法院提出抗辩,法院也不可以支持这种诉讼请求。但是,"客观价值秩序"在一定的条件下可以"再主观化",也就是允许个人提出请求,并且法院支持此种诉讼请求。在此案中,法院通过判决去保障被驱逐者的财产权,在这种情形下属于财产权保护所"不可或缺的条件",如果不采取这种行为,被驱逐者的财产权的本质内容会完全丧失,所以法院可以支持其诉讼请求。此案所体现的正是基本权利的第三人效力(扩散作用)以及基本权利的客观价值秩序功能向主观权利功能转化的问题。

第六节　国家各机关对国家保护义务的分担

国家保护义务是国家以各种方式保护公民免受来自国家之外的第三方的侵害,以及为基本权利的实现提供制度上、组织上和程序上保障的义务。国家保护义务首先当然是立法机关的义务,立法机关通过制定法律建立制度,为公民消除各种可能的妨碍和侵害,使基本权利得到各种法律和制度的保障。但是,立法机关的作用也是有限的,在宪法精神对一切公权力行为的影响之下,行政机关和司法机关也要承担保护公民免受他人侵害的义务。下面,笔者将就国家各机关对国家保护义务的分担进行梳理,以使我国的各种公权力能够各明其责任,建立保护公民权利的良好体系。

一、立法机关:履行“宪法委托”的义务

国家保护义务首先是国家的立法义务。保护公民免受他人的侵害,涉及人民利益的协调,涉及国家、社会资源的分配,涉及调动一切可能性为公民在组织上、程序上提供保障。这种宏观的、牵涉国家全局的任务,非立法机关不能承担。立法机关承担保护义务的方式是制定法律、建立制度:制定刑法以保护公民的人身、财产;制定劳动法以保障公民的劳动权、休息权;制定社会保障法、建立社会保障制度以保障公民的基本生存条件;等等。这些都属于立法机关对国家保护义务的承担,但是,这些活动本来只是国家的正常立法活动,为什么它们要被笼罩在一个“义务”的框架之下?这涉及立法机关与宪法之间的关系问题。

国家立法机关作为民意的代表机关,其活动有着相当高的正当性,其地位也往往被认为优越于行政机关和司法机关。但是无论如何,立法机关都不能凌驾于宪法之上,立法机关制定的法律也一定要服从和尊重宪法,这是由宪法的最高法地位决定的。在传统的理论中,立法机关被认为有着极大的自由裁量权,“是否”和“如何”立法被认为完全是立法机关的裁量范围,但是,在基本权利的“客观价值秩序功能”之下,就应当看到,立法机关的活动应当是对宪法的具体化,是对宪法所委托的义务的履行。[①] 基本权利作为一种对立法机关的“宪法委托”的思想,要追溯到德国“魏玛宪法”时代的“方针条款”理念。这种理念认为宪法中关于基本权利(特别是社会权)的一些规定,只是对立法机关的“方针”(Programm)或“指令”(Direktive),需要通过立法机关制定法律才能实现。这种方针条款的理念固然包含了以宪法去限定立法机关行为的意思,但更主要的还是强调立法机关在落实这些权利上的主导性。这种观念在保护权利上显得过于消极,因而渐渐衰落。而“二战”后的《德国基本法》第1条第3项规定:“基本权利是约束立法、行政、司法的直接有

---

① 关于基本权利作为“宪法委托”,请参考陈新民:《论“宪法委托”之理论》,载陈新民:《宪法基本权利之基本理论》(上),台北,元照出版有限公司1999年版,第37~93页。

效的法”，这使得基本权利对于立法机关有了宪法上明定的约束力，在此以后立法机关制定关于基本权利的法律就并非只是自由裁量的行使，而是基于宪法的委托。所谓委托，意味着将某项权力，同时也是某项责任授予某主体，该主体有义务就被委托的事项作出及时完整的规定，如果不能良好地履行委托，甚至会发生“立法不作为”责任的承担。

那么，在我国强调基本权利是“宪法委托”，国家立法机关对基本权利负有义务有什么意义呢？其意义在于这样可以对立法机关课以法律上更为严格的责任，缩小立法机关自由裁量权的范围，使得立法机关在保护基本权利上更积极和主动。因为各种原因，我国在立法保障公民权利方面，有时显得不够及时和有力。举例而言，我国现行《宪法》在第 41 条规定了公民在受到国家机关及其工作人员侵犯的情况下，有要求国家赔偿的权利，而要迟至 1994 年《国家赔偿法》颁布后才正式出台，此前只能勉强依据《民法通则》（现已失效）来对国家侵害进行赔偿，而且，1994 年的《国家赔偿法》在赔偿范围、赔偿程序等方面有着极为严格的限制，这使得受害人在国家赔偿法之下获得的赔偿尚不及在《民法通则》下获得的赔偿，公民此项权利的保护尚显不足。如果将基本权利视为宪法委托，而将国家制定相关法律的行为视为对国家保护义务的履行，无疑能为基本权利在理论与观念上提供更有法律效力的保障。如果在未来的宪法监督制度建设中能够真正建立对立法行为，特别是“立法不作为”的审查制度，会使得基本权利得到更有力的救济和保障。

二、行政机关：保护行政与计划行政

国家保护义务主要是由立法机关承担的，而行政机关由于要遵守“法律保留”的原则，也就是要求行政活动只能是对立法机关制定的法律的执行，所以，行政机关并不承担主要的国家保护义务。但是，由于国家保护义务要求国家应积极地以适当的作为排除侵害，所以若非属于严格法律保留范围时，也可以由行政权去履行保护公民免受他人侵害的义务。例如，前面所说的“警察法上的保护义务”和“保护公民免受外国的侵害”都属于这一范围。这在行政法上称为“保护行政”,也就是国家行政机关通过积极的行为保护公民的各种权益免受来自他人的侵害。① 保护行政由于是对公民提供帮助,所以其所受的“法律保留”的严格程度较干预公民权利的“干预行政”要弱得多。也就是说,行政机关可以直接依据基本权利这一“客观价值秩序”作出保护公民权利的行为。

此外,行政机关承担国家保护义务的方式还有“计划行政”。针对公民基本权利的计划行政,主要是指为了公民基本权利实现这一目标,行政机关制订和实施行政计划,为基本权利创造各种物质上、组织上、程序上的条件。计划行政也是较少受“法律保留”规制的领域,是行政机关直接依据作为“客观价值秩序”的基本权利而进行活动的方式之一。

三、司法机关:法律的合宪性解释

在前文中,我们已说明“基本权利的第三人效力”的实现,也就是国家在私人关系中保护公民基本权利的义务,主要由司法机关,也就是法院来承担。法院在这类案件中,通过解释民法的概括条款(如“公序良俗”“人格尊严”)将基本权利的精神贯穿落实到民法的规范中,使基本权利间接对私法关系发生效力,保护公民免于受到其他私法主体的侵害。

在履行保护义务的这种活动中,法院所要运用的法律解释方法是所谓的“法律的合宪性解释”。② 按照杨仁寿先生的观点,“法律的合宪解释”是指“以较高或‘宪法’规范上意旨,而为解释位阶较低法规之方法”,③也就是在对法律的解释中贯彻宪法规范的意旨。法律的合宪解释有以下层次:(1)当法律的解释有多种可能性时,优

---

①　参见杨建顺:《日本行政法通论》,中国法制出版社1998年版,第322~324页。保护行政的范围不限于此,这里只讨论与公民基本权利保障有关的部分。

②　苏永钦:《合宪性控制的理论与实际》,台北,月旦出版股份有限公司1994年版,第79页;张翔:《分权制衡原则与宪法解释——司法审查与宪法法院制度下的经验与理论》,载《法商研究》2002年第6期。

③　杨仁寿:《法学方法论》,中国政法大学出版社1999年版,第129页。

先选择符合宪法权利条款的那种；[①]（2）当法律规定有欠缺或者对基本权利保障不足时，依宪法权利条款予以补充。从宪法的角度可以对"法律的合宪性解释"作这样的理解：司法机关有义务将宪法的精神贯彻到普通案件的审判中去，有义务将法律向着符合宪法的方向进行解释。"法律的合宪解释"是法院与法官不可推卸的义务，而且，法律的合宪性解释作为法院的义务，并非只是针对基本权利的第三人效力案件的，而是针对一切案件的，是要求法官在审判活动中时刻以宪法的精神作为指导。任何的部门法体系都不能无视宪法对于社会基本价值的宣告，因为"合宪性的要求，同时也有法律之价值取向性上的意义"。[②] 各个部门法都应当以宪法所宣示的法律伦理为指导，重新整合、诠释其规范体系。所以，基本权利条款也应该是直接约束司法机关的，法院在案件审判中时刻以"法律的合宪性解释"为必须履行的义务，是其尊重基本权利这个"客观的价值秩序"、履行国家对公民的保护义务的方式。[③]

---

① 参见［德］拉伦茨：《法学方法论》，陈爱娥译，台北，五南图书出版股份有限公司1996年版，第247页。

② 黄茂荣：《法学方法与现代民法》，中国政法大学出版社2001年版，第263页。

③ 对法律作合宪性解释同样也是行政机关的义务。例如，公安机关在对《治安管理处罚法》第47条"煽动民族仇恨、民族歧视，或者在出版物、计算机信息网络中刊载民族歧视、侮辱内容的，处十日以上十五日以下拘留，可以并处一千元以下罚款"进行解释时，就有义务考虑宪法中言论自由和出版自由的规定，而对"煽动民族仇恨、民族歧视""民族歧视、侮辱内容"作严格解释，不可将任何对其他民族的负面情感的表达都视为违法。宪法上基本权利条款对行政机关在执法中解释法律的这种约束，也是基本权利作为"客观价值秩序"的必然结果。

附录　学术自由的组织保障*

在传统上,学术自由的意旨主要在于排除来自外部的公权力的侵害,[①]大学的内部事务并不为学术自由的传统法理所关注。同时,大学的内部组织设置问题属于组织规范的范畴,并非学术自由这一基本权利规范的适用领域。然而,学术活动的主要场所是大学,学术自由的落实毫无疑问与大学组织有密切关联。因此,在当代大学法制的发展中,也开始将基本权利规范与组织规范进行全面思考,[②]通过两种类型规范的协同来保证学术自由的实现。与此相关,当代德国宪法学发展出了"基本权利的组织保障"理论,认为基本权利的实现需要组织规范上的协助与配合,国家应将基本权利视作宪法的"基本价值决定",并通过"适当的组织措施"来保证其落实。本文希望对德国"学术自由的组织保障"

---

* 本文发表于《环球法律评论》2012年第4期。

① 参见谢海定:《学术自由:侵权与救济》,载《现代法学》2005年第6期;谢海定:《作为法律权利的学术自由权》,载《中国法学》2005年第6期。

② 我国关于大学治理和大学组织的研究主要集中于教育学(教育哲学、教育社会学、组织学)的领域,法学视角的研究相对较少,参见湛中乐、徐靖:《通过章程的现代大学治理》,载《法制与社会发展》2010年第3期;肖金明:《通过大学章程重构大学治理结构》,载《上海师范大学学报》(法治论丛)2011年第6期;肖泽晟:《我国大学章程制定之难题》,载《上海师范大学学报》(法治论丛)2011年第6期。

的理论与实践进行梳理,探讨大学组织建设应如何为学术自由提供条件,应如何协调学术自由与其他利益的冲突等问题,为中国的大学法制建设提供比较法上的借鉴资源。

一、传统大学理念:学术自由与教授治校

近代以来的大学理念与大学法制,是以学术自由为核心的。德国启蒙运动以来的大学理念的发展和实践,对近代全世界的大学发展都产生了深远的影响,[①]其中的重要人物有莱布尼茨、康德、费希特和洪堡等。[②] 特别是威廉·冯·洪堡,他将学术自由的精神贯彻于大学,开启了近代大学发展之路,他创立柏林大学(现柏林洪堡大学)不仅被认为是"决定德国命运的成就",[③]更被认为是确立大学理念最重要的奠基石,有着世界范围的影响力。关于德国的特别是洪堡的大学理念,研究评价文章甚夥,无须赘述,但也有必要略指其纲要,因为这些理念是宪法上对关于大学的法律争议作出判断的基本观念背景。

洪堡对于教育和大学的观念来自康德的新人文主义(Neuhumanismus),他的论证是从"人及其存在的最终目的"开始的。在他看来,"人的真正目的——不是变换不定的喜好,而是永恒不变的理智为它规定的目的——是把他的力量最充分地和最均匀地培养为一个整体"。[④] 因此,公共教育的目标就应该是最多样化地培养教育人,使每个人成为他所应该成为的人,因此"必须处处对人推行最自由的、尽可能少针对公民情况的教育"。[⑤] 其推论是"从根本上

---

① 参见赵叶珠、城海霞:《移植与创新:德国学术自由理念在美国的嬗变》,载《现代大学教育》2010 年第 6 期。

② 参见冒荣:《远去的彼岸星空——德国近代大学的学术自由理念》,载《高等教育研究》2010 年第 6 期。

③ 参见孙周兴:《威廉·冯·洪堡的大学理念》,载《同济大学学报》(社会科学版)2007 年第 2 期。

④ [德]威廉·冯·洪堡:《国家的作用》,林荣远、冯兴元译,中国社会科学出版社 1998 年版,第 30 页。

⑤ [德]威廉·冯·洪堡:《国家的作用》,林荣远、冯兴元译,中国社会科学出版社 1998 年版,第 72 页。

讲,教育只应该造就人,不要考虑确定的,给予人们的公民形式,因此,它不需要国家”。“公共教育应完全处于国家作用范围之外。”①洪堡所强调的乃是一种不受国家干预的公共教育,这构成了宪法上学术自由和大学自治的核心内涵。

具体到大学的理念,洪堡认为大学应该是在紧密结合教学和研究的基础上追求纯粹知识的共同体。大学应该做纯粹的学术研究,②这种研究应该是“没有预设目的的”(absichtslos),并且是不为政府、社会组织和商业提供直接服务的。他所设想的大学中的个体应该在“寂寞和自由”(in Einsamkeit und Freiheit)的状态下从事研究工作,并且在超越学术知识的范围之外,去发掘伦理上的行为规范。“寂寞”和“自由”成为大学制度建构的基本原则。所谓“寂寞”,有三个层次:(1)大学作为纯粹学术机构独立于国家,不受国家任何干预;(2)大学致力于纯粹学术与人的教化(Bildung),独立于社会、政治、经济事务;(3)大学师生应潜心于学术,自甘寂寞如同离群索居的隐士。③ 此种以寂寞为指标的大学理念,甚至影响了大学的选址,除了像柏林洪堡大学这样身居都市的大学外,更多的大学如哥廷根、海德堡都偏居于人口寥落的小城。与此相适应,洪堡主张大学作为教授与学生的共同体,其追求纯粹学术的基本前提就是“自由”,包括教学的自由和学习的自由。但是,洪堡并不是把教学作为大学的唯一职能,而是将科学(Wissenschaft)研究的职能也作为其基本的职能,④要求学者们在深邃的知识传统中,仅以学术本身为目标,进行纯粹的研究。由于在教学和科学研究中,教授(学者)显然居于核心的地位,所以这种理念的一个自然推论就是认为“教授就是大学”,⑤在清华大学原校长梅贻琦脍炙人口的“大学,非

---

①　[德]威廉·冯·洪堡:《国家的作用》,林荣远、冯兴元译,中国社会科学出版社1998年版,第73、74页。

②　参见孙周兴:《威廉·冯·洪堡的大学理念》,载《同济大学学报》(社会科学版)2007年第2期。

③　参见陈洪捷:《德国古典大学观及其对中国大学的影响》,北京大学出版社2002年版,第39页及以下。

④　参见刘宝存:《洪堡大学理念述评》,载《清华大学教育研究》2002年第1期。

⑤　参见黄达人:《大学的观念和实践》,商务印书馆2011年版,第200页。

有大楼之谓也，有大师之谓也”的名言，也是这一理念的表达。可以说，学术自由，也就是追求个人的纯粹的智识上的自由，是近代大学理念的核心。而其最主要者，乃是大学教授的自由。

这种理念落实在大学法制上，就体现为大学组织的设置以落实“教授治校”为目标。德国传统的大学可以称为“讲座制教授的大学”。[①] 柏林大学创立之初就设立了由全体正教授组成的校评议会，共同就全校性事务作出决策。而在各学院，所有学术事务均由正教授或者正教授选出的委员会来决定，院长也由正教授们自行选出。[②]可以说，这种组织制度充分体现了教授在学术上的完全自由，因为他们实际上垄断了一切学校事务的决定权，任何外部的力量都不可能对其学术自由造成干扰（即使是为大学提供经费的国家，实际上对于学校内部的学术事务也完全无力影响）。

二、大学的嬗变与利益群体的多元化

在传统大学中，学者和学生排除一切干扰来追求纯粹的智识和精神伦理的修养。纯粹性、封闭性、精英化、非功利性构成了传统大学的基本形象。然而，在进入现代社会后，大学的目标、结构和功能开始发生嬗变，大学中开始出现利益群体的多元化和利益诉求的对立，这是产生关于大学组织的法律争议的根源。造成这种嬗变的影响因素有以下几个方面：

1. 科学研究的复杂化与专门化

科学研究从19世纪开始急剧发展，特别是在自然科学、医学和技术领域，开始需要运用特别的仪器、工具和其他设施，并聚合大量的专门人才进行研究。同时，科学研究愈加专门化。这些变化使学术研究不再可能是纯粹个人性的，而迫使大学中不同人员进行分工和协作。德国联邦宪法法院使用了一个概念来描述这种改变：“合作的强制”（der Zwang zur Kooperation），[③]也就是学术活动必须通

① 俞可：《德国：基于学术自由的高校自治》，载《上海教育》2010年第4期。

② 参见胡仁东：《我国大学组织内部机构生成机制研究》，广东教育出版社2010年版，第71页。

③ BVerfGE 35，79（109）.

过大学中各种成员的合作方能展开,纯粹个人的孤立的学术活动已非常态,相互合作成为学术研究的工作原则。

2. 社会对大学的需求

工业化以后,社会对大学产生了更多的需求,要求大学不能只为有闲阶层和精英阶层服务,而是要为社会的发展和进步提供智力支持。"每一个较大规模的现代社会无论它的政治、经济或宗教制度是什么类型的,都需要建立一个机构来传递深奥的知识,分析、批判现在的知识,并探索新的学问领域。"①在保证大学的"内部使命"也就是除了学术与教化之外,现代大学还承担着"外部使命",也就是其社会责任。②

3. 学生的数量与诉求

现代大学的另一重大变化就是学生数量的急剧增加。这是因为,大学学位越来越成为个人在社会中获得晋升的工具,这使更多的人希望进入大学以获得社会认可的标签。而且,这些新增加的学生往往并非源于生活富足的有闲阶层,而是来自普罗大众。传统大学仅以智识追求和个人精神伦理修养为目标的培养,难以满足这些学生获得职业培训、获得专业人士的标签以谋取生存和社会地位的需求。对于学生获得职业培训的诉求,德国联邦宪法法院在 1958 年的"药店判决"中就赋予了其基本权利的地位:"不仅仅选择职业(Berufswahl)与从事职业(Berufsausübung)是不可分离的概念,而且作为从事职业前提的职业培训(包括大学教育)与职业活动一样同属生活进程的不可分割的部分,因此对于为从事职业所做的职业培训的规定,同样属于职业活动的法律范畴之内。"③也就是说,获得职业培训乃是学生依据宪法所享有的"职业自由"的当然内容,这使得大学法制的建构不能再将学术自由作为唯一关注的基本权利。

① [美]约翰·S. 布鲁贝克:《高等教育哲学》,王承绪等译,浙江教育出版社 2001 年版,第 13 页。

② 参见胡仁东:《我国大学组织内部机构生成机制研究》,广东教育出版社 2010 年版,第 21 页。

③ BVerfGE 7,377(401,406).

“大学自我设限为一个纯粹的、无预设目的的学术场所，与逐渐技术组织化的工业社会的要求、与职业晋升和社会解放所要求的学术训练日益增加的重要性、与现代的大众大学学习状况的日益困难、与学术应整合于社会的日益增加的需求之间，存在一种紧张关系。”[①]这种紧张关系所推动的大学的嬗变，首先变现为大学中的人员群体的多元化，而不同群体的利益诉求也不再限于学术自由一端。比如，由于需要聚合大量人员进行研究，大学中出现了许多并非教授和学术人员的辅助人员，例如，设备器材的维护、图书馆的建设，都需要专门人员负责，而这些人并非传统意义上的教授，他们的核心利益也不是学术自由。学生数量的增加，必然带来相关教学辅助人员和助教的增加，而其对职业培训的需求，也使大学里出现一些并不以纯粹学术研究为目标的其他类型的教师和专业人员。此外，传统的讲座制教授的体制，也暴露出容易压制年轻人、压制非教授群体的弊端。比如，一个以最终晋升为教授为目标的“编外讲师”(Privatdozent)被认为其实是“最彻底、最纯粹的学者”，他们在晋升教授之前却收入微薄、承担次要课程且无发言权。[②] 传统组织体制的弊端加上新的变化，使大学中非教授的群体产生了新的诉求，也就是要求改变大学的内部组织、改变大学事务的决定权，要求教授以外的非学术人员和学生在大学决策中占据相应的地位。这无疑是对传统“教授治校”的大学组织模式的重大冲击，1968 年发生在欧洲的学生运动也与此有密切关系。[③] 在一个法治社会，这些涉及社会根本问题的纷争最终无可避免地走向司法的解决途径，德国的“大学组织判决”就发生于这种背景下，并在宪法层面给出了大学法制建构的基本规则。

---

① BVerfGE 35,79(108f.).

② 参见柳友任、龚放:《“编外讲师”:德国大学学术自由传统的“阿基米德支点”》,载《教师教育研究》2009 年第 4 期。这些通常较年轻的教师的状况至今仍不容乐观,最近德国宪法法院的判决(Urteil vom 14. Februar 2012 2 BvL 4/10),还在努力改变其收入不高的状况,资料源于德国联邦宪法法院网,载 http://www.bundesverfassungsgericht.de/entscheidungen/ls20120214_2bvl000410.html,最后访问日期:2012 年 3 月 6 日。

③ 参见许平:《“60 年代”解读——60 年代西方学生运动的历史定位》,载《历史教学》2003 年第 3 期。

三、“谁说了算”:以德国“大学组织判决”为例

大学组织判决的核心问题可以概括为“谁说了算”的问题,也就是针对大学中的各类事务,是否应完全交由教授决定,还是应考察不同事务与学术自由在关联程度上的差异而做不同的处理,从而在保障学术自由的同时兼顾其他群体的利益诉求。在联邦宪法法院看来,教授们的学术自由和其他群体的其他利益应该通过组织规范上的精细设置而得以协调。

(一)大学组织判决的案情

德国下萨克森州制定了一部大学法的《暂行法》(Vorschaltgesetz),对学术性大学内部的决策和管理组织进行了重新规定,并规定了大学中不同类型成员的代表参与这些组织的规则和选举程序等。根据该法第2条第2款的规定,大学中的不同类型成员可以分为以下几个组别:(1)大学教师;(2)从事学术工作的人员;(3)学生;(4)其他人员(非从事学工作的人员)。

此外,该法第2条第5款还规定:“所有成员在决定下列事项时,具有相同的表决权:(1)研究计划的相互协同;(2)提供课程的计划;(3)对于大学教师和学术人员的相关人事事宜的建议;(4)有关考试与课程制度的决议,只有大学教师以及其他至少拥有相关资格的成员拥有表决权,其他成员仅具有建议权。”

此外,该法还规定了大学的各类组织中不同成员组别代表的比例。例如,评议委员会由8位大学教师、3位学术人员、3位学生、1位其他人员组成;院务委员会由12位大学教师、6位学术人员、3位学生、3位其他人员组成;任命委员会中大学教师、学术人员以及学生的人数是4∶2∶2,但在特定条件下,大学教师的代表拥有特别表决权;从事关于课程提供及课程安排的教务委员会中教师、学术人员与学生的人数是2∶2∶4。

下萨克森州的学术型大学中的若干教授针对此法律提起宪法诉愿。诉愿人认为,该法律将讲师、有任课义务的公务员等不具有充分资格的人规定为大学教师,并在各种组织和表决权分配上倾向于这些非学术人员,这改变了依据《德国基本法》第5条第3款享有

学术自由的主体的范围，并导致了具有充分学术能力与资格的大学教师遭到压制。如果大学教师在学术问题的决定上，仅仅与助教和学生拥有相同的表决权，无疑是经由这些非学术人员的表决而侵犯了大学教师的学术自由。诉愿人认为，相对于其他人员，大学教师在大学中负有特别的义务。因此，对于具备充分资格的学者，仅仅给予其与其他不具备资格的人员同等的表决权是不合理的。应当保证在大学的组织中，大学教师代表拥有明显的多数，而限制其他组别人员的参与。

联邦宪法法院最终只是部分支持了诉愿人的主张。联邦宪法法院肯定了下萨克森州大学法的《暂行法》在组合大学中不同成员上的努力，但是也认为，该法在大学的组织设计上的某些措施可能未充分考虑学术自由的实现条件，并认为在大学的各种事务中，应当区别其与学术自由的关系紧密程度而以不同的标准来建构相应的组织。这一判决最重要的部分，是对“学术自由的组织保障”的论证。

（二）学术自由的规范内涵

1. 学术自由的双重性质

联邦宪法法院首先沿用了吕特判决[①]以来界定基本权利规范内涵的“双重性质理论”[②]来分析学术自由。宪法法院指出，学术自由是一种防御权，用来对抗国家的干预，“以学术的自我规定为基础的过程、行为方式以及关于探求知识及其阐释和传播的决定不受国家公权力的干预”。[③] 但联邦宪法法院重申了基本权利作为客观价值秩序的规范内涵，认为出于对基本权利的效力的原则性强化，基本权利应被看作宪法的基本决定而成为适用于一切法领域的客观价值秩序。这种价值决定也包含了基本法中的学术自由。作为一个价值决定，学术自由不仅意味着排除国家对学术自由的干预，也意味着，它要求国家的保护。国家要以积极的行为，保护并预防这项

---

① BVerfGE7,198.

② 参见张翔：《基本权利的双重性质》，载《法学研究》2005 年第 3 期。

③ BVerfGE 35,79(111).

自由被掏空。

2. 学术自由的组织保障:给付行政的个人参与

那么保障学术自由的积极措施包括哪些呢?联邦宪法法院认为,首先当然是国家提供人员和财政支持。如果没有合适的组织以及相应的资金,那么学术活动就不可能展开。特别是,在当代的自然科学研究中,国家的资金支持是非常关键的。这在法律上属于给付行政的范畴。

然而,要保证学术自由的实现,还必须保证研究者能够参与到这些国家给付的决定中去。也就是说,在此给付行政的过程中,大学中的不同成员应该都能有组织上的途径参与进去。享有学术自由的人,必须能够参与有权决定分配资金的组织,如果他们不能参与相关的组织,就无法保证获得学术活动所必需的资金和其他条件,从而学术自由也就无法实现了。在这种意义上,宪法法院认为,学术自由作为客观价值秩序,增强了学术自由在参与权层面的规范内涵,"参与公共给付的提供逐渐成为学术自由实现的必要条件"。"那些由基本法第5条第3款的价值决定所产生的基本权利主体有权要求国家采取包括组织方式在内的某些措施,这些措施对于其基本权利保障的自由空间而言是不可或缺的,因为唯此其自由的学术活动才成为可能。"①这里,联邦宪法法院提出了本案中最为重要的观点,也就是说,认为基本权利的效力同时也及于组织措施。如果没有恰当的组织,学术研究者就无法决定学术活动所必需的资金和其他条件的配置,从而使学术自由不可能实现。一个学术组织的特定构成方式,会预先影响其决策的结果。如果组织方式不当,个人的学术自由就无法避免被妨害。

(三)立法者在决定大学组织模式上需考虑的因素

然而,在联邦宪法法院看来,就如何决定大学的组织,立法机关拥有充分的形成自由。大学组织并无唯一的模式,也不应该遵循唯一的模式,"一个合乎宪法的大学组织的标准仅仅在于:借由此组

① BVerfGE 35,79(114).

织,'自由的'学术是否成为可能,其运作是否能不被危及"。[①] 也就是说,立法者有充分的自由来决定大学组织的模式,只要能保证学术自由的实现即可。但这里要注意两个问题:

1. 学术功能与其他功能的协调

虽然学术自由如此重要并课以立法者如此重大的义务,但立法者在决定大学的组织模式时,却不能只考虑学术自由,还应该看到大学在学术研究之外的其他功能。现代的大学同时兼具教育与职业训练的功能。大学的学术研究功能与教育、训练功能相互交织,不应该把大学看作纯粹学术性组织。当今的大学,优先要考虑的是如何教育出大量的专业人才,以符合职场之需求。因此,在大学组织的设立上,就不应该只考虑其作为学术研究场所的功能,还要考虑大学的其他功能,也就意味要考虑大学里除大学教师之外的其他人员,包括教学科研的协同人员、学生以及服务人员的利益,使大学中不同人员的利益能够协调一致。在此,学者个体的学术自由不可能毫无限制地、无条件地被考虑,而是要考虑其与其他人员的合作,以及大学里其他人员的利益。

2. 大学教师的突出地位

基于此种考虑,立法机关制定大学的组织规范,就必须让不同类型的人员都参与大学事务的决策,这样才能协调和保障所有成员的利益。尽管如此,却必须强调,就大学的基本功能而言,大学教师毕竟不同于其他人员,所以,必须在组织规范中保证大学教师的"突出地位"。

联邦宪法法院认为,考虑大学教师是大学任务的主要承担者,是学术活动的领导者,因此,《德国基本法》第5条第3款仍然赋予了大学教师一个突出的特殊地位。"如果基本法第5条第3款设立了学术自由的原则,那么,对于那些在研究和教学上特别值得信赖的大学教师们,基本法第5条第3款也是给予了一个突出的地位的。"之所以认为具有教授资格或者其他相当资格的大学教师在大学中具有突出的地位,乃是因为,这些教师基于其基本训练,承担大

---

① BVerfGE 35,79(119).

学的研究与教学任务,被视为大学学术中最重要的部分,对大学功能的实现和大学的学术地位担负更多的责任,他们是与学术事务最密切相关的组群。而且,不同于学生和其他人员(包括学术和非学术人员),他们是大学中最具长期性和稳定性的人员,因而也是受到大学组织的决策影响最多的人员。由此,立法者在决定大学的组织架构时,就必须考虑大学教师的特殊地位,而不能与其他组别等同视之。

(四)区别对待:协调大学中不同利益的宪法标准

基于对大学的学术功能和其他功能的综合考虑,以及对大学教授和其他人员利益的充分考虑,联邦宪法法院最终提出了一种对大学事务的划分方式,并认为,决定不同事务的组织,其形式也应不同,立法者针对不同组织的形成自由也有大有小。对于那些不影响大学成员的学术自由的组织规范,立法者具有较为宽泛的形成空间。但是,"对于那些'与学术关系重大'(wissenschaftsrelevant)的事务,也就是直接关联研究与教学的事务,立法者的形成自由则受到限制"。[①] 按照这一标准,凡是与学术有极密切关系的事务,就应该尽可能由教授们自己决定,在决策组织的构成上也以教授为主。这种做法可以保障大学教师在大学中的特殊地位,保障其学术自由。但这并非意味着其拥有超越其他组别的,在处理大学各种事务上的全面的决定权,也不意味着大学教师在大学自治行政组织中当然拥有多数的表决权,而是要考虑各项事务的具体性质来配置组织中的代表比例和表决权比例,通过区别具体事务的类型,来分配决定权。

1. 在教学上,除大学教师之外,其他学术人员也履行着重要的职能,大量的教学任务是由助教等学术人员承担的。因此,在教学事务的决策上,必须给予这些人员相应的参与和表决权。同时,教学事务也直接涉及学生的利益,因此,调和教学者和学习者的利益是正当的。与之相对应,非学术人员在教学上完全处于服务者的地位,因此,不必考虑给予其参与权。

---

① BVerfGE 35,79(122).

2. 在直接涉及学术研究的事务中，参与决定权在各个组群间的分配就应该遵循更严格的标准，也就是唯有参与学术研究活动的人才能参与决定。在这方面，除大学教师外，其他学术人员当然不能被排除在外，但非学术人员则没有参与权。大部分的学生也并不符合参与学术活动的标准，虽然其在学术活动中可能有一些贡献。即使立法者认为应该给学生一定的参与权，也主要是考虑到学术研究的事务可能对教学产生影响。

3. 对于其他的一些事务，则应考察其“学术相关性”而加以区别对待。比如，对于教授的任命，应该看到教授是大学的研究与教学的真实主体（eigentlichen Träger），任命教授是与学术自由最密切相关的事务。对于教授的任命，不应该考虑由非学术人员的参与。而学生也同样缺乏考察拟任命教授者的学术水准的知识和能力，但是，学生可以提供拟任教授者在之前的教学活动中给他们留下的印象，同时教授的任命决定也会影响学生未来的学习，因此，可以考虑给予学生一定的参与决定权。但无论如何，由于任命教授与学术自由强烈相关，因此必须让大学教师拥有决定性的影响。

（五）《暂行法》在组织保障上的不足

基于前述的标准，联邦宪法法院审查认为，《暂行法》组合了大学教师、学术人员、学生和其他人员这四个组别，并且没有简单机械地按照人数多寡来分配大学事务的决定权，而是依据各组别的功能、责任以及在大学中的时间长短来划分等级，并且也考虑到教师群体在大学事务的决定中应该具有超越数量关系上的优势。这些规定，都是合乎前述的学术自由组织保障标准的。但是，联邦宪法法院也指出，这些规范还存在一些不足，比如：

1.《暂行法》第 2 条第 2 款关于大学教授组别的划定，违背了“组别设置的同质性要求”（das Gebot der homogenen Gruppenbildung）。[①] 按照这一要求，同一组别内的人员应该具有同质性，由此才能真实反映同一类型人员的利益和需求。然而，在《暂行法》第 2 条第 2 款中，讲座教授、讲师甚至从事学业指导的人员，尽管其各自的资格完

① BVerfGE 35,79(138).

全不同,其所承担的功能和职责也不相同,但都被划入大学教师的组别。这其中,有些是取得了教授资格的可以独立从事教学科研的人,而有些则只是受其指示而从事教学科研的人,有些是长期对整个学科负责的人,有些只是短期地或者只是从事辅助和补充性教学工作(如复习课)的人。

这种组织设置显然会稀释那些真正独立从事教学科研的人员的参与权,使其基于自身的学术需求而参与决策的机会减少,最终大学行政的相关决策可能会妨害其学术自由。这种不适当的组织措施,对具备教授资格的大学教师的学术自由构成了威胁。

2. 任命委员会的构成,未能体现大学教师在决定"与学术关系重大的事务"的突出地位。任命委员会是由大学教师、学术人员和学生代表以4∶2∶2的比例构成。在这个比例中,大学教师并没有占据多数。大学教师的任命,属于"与学术关系重大的事务",能够直接影响学术自由的实现,以及大学的学术功能的落实。对于这样的事务,具备相应资格的大学教师并不拥有多数的表决权,而不具备资格的人却能在很大程度上决定具备资格的人是否被任命,宪法法院认为这是不适当的,会影响大学落实其学术功能的能力,也会妨害大学教师个体的学术自由。

四、理论基础:从"制度性保障"到"客观价值秩序"

大学判决所阐述的"学术自由的组织保障"理论,并非在某特定领域、基于特定社会背景而偶然产生的理论。其与德国基本权利教义学的传统思维,以及"二战"以后德国基本法时代对基本权利规范内涵的新的诠释有必然性关联。要理解"学术自由的组织保障"的内在理路,就有必要对其与德国"基本权利的制度性保障"以及"基本权利作为客观价值秩序"学说的关联予以考察。

(一)施密特以来的"制度性保障"理论

通过组织措施保障基本权利的理论,与自卡尔·施密特以来的基本权利的"制度性保障"理论有学理渊源。卡尔·施密特在其1928年出版的《宪法学说》中提出,应将基本权利与"制度性保障"(institutionelle Garantie)进行区分,认为某些在宪法之前就已经存在的制度,是由宪法所确认的,因此,应该受到特别的保护而不能允许立法机关通过法律而予以废弃。[①] 施密特提出了这种观点,实际上是基于两个背景:首先,在《魏玛宪法》之下,立法机关居于中心地位,除了立法程序外,其立法权几乎是不受限制的,这使宪法的规定有被立法机关掏空的危险。特别是针对基本权利,《魏玛宪法》基本都允许立法者通过法律予以限制,这使基本权利的保护处于危险当中。其次,在《魏玛宪法》之下,还不存在对法律的违宪审查制度,也就是还没有像"二战"后的基本法时代那样设立宪法法院,对立法机关的立法是否违宪,特别是是否不当限制了基本权利还无法进行审查。在这种情况下,施密特提出区分"基本权利"和"制度性保障",实际上就将后者排除于立法机关的限制权限之外,使得立法机关无法对涉及个人利益的这部分制度做任何的变动,从而保障个人的权益。[②] 被施密特认定为"制度性保障",从而不能由立法机关废弃的制度包括:(1)接受法官审判的制度;(2)婚姻家庭制度;(3)星期天的休息制度;(4)民法上的财产权制度;(5)公务员制度;(6)乡镇的自治制度。如果我们考察其内容会发现,这些所谓的制度性保障,实际上都是对基本权利("接受审判权""婚姻自由""休息权""财产权""参政权"等)的保障。应该说,施密特勉强区分基本权利和制度性保障,只是魏玛宪法的特定条件下的特殊理论形态。

在进入基本法时代以后,施密特理论的两个背景实际上都不复存在了:一方面,立法机关不再具有中心和权威的地位,其立法权不再是无限的,而是要受到宪法的制约;另一方面,宪法法院制度的建立,使对法律的司法审查成为现实,特别是宪法诉愿制度建立之后,个人基于基本权利而寻求宪法救济成为可能。在这种情况下,勉强从基本权利中区分出"制度性保障"以强调立法不可以对基本权利施加某种限制,似乎已无必要。然而,基本法时代的宪法理论与实

① Carl Schmitt, Verfassungslehre, neunte Ausflage, Berlin, 2003, S. 170ff.

② 在笔者看来,在施密特庞大复杂的理论体系中,他关于制度性保障的主张实际上体现着自由主义的立场,而非人们通常所关注的其对自由主义的批判立场。

践,却“旧瓶装新酒”,从中发展出了基本权利保障的新层次,其中最重要的就是“基本权利的组织保障”。

(二)“客观价值秩序理论”及其在组织规范上的开拓

此种新发展的背景是德国联邦宪法法院自“吕特判决”以来所发展出的基本权利的“客观价值秩序理论”。① 联邦宪法法院认为,“基本权利首先是公民对抗国家的防御权;但基本法中的基本权利规定同时也体现为一种客观的价值秩序(objektive Wertordnung),而其作为宪法上的基本决定而对所有法领域发生效力”。② 按照这一理论,基本权利作为客观价值秩序构成立法机关建构国家各项制度的原则,也构成行政权和司法权在执行和解释法律时的指导原则,基本权利构成整个社会共同体的价值基础,构成国家机关一切行为的准则,国家应该为基本权利的实现提供实质性的前提条件。③ 然而,此种抽象的要求毕竟是难以操作的,因此,联邦宪法法院也在诸多层面上尝试对这一“客观价值秩序”进行具体化,比如,在“堕胎判决”中发展出“保护义务”理论,④在“大学组织判决”中,联邦宪法法院的新发展就是所谓“基本权利的组织保障”,也就是要求国家通过包括组织措施在内的手段去促进基本权利的实现。

这一新发展特别值得关注的层面在于,传统上宪法中的“基本权利规范”和“组织规范”是两个不同的规范群,立法者在对“组织规范”进行具体化时不需要考虑基本权利的问题,然而,在大学组织判决之后,立法者在关于组织设立上的裁量空间被大大限缩,也就是说,立法者在制定看似与基本权利无关的组织方式和程序的法律时,也必须时刻考虑基本权利的实现。

在现代社会,人类的生存资源日益匮乏,而社会的内部关系日益复杂,国家必须承担分配和给付的任务,但此种分配和给付必须

---

① 参见张翔:《基本权利的双重性质》,载《法学研究》2005 年第 3 期。

② BVerfGE 7,198(198).

③ Robert Alexy,Gundrechte als subjektive Recht und objektive Normen,Der Staat 29/1990. S. 49.

④ BverfGE39. 1(1).

借助一定的组织和程序，才能决定不同的人获得给付的水平。① 所以，适当的组织形式，就是基本权利真正实现的前提条件，不同群体的不同利益诉求，需要在相关的组织设计中予以充分考虑和协调，以总体性地实现基本权利的效力最大化。② 在大学判决中，传统的基本权利的“制度性保障”在新的“基本权利的客观价值秩序”理论的笼罩下得到了新的诠释，最终凝定为“基本权利的组织保障”的学说。③

五、小结

至此，我们可以对“学术自由的组织保障”的学理进行简单总结，并探讨其可能的启发意义。通过大学判决而得到充分阐释和建构的“基本权利的组织保障”理论，所强调的是国家在做到不侵害基本权利之外，还要通过组织设计使基本权利的实现具有可能性。进一步的追问是，究竟什么样的组织设计才算是有效的，组织达到何种标准才算国家对基本权利尽到了义务。联邦宪法法院在大学组织判决中对此也给出了结论性的宪法标准，包括正反两个方面：“(1)从正的方面说，那些由基本法第5条第3项产生的基本权利主

---

① Konrad Hesse, Bedeutung der Grundrechte, in: E. Benda W. Maihofer H. -J. Vogel (hg.). Handbuch des Verfassungsrechtes der Bundesrepublik Deutschland, 2Aufl. ,1995. Rn. 43.

② BVerfGE 32,54(71); 6,55 (72).

③ 需要注意的是，“基本权利的组织保障”理论并非只是在大学组织这一领域的昙花一现。事实上，在其他基本权利领域，这一理论同样在发挥着为基本权利的实现提供组织基础的作用。(Vgl. Hans D. Jarass, Grundrecht als Wertenscheidung bzw. Objektiverechtliche Prinzipie in der Rechtsprechung des Bundesverfassungsrichts, AöR20/1985. S. 385ff.)这些基本权利包括：(1)言论自由，在1966年的明镜周刊案中，联邦宪法法院就认为：新闻媒体必须属于社会而非国家，应当以“私法的组织形态”来运作，彼此竞争，公权力原则上不应介入。也就是认为对于新闻自由的保障，要基于对以私法法人的组织方式存在的媒体的保障，“私法法人”是新闻自由的适当组织方式。BverfGE 20,162 (175f.)。(2)经济领域的结社权，在1976年“员工参与决策权案”(Mitbestimmung)中，联邦宪法法院认为，法律对于经济上结社的组织设计应该趋向于有效协调各方的利益冲突，工会以及公司组织的设立要有保障劳工权利的考量。BverfGE 50,290 (354)。(3)在广播电视领域，在1981年的“第三次广播电视判决”(3. Rundfunkentscheidung)中，联邦宪法法院认为广播电视承担着保证意见多元化的公共任务，因此在设计广播电视媒体的组织时，就应考虑媒体不得被特定的社会势力所独占。BverfGE 57,295 (322f.).

体,通过大学的适当的自由结构,其学术活动获得保障,同时也要考虑到大学的任务和大学中承担不同任务的基本权利主体的利益也得以可能;(2)从反的方面说,《德国基本法》第5条第3款禁止立法者在组织上设立这样的一种学术架构:导致学术组织的学术功能的实现存在危险,或者妨碍了其成员的学术活动的自由空间。”①也就是说,针对那些与学术关系重大的组织设置,法律规范须以保证学术自由的实现为前提,或者说不能因为其设置的组织而导致学术自由被妨碍。此外,基于大学功能多元化和人员多元化的现实,学校中教师之外的学生、非学术人员等的利益,也要在大学的组织设置上予以关照。② 基于上述理念与标准,在大学判决中,德国联邦宪法法院对大学组织法的具体规范进行了细致的合宪性审查。

六、对中国大学的相关组织规范的检讨

2011年11月28日,教育部颁布了《高等学校章程制定暂行办法》(以下简称《章程制定办法》),这一规章的出台对于中国的大学治理建设具有里程碑的意义。按照教育部新闻通气会的说法,大学章程旨在“明确高等学校内外部权利义务关系,促进高校完善治理结构”,③概括其基本意旨:一方面在于厘清大学与教育行政主管部门、出资人等的外部关系;另一方面则在于以恰当的大学组织设置来协调学校管理者、教师、学生以及非教师的其他职工之间的利益关系。

大学章程的制定、大学组织的建设,攸关大学成员的多项基本权利。其中最重要的自然是“学术自由”。《章程制定办法》第11

① BVerfGE 35,79(122f.).

② 这种兼顾不同群体利益的“大学共治”(shared governance)理念,在当今世界是具有普遍性的。例如,在美国,“大学共治被贴上利益相关者的标签,即所有利益相关者都对学校事务有一定的发言权,当考虑所有阶层的人的各种意见与建议之后才能做出最后的决定”。参见于杨:《现代美国大学共同治理理念与实践》,中国社会科学出版社2010年版,第66页。

③ “教育部2012年新闻通气会散发材料一:介绍《高等学校章程制定暂行办法》有关情况”,载中国教育和科研计算机网,http://www.edu.cn/xin_wen_dong_tai_890/20120110/t20120110_729842.shtml,最后访问日期:2014年10月2日。

条第2款“章程应当明确学校学术评价和学位授予的基本规则和办法；明确尊重和保障教师、学生在教学、研究和学习方面依法享有的学术自由、探索自由，营造宽松的学术环境”的规定对此有明确宣告。然而，须追问的是，大学章程所进行的组织设置究竟应符合怎样的标准，方能达成此目标？此外，在教师的学术自由和学生的学习自由之外，大学中还存在学生的职业培训诉求、非教师的其他人员的工作权利等利益和权利，而这些利益和权利并非与学术自由毫无冲突抵牾之处，那么，应如何通过大学的组织设计加以协调？《章程制定办法》所规定的“学术委员会”“学位评定委员会”等学术组织，“教职工代表大会”“学生代表大会”等“民主决策、自主管理”的组织究竟应有怎样的人员构成、职权和工作程序？凡此种种，皆为大学章程制定所需解决的前提问题。

2013年11月28日，教育部召开新闻发布会，宣布首批中国人民大学、东南大学、东华大学、上海外国语大学、武汉理工大学和华中师范大学6所高校的章程已获核准。[①] 截至2014年9月，教育部已经核准了24所高校的章程。这些章程为我们分析大学组织与大学成员基本权利的保障之间的关系提供了样本。在这些章程制定过程中发生的一些争议，也有助于我们深入反思基本权利保障的宪法理论。例如，在北京大学章程草案征求意见过程中，《新京报》以“北大拟规定学生参与审查教师学术不端行为”为题进行了报道，指出北大学生将有机会“调查处理学校人员是否违规、讨论决定学位授予标准、审查老师是否可以评上教授、老师著作是否涉嫌抄袭”。[②] 这一报道引发了争论，人们对于缺乏学术专业资质的学生参与“学术委员会”的合理性提出了质疑。

接下来，笔者将尝试对我国《高等教育法》《章程制定办法》《学校教职工代表大会规定》以及若干大学的章程中的组织规范进行检

---

① 参见《首批六所高校章程正式获准颁布中国大学步入“宪章”时代》，载教育部网，http://www.moe.gov.cn/publicfiles/business/htmlfiles/moe/s5147/201311/160200.html，最后访问日期：2014年10月2日。

② 《北大拟规定学生参与审查教师学术不端行为》，载新华网，http://news.xinhuanet.com/edu/2014-08/10/c_1112007365.htm，最后访问日期：2014年9月30日。

讨,探讨这些组织规范是否能够保障不同主体的基本权利。

(一)《章程制定办法》和《学校教职工代表大会规定》体现了“基本权利组织保障”的理念

我国《高等教育法》在第四章中对大学组织作出框架性规定,主要包括第39条的“党委领导下的校长负责制”(对此问题本文不展开)、第41条的“校长全面负责学校的教学、科研和其他行政管理工作”、第42条的“学术委员会”、第43条的“教职工代表大会”。第42条规范的显然是与学术自由强烈相关的事务,而第43条的规范对象则不限于学术自由,也包含了非教师的其他群体的其他权益。然而,除规定教职工代表大会必须“以教师为主体”外,《高等教育法》关于这些组织应按何种模式、内部应以何种比例分配代表名额等并没有作出具体的规定。此外,《高等教育法》虽然有第六章“高等学校的学生”,但没有任何关于学生参与学校管理的规定。

而《章程制定办法》和《学校教职工代表大会规定》对于高校的组织进行了进一步的细化规定,并且这些规定在相当程度上符合前述“基本权利的组织保障”的理念。《章程制定办法》第11条规定:“章程应当明确规定学校学术委员会、学位评定委员会以及其他学术组织的组成原则、负责人产生机制、运行规则与监督机制,保障学术组织在学校的学科建设、专业设置、学术评价、学术发展、教学科研计划方案制定、教师队伍建设等方面充分发挥咨询、审议、决策作用,维护学术活动的独立性。”“章程应当明确学校学术评价和学位授予的基本规则和办法;明确尊重和保障教师、学生在教学、研究和学习方面依法享有的学术自由、探索自由,营造宽松的学术环境。”第12条第2款规定:“章程应当明确规定教职工代表大会、学生代表大会的地位作用、职责权限、组成与负责人产生规则,以及议事程序等,维护师生员工通过教职工代表大会、学生代表大会参与学校相关事项的民主决策、实施监督的权利。”从以上规定不难看出,《规章制定办法》体现了“通过组织措施来保障基本权利”的理念:一方面,规定通过明确学术委员会、学位评定委员会等学术组织的组成原则来保障“学术活动的独立性”,也就是保障学术人员的学术自由;另一方面,又强调通过“教职工代表大会、学生代表大会”的适当组织来保证民主决策，这也体现了通过组织途径来协调大学中不同群体的利益，以实现基本权利保障效果最大化的精神。其中，尤其成为亮点的是：突破了《高等教育法》，对于学生参与大学治理的权利作出了规定。

应该说，两个规章体现了先进的"通过大学组织保障大学成员基本权利"的大学自治理念，但进一步考察相关规范，特别是以这两个章程为依据制定的各大学的章程，仍然能发现一些不尽如人意的地方，下面分别说明。

（二）缺乏对大学人员的精确分类，以及"何种事务应由何种主体参与决策"的充分考虑

如前所述，对大学成员有效的"基本权利的组织保障"，必须建立在对具有多元利益诉求的大学成员的精确分类和对大学事务的精确分类的基础上，非此无法进行由相关利益主体参与相关事务决策的组织设计。然而，在此种类型化工作上，我国相关规范存在明显不足。《高等教育法》第五章规定了"高等学校教师和其他教育工作者"，对于教师规定了"教师资格制度""教师聘任制"，对于"管理人员"规定了"教育职员制度"，应该说确立了一个大学成员分类的大致方向。但在进一步的规范中，却未能完成这种分类的细化。教育部32号令《学校教职工代表大会规定》第9条第1款规定："凡与学校签订聘任聘用合同、具有聘任聘用关系的教职工，均可当选为教职工代表大会代表。""凡是"二字说明，《学校教职工代表大会规定》并没有将教师群体与其他职工群体作出明确区分。所有教职员工都有权参与学校事务，这没有问题，但种种"不区分"的做法，却可能导致在决定学术性事务时，会有不具备资格的非学术性人员参与的可能性，这就有可能妨碍学术自由的实现。有研究者在基于实证材料的分析后也指出："由于代表都是从所在单位中选出，因此，对各单位和教师本人而言，'代表'所'代表'的是他的单位，而不是他属于的身份群体。"①不根据利益诉求之差异而区分大学中不同

---

① 郭卉：《权利诉求与大学治理：中国大学教师利益表达的制度运作》，中国海洋大学出版社2009年版，第68页。

群体,就会导致选出的代表是“所有教职工”的代表,而不是内部具有“同质性”的不同群体的代表,这从源头上导致了大学组织的设计不可能根据不同事务而设置不同的代表比例和表决权比例。

在已经公布的各大学章程中,大都对“教职工”有进一步分类,一般区分为教师、其他专业技术人员、管理人员、工勤人员等。但是,这些群体区分在标准上非常模糊,更重要的是,在章程关于教职工权利义务的规定中,基本没有区分不同群体在利益诉求上的差别,而是笼统规定有参与学校民主管理等权利。这种区分,等于没有区分。

这种区分的不清晰,带来了大学组织设计上的模糊,进而可能损害各群体的基本权利。比如,我国大学法制的设计者,并非没有意识到教师在大学中的突出地位,在高等教育法中明确强调教职工代表大会是“以教师为主体”的,但在进一步的组织设计中,却无法避免缺乏精确分类的弊端。《学校教职工代表大会规定》第 11 条第 1 款规定:“教职工代表大会代表以教师为主体,教师代表不得低于代表总数的 60%,并应当根据学校实际,保证一定比例的青年教师和女教师代表。民族地区的学校和民族学校,少数民族代表应当占有一定比例。”规定教师代表在教职工代表大会中不少于 60%,这个比例似乎是赋予教师代表在学校重大事务上的多数的决定权,给予了教师特殊的突出地位。但这一比例设计实际上存在两个方面的不合理性:(1)如果纯粹是学术事务,则任何非学术人员的参与都是有问题的。在学术事务上,教师占 60% 的比例不足以保障学术自由。在纯粹学术事务上,应该赋予大学教师超越于其数量关系上的优势,任何行政人员或其他非学术人员的参与都是在组织上对学术自由的妨碍。(2)对于教师以外的非学术人员利益,教师享有 60% 以上的决定权又是不公平的。涉及非学术人员利益的事务,当然应该赋予其更多的决定权。只有在区分不同事务与学术自由的相关度并在区分基础上确定人员构成及其比例,才是实现不同群体利益的适当组织措施。

(三)在与学术关系密切事务中,教师的主体地位不够突出

出于对学术研究是大学的主要功能,以及教师对大学功能的

实现承担着主要责任的认识，在一些大学的章程中，体现了要赋予教师“突出地位”的理念。例如，《中国人民大学章程》第21条规定：“教师是学校办学的主体力量，学校为教师开展人才培养、科学研究、社会服务、文化传承创新等活动提供必要的条件和保障”，视教师为大学的主体，应该说在近年来渐成共识，“大学，有大师之谓也”名言的流行为其证。此外，在学术事务中，突出强调学术人员享有决策权，也成为一种逐步被接受的理念，《中国人民大学章程》第32条规定学术委员会主任主持学术委员会工作，还特别规定“学术委员会主任一般由不担任行政职务的资深教授担任”，这一规定在各大学章程中是极少见的，体现了中国人民大学对大学理念深刻的认识。这种变化，也与近年来高校“去行政化”的呼声相符合。但是，即使针对学术委员会这种专门处理学术性事务的机构，各大学章程也没有明确这样一些问题：(1)学术委员会应当如何产生；(2)学术委员会成员应包括哪些类型(仅仅是教授、还是也包括副教授和讲师的代表，是否需要区分有同时担任学校行政职务的成员和其他成员，以及纯粹的行政人员、其他专业技术人员、后勤人员可否成为学术委员会成员，等等)；(3)不同类型成员的比例关系等问题。在学术委员会的组织设计，如果不能保证学术人员的突出地位，对于学术自由在大学内部的事项仍然是不利的。

《北京大学章程》对于学术委员会如何组成的规定相对较为具体，“学校学术委员会实行定额席位制，由选举产生的教授委员、学生委员以及校长与校长委派的委员组成。校长与校长委派的委员不超过委员总数的五分之一。教授委员任期四年，学生委员任期一年。校长及校长委派的委员随校长任免而更替”。“校长委派的委员”的存在，显然不符合“学术事务由学术人员决定”的理念。而缺乏专业资格和专业能力的学生进入学术委员会，表面上看是给予学生以民主权利，是一种“共治”，但这从组织上使得非学术人员参与到了学术事务的决定中，可能导致对学术事务的非学术判断，最终损害学术自由。“学术自由意味着合格的教员不用受制于对相关知识不专业和不学术的评判。”[①]我国台湾地区大法官第462号解释也认为:“各大学校、院、系(所)教师评审委员会,本于专业评量原则,应选任有充分能力之专家先行审查,报请教师评审委员会评议。除能提出专业学术依据之具体理由,动摇该专业审查之可信度与正确性,否则应尊重其判断。”学术问题却有非学术人员参与判断,这正是北大章程相关规定遭受批评的原因所在。此外,各大学章程在“聘任和解聘教师”“经费预算的拟定和批准”等与学术密切相关的事务上,也多缺乏保障教师参与的组织机制,大学行政化之弊仍然顽固。

七、结　语

前面的分析,只是以《章程制定办法》等规范性文件为主进行的探讨,并未穷尽列举所有因为组织措施不当而导致学术自由或者其他利益受到损害的情形。再举数例:某高校某专业的硕士学制从3年改为2年,其结果是培养质量的迅速下降(学生第一年在上课,第二年要找工作、写毕业论文,几乎没有完整和安宁的时间投入专业学习和研究),教师和学生都对此种改革持反对意见,但意见的表达最多只是在一些会议上的发言。而在作出学制变革决定的机制上,起更多作用的或许是行政人员的意见,比如,后勤管理人员基于学校的宿舍、食堂、图书馆等资源的考虑,可能会认为在扩大招生的前提下须缩短学制,否则相关设施的容量将告不足。这种决策,并没有能保证教师和学生参与的组织机制,其对于学术自由和学生的职业培训需求等基本权利层面的诉求是无法保障的。又如,在惩戒学生方面,接受学生申诉的“学生申诉处理委员会”(《普通高等学校学生管理规定》第60条)往往是由作出处分决定的学生处(或者学工部)来组织,学生代表在委员会中所占比例有限,而且多缺乏独立性而被管理人员的意见主导。

从《章程制定办法》等规范看,我国大学组织在保障学术自由和

---

① [美]罗伯特·波斯特:《民主、专业知识与学术自由——现代国家的第一修正案理论》,左亦鲁译,中国政法大学出版社2014年版,第87页。

大学自治的方向上，已经取得了很大的进步。但是，在细密程度上尚须加强，如果不能多层次细致区分大学中学术人员和非学术人员、区分学术事务和其他事务，而由简单的几个组织（甚至只是行政人员）来对所有大学事务进行决策，则无疑会在多方面妨碍不同类型的大学成员利益的实现。做不到好的协调就会导致更多冲突。鉴于相关法律规范尚较粗疏，就需要在未来的大学章程制定（以及已经制定章程的修改）中确立基于组织而保障基本权利的理念，通过对大学人员的精确类型化，并强调高校教师在学术事务上的突出地位，协调大学的学术功能和教育培训功能，协调教师与非学术人员、学生的多方利益，进行组织上的精细设计。在大学组织设计上缺乏此种关照，大学章程的制定并不会真正推进中国大学治理的变革。

第七章　基本权利的构成、限制、竞合与冲突

第一节　基本概念与相互关系

前文对基本权利功能的分析，实际上是对基本权利构成的研究，也就是分析哪些事项属于基本权利的保障范围。所谓基本权利的构成（Grundrechtstatbestand），也可以称作基本权利的保障范围，也就是哪些事项属于基本权利的保障事项。① 在此保护范围内，基本权利主体无论是积极作为还是消极不作为，都构成"基本权利的行使"。

与基本权利构成相关的另一个问题是基本权利的限制问题。基本权利的限制是指国家公权力对基本权利的干预和禁止。基本权利的构成和基本权利的限制之间的关系在于，如果某种行为并不能符合基本权利的构成，不能落入基本权利的保障范围，则国家对这种行为的干预就不构成对基本权利的限制。基本权利的限制是对基本权利保障范围之内的"基本权利的行使"的干预。基本权利的构成与基本权利的限制共同从两个方面框定了基

---

① Michael Sachs, Verfassungsrecht Ⅱ Grundrechte, Berlin u. a. Springer, 2000. S. 94 ff.

本权利的最终保障范围。

基本权利的竞合(Grundrechtskonkurrenzen),是指一个基本权利主体的一个行为同时符合数个基本权利的构成要件,受到数个基本权利的保障。基本权利的竞合显然与基本权利的构成问题密切相关。每项基本权利都有自己的构成要件和各自的保障范围,但各个基本权利的保障范围在某些情况下会相互重合。[①]

基本权利的冲突(Grundrechtskollisionen),是指数个基本权利主体的基本权利相互对立,一个基本权利的行使会侵害另一个基本权利。[②] 基本权利的竞合是同一主体的多项基本权利在主张上的重合,而基本权利的冲突则是不同主体之间基本权利主张的对立。相互对立的两种主张各自都符合该基本权利的构成要件,但由于互相冲突,只有一项基本权利的主张可以得到支持。于是,另一项基本权利的主张就必须被压抑。所以,实际上基本权利冲突的解决过程,就是对某种基本权利予以限制的过程。

第二节　基本权利构成与限制的“外部理论”与“内部理论”

关于基本权利的构成与限制,有两种截然不同的理论:“外部理论”与“内部理论”。[③] 按照罗伯特·阿列克西的分析,基本权利的构成与限制的“外部理论”与“内部理论”的区分大致如下:[④]

一、外部理论

“外部理论”把“权利”和“权利的限制”当作两个问题来处理。

---

① Volker Epping, Grundrechte, Berlin u. a. Springer, 2005. S. 93 f.

② Michael Sachs, Verfassungsrecht Ⅱ Grundrechte, Berlin u. a. Springer, 2000. S. 57 ff.

③ 关于这两种理论的初步分析和比较,参见张翔:《公共利益限制基本权利的逻辑》,载《法学论坛》2005 年第 1 期。

④ Robert Alexy, *A Theory of Constitutional Rights*, trans. by Julian Rivers, New York: Oxford University press (2002), p. 178 – 179.

也就是说，针对某项基本权利，我们首先需要解决的是“权利的构成”问题，也就是确定“哪些人是该权利的主体”“哪些行为是该项权利保障的对象”，这时候权利的保障范围是宽泛的、没有边界的、存在无限可能性的。接下来再去考虑“权利的限制”问题，也就是通过衡量公共利益、他人权利、国家功能的实现等因素，从外部去确定什么样的权利主张不能得到支持。这样，权利的范围才最终确定下来。

二、内部理论

“内部理论”把“权利的构成”和“权利的限制”当作一个问题来处理。也就是认为，权利自始都是有其“固定范围”的，权利的保障范围并非漫无边界的，相反，按照权利的本质，任何权利都是有自然而然的、固定的范围的。也就是说，当我们确定了“权利是什么”的时候，就同时确定了“权利的限制是什么”。“权利的构成”和“权利的限制”是互为表里的同一个问题。内部理论在法学方法上采取对基本权利的“概念涵摄解释”，也就是首先对某项基本权利的概念进行解释，设定其保障范围，以此作为大前提去适用于个案。[①] 这种做法，事先将某些行为排除在了基本权利的保障范围之外。

三、外部理论与内部理论的效果比较

“外部理论”与“内部理论”之间有着相互的激烈批评。“内部理论”批评“外部理论”将基本权利问题无限制扩大，造成了基本权利的“通货膨胀”。而“外部理论”则批评“内部理论”过于神秘和主观。“内部理论”认为权利自始有一个“固定范围”，而有些行为“当然地”不属于权利的范围，然而，我们无法从基本权利条款中找到“固定范围”的依据，也很难想当然地对一些行为是否属于权利的行使作出判断。

---

① 关于涵摄推论的研究，可参见［德］拉伦茨：《法学方法论》，陈爱娥译，台北，五南图书出版股份有限公司 1996 年版，第 168～173 页；王鹏翔：《论涵摄的逻辑结构》，载《成大法学》2005 年第 9 期。

而“外部理论”则显得逻辑清晰。“外部理论”并不自缚手脚，并不预先设定基本权利的保障范围，而是把一切与该项基本权利相关的行为都假定为可能的保障范围，然后在立法、执法、司法等多个层次上进行利益衡量，最终作出是否保障的决定。

笔者在基本权利的构成与限制问题上，倾向于“外部理论”。这并不主要是因为“外部理论”逻辑清晰，而是因为“外部理论”能够为基本权利提供更充分的保障。“外部理论”在讨论基本权利构成的时候，不会先验地、人为地把一些事项作为基本权利本质上就不能包含的内容，不会过早地把一些本来有可能属于基本权利内涵的事项武断地排除，不会导致基本权利范围自始被严重限缩，而是以一种开放的姿态去尽可能地保护一切可能的基本权利，只是在该基本权利的行使与其他利益发生不可共存的对立时，才对基本权利作出限制。所以，“外部理论”较“内部理论”能够为基本权利提供更充分的保障。当代宪法学的一种重要目标是实现“基本权利效力的最大化”，①在这方面，“外部理论”应当是较优越的。

四、外部理论与基本权利功能

前文关于基本权利功能的研究，实际上是对基本权利的构成要件和保障范围的研究。这种研究与基本权利构成的“外部理论”之间有着密切的联系，也就是通过扩大基本权利的功能范围，尽可能地张扬基本权利的保障，使基本权利的效力得到最大化。所以，基本权利功能体系的研究，特别是正当化基本权利的受益权功能和基本权利的客观价值秩序功能的主张，是一种基本权利构成上的“外部理论”。

第三节　基本权利的竞合

基本权利的竞合，是指一个基本权利主体的一个行为同时符合

① 参见法治斌、董保城：《宪法新论》，台北，元照出版有限公司 2004 年版，第 177～178 页。

数个基本权利的构成要件,受到数个基本权利的保障。从相反的角度来看,基本权利的竞合意味当公权力侵害基本权利主体的利益时,可能同时侵害了多项基本权利。[①] 例如,某报社编辑编发稿件的行为,可能同时属于出版自由和工作权的保障范围,又如,抵制强制拆迁的人,其房屋可能同时受到住宅自由和财产权的保护。基本权利的竞合问题的关键在于:基本权利主体应当如何主张自己的权利。传统上,基本权利的竞合可以分为两类:非真正的基本权利竞合(法条竞合)和真正的基本权利竞合(想象竞合)。[②] 这一分类的厘清过程,实际上就是解决基本权利竞合问题的过程。

一、非真正的基本权利竞合(法条竞合)

非真正的基本权利竞合是指一个行为被数个基本权利条款交叉规定,受到数个基本权利的保障,但只适用其中的一个基本权利条款加以保障。之所以说是"非真正"的基本权利竞合,乃是因为这种情况并非一个基本权利在观念上能够属于多个基本权利,只不过不同的基本权利条款相互出现了规定上的重合。例如,某人出版一本著作的行为,既属于出版自由的范围,又受到言论自由的保护,同时,由于著作同时有人格与财产的双重属性,这一行为还可能受到财产权的保护。由于只是三个不同条款同时能够适用于这一个行为,所以只是宪法的几个法条之间发生了竞合而已。

对于这种非真正的竞合关系,在处理上应该只适用一个基本权利条款。关于如何在这些竞合的基本权利条款中作出选择,宪法的理论与实践都尚未形成确定的规则,这里只举例说明一些相对明确的适用方法。较为明确的一个规则是特别关系优先于一般关系。以前述的出版著作的行为为例,"出版"与"言论"是一种特别与一般的关系,也就是说出版只是一种特殊的言论方式,同时,因著作而带来的财产利益,也只是财产权的一种特殊形式,所以,这里应该适

① Ekkehart Stein, Staatsrecht, 18 Aufl, Tübingen: Mohr Siebeck, 2002, S. 206.

② 参见法治斌、董保城:《宪法新论》,台北,元照出版有限公司 2004 年版,第 195 ~ 198 页。

用“出版自由”条款，而非“言论自由”或者“财产权”条款。还有一种是主要关系优先于次要关系。例如，某人为游行示威做准备，购买了纸张、布匹以印制传单、书写标语，其购买纸张、布匹的行为可能受到财产权条款的保障，但其购买纸张布匹的行为乃是为游行示威做准备，是从属于游行示威行为这样主行为的“次要行为”。所以，如果行政机关在游行示威之前没收了这些纸张、布匹，当事人应当主张自己的游行示威自由受到了限制，而不必主张自己的财产权受到限制。

二、真正的基本权利竞合(想象竞合)

真正的基本权利竞合是指一个基本权利主体的一个行为同时可以主张数个基本权利。真正的基本权利竞合并非各基本权利条款之间发生了重合，而是某个行为确实符合了数个基本权利的构成，从而当事人可以主张数个基本权利。例如，一名教师因为参加政治团体而被公立学校解雇，该教师可以同时主张结社自由、工作权和学术自由受到了侵害。[①]

第四节　基本权利的冲突

一、基本概念与界定

基本权利的冲突是指数个基本权利主体的基本权利相互对立，一个基本权利主体在行使其权利时会侵害另一个主体的基本权利。也就是说，一个主体的基本权利的实现是以牺牲其他主体的基本权利为代价的。由于宪法所保障的利益与价值的极端多元，基本权利的主张之间相互对立是极为正常的现象。依据各项基本权利之本质，有些基本权利的冲突是显而易见的，例如，言论自由与人格尊严

---

① 参见[韩]权宁星：《基本权利的竞合与冲突》，韩大元译，载《外国法译评》1996年第4期。

的冲突,游行示威自由的行使导致交通堵塞影响他人行动自由。但是,也有一些基本权利的冲突是隐含的,是要在宪法的具体实践中才会表现出来的。例如,《德国基本法》规定了生命权与个人的人格发展权,最初人们并没有认识到这两项权利之间会发生冲突,但是,如果具体到孕妇堕胎问题上,就会出现孕妇的人格发展权(自我选择人生)与胎儿的生命权之间的冲突。此时,国家的立法与司法在衡量是否允许堕胎、在怀孕的哪个阶段允许堕胎等问题时,就是在解决宪法层面的基本权利冲突问题。

我们知道,基本权利是公权利,是个人对国家的主张。而基本权利冲突却是基本权利主体之间的相互主张。这种关系似乎是平等主体之间的关系,而不像一般的基本权利问题那样是国家与个人间的关系。也就是说,基本权利冲突似乎只是一个"加害人—被害人"的二元关系。然而,如果我们考虑基本权利的不同功能侧面,我们就会发现基本权利冲突内在地包含"加害人—国家—被害人"的三角关系,如图 7－1 所示:

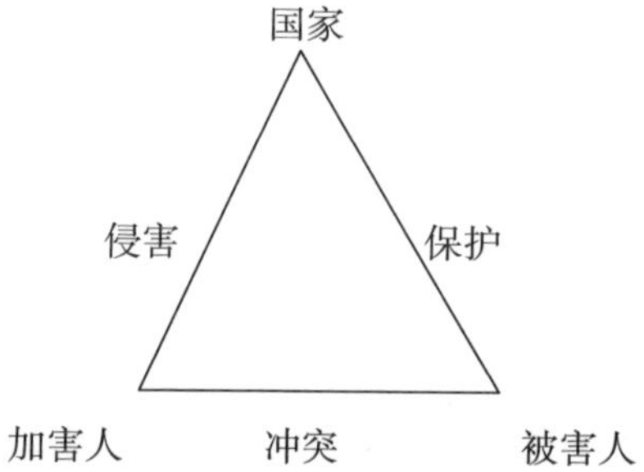

图 7－1　加害人—国家—被害人的三角关系

按照当代"基本权利的双重性质"理论,基本权利既是个人对抗国家的"主观防御权",还是国家公权力必须遵守的"客观价值秩序"。按照这一理论,国家对基本权利的义务就不仅仅是不予侵犯的"消极义务",国家公权力还应当尽一切可能为基本权利的实现创造条件、排除妨害,这就是所谓的国家对基本权利的"保护义务"(Schutzpflicht)。

在基本权利冲突情形下,国家必须履行自己的"保护义务",对受害人的基本权利进行保护。然而，这种"保护行为"必然同时是对加害人基本权利的"侵害行为"。以上文所举的德国法上的堕胎问题为例，如果国家立法将堕胎规定为犯罪，就是对胎儿生命权的保护，同时却是对孕妇的人格发展权的侵害。而如果国家立法允许堕胎，就保障了孕妇的人格发展权，但侵害了胎儿的生命权。而法院在衡量具体情形去认定某妇女的堕胎行为是否构成犯罪的时候，无论作出怎样的判决，都是对一方权利的保障，而同时构成对另一方权利的侵害。所以，基本权利的冲突必然要求国家的介入，这种介入可能是国家立法中对不同基本权利的衡量和调和，也可能是在执法与司法中作基本权利的考量。无论哪种形式的介入，都使得基本权利的冲突问题不再是"加害人—被害人"的二元结构问题，而是"加害人—国家—被害人"的三角关系问题。

二、基本权利冲突问题的范围

从某种意义上讲，基本权利的冲突涵盖了法领域一切的权利冲突。不同法律领域的各种权利冲突，归根结底都是宪法上不同基本权利在保障范围上的相互重叠和碰撞所致，或者说，不同法律领域的各种权利冲突，都可以作宪法学的解读，都可以涵盖在基本权利冲突问题的射程之内。在各个法律领域，都存在基本权利的冲突问题，下面分别举例说明：

（一）刑法领域的基本权利冲突

在刑法领域，较为典型的基本权利冲突的例子是"侮辱诽谤罪"中言论自由与人格尊严的冲突。在德国1961年的施密特－明镜周刊案（Schimid-Spiegel）[①]中，施密特的言论最初被认定构成侮辱罪，但施密特提起宪法诉愿，联邦宪法法院第一庭最终认定施密特的行为是言论自由的正当行使，宪法上的言论自由在这一案件中构成了侮辱罪的阻却事由。

除了这一典型的基本权利冲突外，刑法中的许多条文与制度都是对基本权利冲突进行的协调。例如，如果在特定情形下，杀

① 12 BVerfGE 113,（1961）.

人是某人求生的唯一手段,那么杀人是否构成刑法上的“紧急避险”？这里的问题于宪法学上就是两个不同生命权主体之间的权利冲突问题。[①]

(二)民商法领域的基本权利冲突

民商法领域是基本权利冲突的最主要的领域。基本权利冲突在民法领域就体现为所谓的“基本权利的第三人效力”问题。按照通说,基本权利的第三人效力是指,在平等主体之间发生基本权利冲突的时候,如果民法条款不足以解决这一冲突,则宪法上的基本权利可通过法官对民法的“概括条款”或者“不确定概念”的“合宪性解释”对私人间的关系发生间接效力。关于民法上基本权利冲突的问题,在德国法上有较多的案例积累。[②] 我国在2001年“齐玉苓案”之后,基本权利的第三人效力问题也进入了学者的视野,对于这一问题的讨论已有相当的文献积累,而笔者也曾就此问题撰写过文章,这里就不再重复了。[③] 我国民法学界也对私法领域的基本权利冲突问题有较多的关注。

在知识产权法的领域,基本权利冲突的问题近年来受到了极大的关注。这与知识产权法处于人类科技与文化的最前沿、最易产生新的法律问题有关。例如,治疗艾滋病的药物价格极为昂贵,而专利使用费用是这些药物的价格构成中的重要部分,这里实际上就存在发明者的财产权(专利权)与病患的生命健康权之间的冲突问题。[④] 而在以人体基因为研究对象的生物科技领域,存在多重的基本权利冲突问题。例如,研究人员可以就胚胎干细胞研究取得专利,但若将胚胎看作生命,这里就存在财产权、科研自由与生命权的冲突。又如,基因遗传检验可以帮助人们选择基

---

① 参见[德]Wilfried Kueper:《杀人禁止与生命的紧急避难——针对“生命对生命”冲突的问题》,吴俊毅译,载《成大法学》2005年第9期。

② See Kenneth Lewan, *The Significance of Constitutional Rights for Private Law: Theory and Practice in West Germany*, 17 ICIQ, p. 580－591.

③ 参见张翔:《基本权利在私法上效力的展开——以当代中国为背景》,载《中外法学》2003年第5期。

④ 参见王冠玺、李晓苹:《知识产权法律与基本权冲突的法理研究》,载《知识产权》2005年第4期。

因较为优秀的胚胎,而另外那些基因有缺陷的胚胎则可能被扼杀,这里存在生育自由与生命权的冲突问题。而基因检验、基因调查中又可能出现科研人员的科研自由与被调查者的隐私权之间的冲突。[①]

(三)行政法领域的基本权利冲突

行政法领域的基本权利冲突问题也是非常普遍的。试举一例说明:我国《治安管理处罚法》第 42 条规定:"有下列行为之一的,处五日以下拘留或者五百元以下罚款;情节较重的,处五日以上十日以下拘留,可以并处五百元以下罚款:(一)写恐吓信或者以其他方法威胁他人人身安全的;(二)公然侮辱他人或者捏造事实诽谤他人的;(三)捏造事实诬告陷害他人,企图使他人受到刑事追究或者受到治安管理处罚的;(四)对证人及其近亲属进行威胁、侮辱、殴打或者打击报复的;(五)多次发送淫秽、侮辱、恐吓或者其他信息,干扰他人正常生活的;(六)偷窥、偷拍、窃听、散布他人隐私的。"

这一条文的第 2 项涉及言论自由与人格尊严的冲突,第 5 项涉及通信自由与休息权的冲突,第 6 项涉及行为自由与隐私权的冲突。

行文至此,一个自然的疑问是:"这些问题都是基本权利冲突吗?""基本权利冲突问题的范围究竟有多广?"紧急避险中的杀人可以看作生命权与生命权的冲突问题,那么,如果一个行为艺术家故意杀人,他能否主张这是自己的艺术自由与他人生命权的冲突?一个以盗窃为生的人,能否主张自己的盗窃行为是一种"劳动",从而刑法上的盗窃罪是不是会成为一个劳动权与财产权的冲突问题?发黄色短信难道也是通信自由,用黄色短信骚扰他人难道也是基本权利冲突问题?对于这些疑问,我们可能会作出直觉性的否定判断。但是,我们必须说明这些问题与通常公认的基本权利冲突问题(如言论自由与人格尊严的冲突)是否有区别。这就需要对基本权

① 参见陈志忠:《专利法上公序良俗条款初探:以基因生物体为例》,载《应用伦理研究通讯》2003 年第 7 期。

利冲突的规范结构进行分析。

三、基本权利冲突的规范结构

前文我们论及,在基本权利的构成和限制上存在“外部理论”和“内部理论”两种不同学说。这两种不同理论对于基本权利冲突问题的影响在于,“外部理论”使基本权利冲突问题的范围非常宽泛,而“内部理论”则使得基本权利冲突问题被限制在一个相对狭窄的范围内。①

如果按照“外部理论”,则基本权利的构成是无比宽泛的,艺术家就可以主张自己的故意杀人行为是艺术自由的行使,而小偷也可以主张自己的盗窃行为是劳动权的保障范围,只不过他们的主张在与相冲突的他人的生命权、财产权作利益衡量之后没有被支持而已。也就是说,“行为艺术家杀人”与“小偷盗窃”也都还是基本权利的冲突问题,只不过最终获得保障的是他人的生命权和财产权。

而如果按照“内部理论”,杀人行为和盗窃行为就被天然地排除在了艺术自由和劳动权的构成之外,因为持“内部理论”的人会说:“艺术自由当然不包含杀人,而盗窃也绝对不是一种劳动。”从而,行为艺术家就不能主张艺术自由,而小偷也就不能主张劳动权,既然权利不存在,也就不存在与其他权利的冲突问题了。

在前文中,我们已经说明,“外部理论”能够为基本权利提供更充分的保障,本书也倾向采用“外部理论”。如果采用基本权利构成

---

① 如果将内部理论和涵摄解释模式推向极致,甚至会否定基本权利冲突的理论认识,也就是认为所有权利都是有固定边界的,绝不会与别的权利的保障范围发生重合和碰撞。由此,我们也就不难理解,郝铁川先生为什么会说“权利冲突是个伪问题”,而相信“权利边界通过立法技术、司法解释、法律原则、公序良俗等是可以划定的。守望权利边界,就不会发生权利冲突”。参见郝铁川:《权利冲突:一个不成问题的问题》,载《法学》2004 年第 9 期。但是,这种观点太理想主义了,因为对权利保障范围的完全列举和清晰界定是不可能的,笃信权利边界的明确性,在某种程度是一种概念法学式的理性狂妄。因而,郝铁川先生的论点引发了众多批评也就是非常自然的了。对郝文较为系统和有力的批评,参见张平华:《权利冲突是伪问题吗?——与郝铁川教授商榷》,载《法学论坛》2006 年第 1 期。

与限制的“外部理论”，基本权利冲突问题的射程就会非常宽泛，刑法、民法和行政法的领域中只要涉及“加害人—国家—受害人”三方关系的问题都可以涵盖在基本权利冲突这一问题框架之下。接下来的问题就是，我们应当在怎样的理论体系和制度框架下解决这一牵涉甚广的法律问题。

四、解决基本权利冲突的相关理论

对于基本权利冲突的解决，有以下一些主要的理论。这些理论或者为解决基本权利冲突提供衡量标准和规则，或者建立解决基本权利冲突的方法论框架，虽然没有哪种理论能够为解决基本权利冲突提供最终的确定性方案，但都有相当重要的借鉴意义。

（一）基本权利的位阶秩序理论

在德国，有些宪法学者认为各个基本权利之间是存在价值位阶秩序的，某些基本权利的价值位阶高，而另外一些的价值位阶则较低。[①] 从而，当不同位阶的基本权利冲突时，应当优先保障价值位阶较高的基本权利。首先，人格尊严被看作宪法的核心价值和所有基本权利的基础，因而具有绝对优先的地位。其次，某些基本权利在宪法上未作限制性规定，[②]而有些基本权利则伴随限制性规定，[③]另一些基本权利则是由宪法授权普通法律作出限制。[④] 这可以被看作各项基本权利之间存在价值位阶差异的一个表现。未作限制性规定的基本权利的地位要高于有限制性规定和授权法律限制的基本权利，而宪法自身作出限制的基本权利的地位又高于宪法授权法律限制的基本权利。施耐德在对《德国基本法》进行分析后认为，以公共利益为取向的基本权利，应该优位于以个人

---

① 参见李震山：《基本权利之冲突》，载《月旦法学杂志》1995 年 5 月。

② 例如，《德国基本法》第 1 条第 1 项：人之尊严不可侵犯，尊重及保护此项尊严为所有国家机关之义务。

③ 例如，《德国基本法》第 5 条第 3 项：艺术与科学、研究与讲学均属自由，讲学自由不得免除对宪法之忠诚。

④ 例如，《德国基本法》第 8 条第 2 项：露天集会之权利得以立法或根据法律限制之。

利益为取向的基本权利,例如,言论自由高于经济自由。[①] 按照这样一个基本权利的位阶秩序等级表,在发生冲突的时候,只需要核对相互冲突的权利的位阶就可以很容易地得出哪个权利优先的结论。

德国的基本权利位阶秩序理论与美国的"双重基准理论"(theory of double standard)暗通款曲。美国联邦最高法院在 1938 年的美国诉卡洛林产品公司案(United States v. Carolene Products Co.)中宣告了某些基本权利的优先地位。大法官斯通在法庭意见的"脚注四"(Footnote 4)中提出,对于某些立法不应当适用合宪性推定(presumption of constitutionality),这些立法包括:从表面上看就属于美国宪法明确禁止事项的(例如,对前十修正案规定的权利的限制);对政治过程进行限制和干预的;涉及宗教、少数种族的(代表多数的立法机关很容易压抑少数族群)。[②] 这一理论被进一步发展为:对与言论、出版、宗教等权利相关的法律进行"严格审查"(Strict Scrutiny Test),而对与经济自由相关的法律则进行"合理性审查"(Rationality Review Test)。[③] 双重基准理论在后来有进一步的发展,出现了介于二者之间的"中度审查标准"(Intermediate Scrutiny Test)。但这一理论的要义还是赋予言论自由等以优先地位。[④] 例如,道格拉斯大法官在默多克诉宾夕法尼亚案(Murdock v. Pennsylvania)中就宣称"出版自由、言论自由、宗教信仰自由居于优先的地位"。[⑤] 而在其他的一些判决中,法院也多次适用"优位自由

---

① Harald Schneider, Die Güterabwägung des Bundesverfassungsgerichts bei Grundrechtskonflikten, 1961, S. 224/227. 转引自陈怡凯:《基本权利的冲突——以德国法为中心》,台湾大学法律研究所 1995 年硕士学位论文。

② 304 U. S. 144(1938).

③ See David M. Burke, *The "presumption of constitutionality" doctrine and the Rehnquist Court: a lethal combination for individual liberty*, Harvard Journal of Law & Public Policy, Fall94, Vol. 18 Issue 1.

④ 美国宪法对言论自由的格外重视,在原理上可以上溯至约翰·密尔的《论自由》,在他对于现代宪法影响深远的论述中,他极端地强调了言论自由对于人类福祉的必要性。他的论述是美国将言论自由看作"第一位"的自由的重要思想来源。参见[英]约翰·密尔:《论自由》,程崇华译,商务印书馆 1959 年版,第 55 ~ 56 页。

⑤ 319 U. S. 105, 115(1943).

权”“优位身份”等表述来表明基本权利之间在位阶秩序上的差异。

在我国,也有学者主张基本权利间的位阶秩序。例如,朱苏力教授在《〈秋菊打官司〉案、邱氏鼠药案和言论自由》一文中就将言论自由放在了更重要的价值地位上。但是,基本权利位阶秩序理论存在相当严重的问题,首先,宪法文本没有对基本权利的优先顺序作出规定,位阶秩序理论基本上是理论论证,而非基于宪法文本分析的法解释学论证。其次,即便有优先的权利,这种优先也不是绝对的,言论自由的优先绝不意味着在言论自由与其他权利冲突时都优先保障言论自由。相对而言,林来梵教授的观点就与其一贯主张的规范法学路径相吻合,他认为:“权利的位阶秩序并没有整体的确定性,不可能形成像‘化学元素表’那样先在的图谱”,[①]从而不应该以权利位阶秩序作为解决权利冲突的依据。

（二）具体规定优先于概括规定

具体规定优先于概括规定是指明确列在基本权利篇章中的基本权利,较之未在基本权利篇章中列举的权利,具有优先性。我国虽然没有像美国第九修正案那样的“未列举权利”条款,但在宪法修正案第24条“人权条款”入宪后,我国《宪法》中也应该有了这种类似的概括性条款,通过这一条款的阐释,可以将未列举的权利纳入基本权利的体系。例如,以“人权条款”与《宪法》第26条“国家保护和改善生活环境和生态环境,防治污染和其他公害”相结合,有可能解释出公民的“环境权”。如果按照“具体规定优先于概括规定的理论”,宪法对某些基本权利的明确列举,应当被解释为制宪者已经体认到了这些权利的重要性,认为这些权利较未列举的权利更需重视。当这些列举的权利与未列举的权利冲突时,应当优先考虑已经明确规定的权利。

但是,这一理论在我国的适用会存在很大的问题,我国宪法对许多重要的基本权利都未作规定,例如,生命权、罢工自由、迁徙自由。那么,如果这些权利与宪法上明确列举的权利发生冲突的时

① 林来梵、张卓明:《论权利冲突中的权利位阶》,载《浙江大学学报》(人文社会科学版)2003年第33卷第6期。

候,是否一定是宪法上已经列举的权利优先呢?而且,如果是两个已列举权利之间发生冲突,又应当如何适用呢?这也是“具体规定优先于概括规定”理论所无法解决的。

(三)比例原则

比例原则最早是德国行政法的原则,强调国家在作行政行为时,必须在目的与手段之间作出均衡的选择,不能不择手段地追求行政目的的实现。比例原则包括三个具体内容:(1)适当性原则。这是指国家机关采取的手段必须能够达到所希望达到的目的。(2)必要性原则。这是指在一切适当的手段中必须选择对当事人侵害最小的那一个。(3)狭义比例原则。这是指不能为了达成很小的目的,而严重损害人民的利益。也就是说,如果某个合法的行为能够达到目的,但是仍然会导致基本权利的过于严重的损害,则这项合法行为也应该被放弃。①

比例原则在基本权利冲突中的应用,主要是指基本权利主体在行使基本权利的时候,在选择手段时不能过度限缩或者侵害其他基本权利主体的基本权利。也就是把本来用于规制行政裁量权的比例原则用来衡量基本权利的行使,从而使两项相互冲突的基本权利能够得到调和。

(四)个案中的利益衡量

个案利益衡量观点认为,基本权利冲突是非常抽象层次的价值冲突或者原则冲突,很难给出抽象的解决基本权利冲突的一般规则。所以,当在实践层面发生基本权利冲突的时候,特别是在前述的几种理论都无法适用时,应该由法官综合考虑该案件中的所有情况,作出合乎现况的利益衡量。林来梵教授在解决基本权利冲突问题上,应该就是一个“个案衡量论者”,他认为权利冲突的解决不可能有一般的依据,而应该“返回法的形而下”,走向“具体实证”,就

---

① 关于比例原则的研究资料相当丰富,这里就不再展开论述了。参见蔡震荣:《行政法理论与基本人权之保障》(第2版),台北,五南图书出版股份有限公司1999年版,第105页以下。

个案进行具体的价值衡量。①

个案衡量方法是一种古老的法律技巧，而在判例法的国家，就个案进行衡量，追求个案正义是有着深厚传统的。在美国当代宪法理论中，桑斯坦提出的“司法极简主义”在某种意义上也是这种传统的现代版本。桑斯坦提出了“一次一案”的口号，认为法官只应针对眼前的个案裁判，在裁判中“宁窄勿宽”“宁浅勿深”，仅仅就一个个案作充分的衡量，提供具体的结论。② 在判例法传统的国家，在解决基本权利冲突上采取个案衡量是不难理解的。但在传统的重视普遍正义，重视法律适用三段论的大陆法系国家，个案衡量也成为某些案件判决的基本原理。例如，在德国著名的“吕特案”中，联邦宪法法院提出了所谓的“不可或缺的法益衡量”理论，认为必须充分考虑个案中的一切客观因素，对相互冲突的基本权利作充分的考察，以确定哪一个基本权利应当得到保障。③ 而在前文提到的“施密特－明镜周刊”案中，联邦宪法法院再次提出了“法益衡量”的理论，认为应当就本案中“言论自由”的利益和“人格尊严”的利益作斟酌衡量。④

个案衡量理论的优点在于它的实用性，它能解决问题。个案衡量理论赋予法官以足够的权威，无论多么复杂难明的案件都可以借由法官的裁量作出判断。但是，个案衡量理论有着天然的令人难以忍受的缺陷。按照美国学者的概括，对个案衡量理论有八个方面的批评。⑤ 其中最为有力的是两个：(1)个案衡量论者无法给出比较和评价不同利益的客观标准；个案衡量显得相当神秘和难以琢磨，使得司法裁判过多服从于法官的主观判断。(2)法官不是立法者，不能进行造法的活动。在个案衡量的过程中，法官不再像裁判者，而更像一

---

① 参见林来梵、张卓明：《论权利冲突中的权利位阶》，载《浙江大学学报》（人文社会科学版）2003 年第 33 卷第 6 期。

② Cass R. Sunstein, *One Case at a Time: Judicial Minimalism on the Supreme Court*, Cambridge: Harvard University Press, 1999.

③ BVerfGE 7, 198, 1958.

④ 12 BVerfGE 113, 1961.

⑤ T. Alexander Aleinikoff, *Constitutional Law in the Age of Balancing*, 96 Yale L. J. 94, p. 972－996.

个法律的制定者,这是民主政治所难以容忍的。正如美国学者艾林尼可夫所概括的那样,“衡量论有一个最终的反讽。一开始,衡量论是一种解放性的方法论,它把蒙蔽法官双眼的眼罩摘了下来,让他们可以开放地把宪法与真实世界之间的联系纳入考量。通过倡导实用主义的、现实主义的宪法思维,衡量论承诺给出适用宪法的客观的、根植于社会现实的教条。但是,它给出了答案,却无法说服众人”。[①]

(五)立法衡量理论

立法衡量理论与个案衡量理论相反,认为对基本权利冲突的调和解决,只能通过立法者制定法律,而不能由法官在个案中进行衡量。这种理论认为,在个案中对基本权利冲突的衡量,很难充分考虑基本权利体系整体上的和谐。在具体个案中解决基本权利冲突的结果,必然是一种基本权利退缩,而另一种基本权利得到保障。而实际上基本权利冲突的解决并非如此简单,例如,言论自由和人格尊严的冲突,在一种情况下可能是言论自由优先,而在另外的情形可能是人格尊严优先。而法官是解决个案的,他们很难考虑到如此多样的社会生活,从而他们的结论会显得非常片面。而立法机关是一个天然的利益协调部门,它更容易考虑到更为广阔的社会现实。所以,应当由立法机关在充分衡量各种利益的基础上制定出协调基本权利冲突的法律规则,而司法机关只需要去适用这些规则就足够了。即使立法机关制定的法律并没有很好的调和基本权利的冲突,也应该只是个如何对法律进行合宪性审查的问题,而不可以由法官直接去解决基本权利的冲突问题。而且,由于宪法上并没有对基本权利之间的优先序列作出规定,所以法官直接解决基本权利冲突实际上毫无依据,所谓的个案利益衡量最多只是基于个案狭隘视角的草率决定。

立法衡量理论非常符合德国法强调立法机关权威而警惕司法专横的传统思维,而这一理论在美国宪法上也有相当的地位。这是因为,美国宪法第十三修正案规定国会有权以“适当立法”禁止奴隶

---

① T. Alexander Aleinikoff, *Constitutional Law in the Age of Balancing*, 96 Yale L. J. 94, p. 1005.

制和强迫劳动的存在，而第十四修正案第5款也规定国会有权以“适当立法”去实施“法律的平等保护”，这两条包含了禁止在私人关系中侵害基本权利的意义，也就实际上将调和私人关系中基本权利冲突的权力赋予了立法机关。美国联邦最高法院多次坚定地维护了国会的这一权力。例如，1966年的美国诉格斯特案（United States v. Guest）中，最高法院指出：“国会获得了完整的授权，去决定惩罚妨碍权利行使的私人阴谋”，“第十四修正案第5款看来似乎是对立法机关的积极授权，授权国会行使裁量权去设计救济手段，以达成所有公民在民事和政治上的平等”。[①] 可以看出，美国宪法理论中的立法衡量论，并非主要来自理论论证，而是基于宪法的文本阐释，并非认为法官的个案衡量不能很好地解决基本权利冲突问题，而是因为宪法明确将解决权利冲突的权力授权给了立法机关。而在实际的宪法运行中，个案衡量仍然是处理基本权利冲突的基本手段，正如艾林尼可夫所言，美国宪法从20世纪50年代开始进入了一个“衡量的时代”。特别是在基本权利的案件中，个案衡量的方法论已经成为自然而然的选择。[②]

五、解决基本权利冲突的模式选择

前述的解决基本权利冲突的理论可以概括为两个基本的模式：“抽象解决模式”和“具体解决模式”。“基本权利的位阶秩序理论”、“具体规定优先于概括规定”以及“立法衡量论”都是希望建立解决基本权利冲突的一般规则乃至基本权利的位阶秩序表，属于抽象解决模式。“个案衡量论”则属于具体解决模式，认为不存在解决冲突的一般规则，冲突的解决只能是在个案的具体情形下进行比较衡量。而“比例原则”既可以适用于具体个案的情形，也可以适用于立法的领域，因其运用的领域不同，可分别归入抽象解决模式和具体解决模式。

---

① 383 U. S. 745 (1966).

② T. Alexander Aleinikoff, *Constitutional Law in the Age of Balancing*, 96 Yale L. J. 94, p. 944.

这两种模式在解决基本权利冲突问题上都是难以令人满意的。抽象解决模式希望建立一般性的规则和权利的“元素周期表”,但这种长幼有序、井井有条的位阶秩序表总是无法达成目标。规则不存在,谈何运用规则解决冲突呢?具体解决模式虽然肯定能解决问题,能对个案作出判断,然而,这种没有规范依据而任由法官内心确信的方法又何异于凭空捏造呢?但是,在没有更好的解决模式的情况下,我们所能做的也还只是在旧有模式里取长补短、勉力而为了。

笔者对解决基本权利冲突的模式选择有以下几个层次的基本主张,这也是法官在案件审判中遇到基本权利问题时的三个思维步骤:

(一)普通法律规范的优先适用

普通法律规范的优先适用,是指当一个案件中存在基本权利冲突问题时,我们首先不要把它当作一个宪法问题去处理,而是在普通法律中检索,看是否有可以用来解决这一冲突的普通法律规范。这是对立法者“立法裁量”的尊重,也是因为,我们必须相信立法机关作为一个天然的利益协调机关已经恪尽职守,为基本权利冲突的解决设计了相当合理的规则。如果普通法律已经提供了相当明确的规则,就不应该无视这些规则而直接作宪法层次的原则考量。

对于法官而言,这意味着在案件审判中,一般不必考虑宪法基本权利的因素,而直接依据普通法律去判决个案。在法官判断“罪与非罪”“是否构成侵权”“是否违法”的同时,基本权利的冲突问题就已经被解决了。例如,一个学校复制他人作品进行教学,这里面有一个教学自由与著作权人的财产权冲突的问题,法官依据《著作权法》,在考虑学校是否以营利为目的等因素的情况下,会做出这种行为属于“合理使用”或者“侵犯著作权”的判断,这一判断从宪法角度看是解决了一个基本权利冲突问题,但它的外在表现只是一个普通著作权案件的判决。

(二)个案衡量与法律的合宪性解释

当普通法律规范无法提供解决基本权利冲突的明确规则的时

候,法官就有必要对案件中涉及的基本权利进行直接的个案衡量。在法学方法上,这就进入了“合宪性解释”的范围。也就是说,此时法律规范出现了不确定的含义,或者说只有原则性、概括性条款可以适用,这时候就应该将宪法纳入考量,在法律规则或者原则的多种解释可能性中选择与宪法精神相一致的那种。这时需要纳入考虑的,应当是所有与此案相关的基本权利,要尽可能避免过分限缩乃至完全剥夺某项权利的后果。

这种个案衡量在民法领域就表现为基本权利的第三人效力,或者基本权利的“扩散作用”,也就是宪法上的基本权利通过民法概括条款或者不确定概念对民事案件产生效力,通过宪法考量解决普通法律没有解决的基本权利冲突问题。而这种个案衡量在刑法领域的适用则要复杂得多。由于罪刑法定原则的存在,刑事案件中超越刑法的宪法考量的结果,只能是将某项基本权利条款作为犯罪的阻却事由,而不能以被告人侵害他人宪法上的基本权利为由去认定被告人构成犯罪。

(三)合宪性与宪法解释

这里存在的问题是,如果调和权利冲突的普通法律条文存在违宪嫌疑,那么,法官还能否径行适用?由于这些普通法律规范是对基本权利冲突的调和,发生侵害基本权利的概率自然相当高。如果对有侵害基本权利嫌疑的法律仍然不假思索地直接适用,就背离了解决基本权利冲突要尽可能使所有权利都得到保障的基本精神。在这种情况下,合宪性审查和宪法解释就应当是必要的。通过合宪性审查或者宪法解释,解决基本权利冲突的法律规则就会被重新确认或者修正,而且,由于是因具体个案提起的宪法解释,审查后的规则对于具体个案的解决也就当然会有较明确的指引。

至此,在普通案件审判中解决基本权利冲突的模式可以概括为以下三点:(1)抽象解决。立法机关在立法中对基本权利冲突进行调和,司法机关一般不衡量基本权利冲突问题。(2)具体解决。在普通法律规范不足以适用时,法官可在个案中进行基本权利冲突的衡量。(3)合宪性审查。这实际上还是个案衡量,只不过并非普通法律不足以适用,而是普通法律有违宪之嫌疑。

【案例与事例分析】馒头案

案情:2006 年 2 月,一个著作权法领域的基本权利冲突问题引起了公众和学者的热烈讨论。陈凯歌执导的影片《无极》被网民胡戈戏谑改编为《一个馒头引发的血案》(以下简称《血案》),在《血案》中,胡戈大量剪辑使用了《无极》的影像片段,并进行了重新配音和编排,对《无极》进行嘲讽。片中,胡戈多次用戏谑手法指出《无极》缺乏常识和艺术水准低下。《血案》迅速在网络上传播,引起了《无极》的导演——陈凯歌的强烈不满,声称要起诉胡戈。这一事件引起了公众与学术界的热烈讨论,但最终并没有形成诉讼案件。

分析:本案中存在基本权利的竞合与冲突的问题。

1.《无极》的著作权人认为自己的"保护作品完整权"受到了侵犯,这项权利是一项民事权利而非宪法上的基本权利。但一般认为,普通法律权利都是宪法上基本权利的具体化,"保护作品完整权"应当是宪法上"人格尊严"和"艺术自由"在著作权领域的映射。而胡戈的改编行为,虽然在民法上可能是一种侵权行为,但也可以看作一种艺术创作的活动。考虑胡戈精心而为的镜头剪辑、台词编写、剧情设计,以及对几位风格迥异的演员声音的模仿,很难否认这是一种智力活动和情感表达。将《血案》视为"作品"似无不可,而从宪法角度看,可以看作胡戈的"艺术自由"的行使。

2. 艺术自由与言论自由的竞合问题。对于这一案件,笔者主张胡戈的行为属于艺术自由的保障范围,但有学者主张胡戈是行使"言论自由"或"表达自由",认为不存在艺术自由的问题。① 这种理解没有大错,但没有意识到基本权利的竞合与选择适用的问题。实际上,在这一案件中,胡戈既可以主张表达自由,也可以主张艺术自由,其行为同时落入了表达自由和艺术自由的保障范围内,构成了

---

① 参见侯猛:《一个馒头引发的宪法争论》,载北大法律信息网,http://article.chinalawinfo.com/article/viewpiont/default.asp? id = 1,最后访问日期:2006 年 6 月 1 日;蔡定剑:《"馒头血案"的宪法视角——表达自由的价值更受保护》,载北大法律信息网,http://article.chinalawinfo.com/article/user/article_display.asp? ArticleID = 32508,最后访问日期:2006 年 6 月 1 日。

基本权利的竞合关系。

这里存在一个本案中选择适用哪个基本权利的问题。在美国，由于其宪法没有关于艺术自由的规定，故而美国宪法将这种“嘲讽性模仿”（也称“戏仿”）归入宪法第一修正案“表达自由”的保障范围，也就是把艺术创作看作特殊的表达形式。但在宪法里同时规定了言论自由和艺术自由的德国等国家，这类案件却都是用“艺术自由”去保障的。这是因为，在两相竞合的基本权利中，如果一个权利属于另一个权利的特殊形式，按照“特别关系优先于普通关系”的原则，应当选择适用特别关系。我国宪法中既规定了言论自由，也规定了艺术自由，“戏仿”同时落入二者的保障范围，但应该作为言论的特别形态而作为艺术自由问题进行处理。所以，在胡戈的主张上，言论自由与艺术自由构成了竞合，但如果这个案件形成诉讼，法官应当予以考虑的是艺术自由。

3. 人格尊严与艺术自由的冲突问题。这一案件中更关键的是《无极》的著作权人和导演的人格尊严与网络改编者胡戈的艺术自由之间的冲突问题。胡戈的改编行为在著作权法上被称作“嘲讽性模仿”，“嘲讽性模仿者常利用被模仿作品最有特色的部分，因而有侵害著作权之疑虑。嘲讽性模仿是一种艺术创作，享有艺术自由，被利用作品的著作权人格权与著作财产权，也受宪法位阶的人格权与财产权保护。故嘲讽性模仿是否侵害著作权之问题，基本上是一种基本权冲突，立法者与法院应本于利益衡量之立场调和此种冲突”。[①] 基本权利的冲突问题在民法领域就是“基本权利的第三人效力”问题。在二者的基本权利发生冲突的情况下，一方援引宪法规定去对抗另一方，就是基本权利在私人关系间发生效力的问题。那么这种艺术自由与人格尊严发生冲突的情形下应当如何认定呢？

我们可以参考德国与美国的两个类似案例。

德国马特沙依博案（Mattscheibe）

R 电视台的广告节目于 1994 年 4 月 26 日播出关于加强膀胱

① 林昱梅：《艺术自由与嘲讽性模仿之著作权侵害判断》，载《成大法学》2004 年第 7 期。

功能的G食品广告。讽刺性电视评论节目K”S马特沙依博(K”S Mattscheibe)是一个付费电视频道的节目。5月8日,K”S的评论节目内容涉及利用R电视台的广告内容。在一分二十五秒的长度中,该广告内容共有五十八秒被播出。后又重播两次。广告的著作权人提起侵害著作权的诉讼。

K”S的节目把原作主持人装扮成渔夫,渔夫捞到一条鱼,鱼说只要渔夫把自己放回大海,就能帮助渔夫实现愿望。渔夫照办后,渔夫愿望实现的剧情就在银幕上加以金色边框的方式播出。节目还影射R电视台的广告节目在一个封闭的精神病院受到欢迎。

德国联邦最高法院最终判决K”S不构成侵权。理由是:K”S使用G食品广告的内容,是将其作为讽刺的目标。通过重新安排原广告的片段,隐含了对广告水准的尖酸刻薄的批评,意在突出原广告愚蠢的娱乐手法。K”S的节目使用原广告的片段是有选择性的,它挑选可笑的部分来进行讽刺,并评价这部分为“白痴广告节目”,传达了自己的价值判断和精神。从而是一种新的具有“原创性”的创作活动。新作与原作之间有着“足够的内在距离”,从而不构成侵权。

美国埃尔斯米尔音乐公司诉国家广播公司案(Elsmere Music Inc. v. National Broadcasting Co.)

1977年的纽约经济萧条,有人想通过文艺振奋人们的精神。广告作曲家斯蒂文·卡曼(Steven Karmen)创作了一首广告歌曲,一群舞蹈演员簇拥着头戴高顶礼帽的百老汇女明星,女明星高唱“我爱纽约”(I-I-I-I-I Love New Yo-o-o-o-o-o-rk!)。NBC的一个节目播出了一个短剧,描述了“罪恶之城”(Sodom)的市长和商会会员在商议城外的人对自己城市的不良印象,以及因此造成贸易上的损失。为了重塑形象,创作了一首宣传歌曲,旋律还是“我爱纽约”,但歌词改为“I Love Sodeom”,重复三次。

法院认为不构成侵权。认为这种嘲讽性模仿是一种创作,这种创作由于是对别人的嘲讽,必然要使用原作,所以应该更能主张合理使用。虽然使用了原作,但嘲讽性模仿的核心在于嘲讽,是一种对原作的批评。在艺术的言论市场上应该有多元的声音,这也可以促进艺术的进步与发展,这也是宪法保护言论自由的目的。

在这两个案件中,德国和美国分别适用了不同原理去保障改编者的权利。德国使用了“距离”理论,认为改编者是出于嘲讽的目的,与原作品在目的上有足够的距离,因而应受保护。而美国则使用了“言论的市场”理论,作为一种批判性意见,应该由公众在言论的市场中自由选择,这才有利于艺术的进步和发展。

在我国宪法背景下讨论“馒头案”,必须从我国的宪法规定出发,我国《宪法》第 47 条规定:“中华人民共和国公民有进行科学研究、文学艺术创作和其他文化活动的自由。国家对于从事教育、科学、技术、文学、艺术和其他文化事业的公民的有益于人民的创造性工作,给以鼓励和帮助。”这一条款可以解读出艺术自由的构成和限制等两项内容,其关键字眼在于“有益于人民的创造性工作”。

1. 胡戈的行为是否属于“创造性工作”? 胡戈的改编可谓“煞费苦心”,他精心设计人物、剧情,尽管使用的主要是《无极》的素材,但在故事上已经与《无极》基本无关,所关注的焦点是挖苦讽刺《无极》的艺术水准低下。所以,他的行为具有“创造性”应无问题,这一点还可以从胡戈模仿演员的声音进行相当高难度的配音中看出来。

2. 胡戈的行为是否“有益于人民”? 这一点的认定比前一点困难。笔者认为应该是可以认定对人民有益的。中国的文化市场充斥着大量水平低下、粗制滥造的文艺作品,许多著名导演和艺人的作品也常有欺世盗名之嫌。胡戈的这种批判应该说对于提高中国的艺术创作者的创作自觉,拒绝低水平的创作和“伪创作”是有益的。胡戈的行为在文艺批判上有一定的开创性意义,有人甚至认为:“《血案》开创影像化影评的先河。”从而,笔者认为胡戈的行为属于“有益于人民”,应当属于我国宪法上艺术自由的保障范围。

在认定了胡戈的行为属于“艺术自由”后,这一案件才构成艺术自由与其他权利的冲突问题。在胡戈的艺术自由与《无极》的著作权人的人格尊严的冲突中,笔者认为应当保护胡戈的艺术自由。这是因为,《无极》作为公开发行并有巨大票房的作品,其著作权人作为“公众人物”,有忍受评判的义务。这种批评是有利于艺术进步的。胡戈的改编并非恶毒的人身攻击,而是用戏谑的方式指出《无极》的荒谬与可笑,这种批评并未超出一般性的文艺批评的范围。尽管在方式上有令被批评者难以接受的地方,但这应当是公众人物忍耐的范围内的问题。故而,笔者认为在这一艺术自由与人格尊严的冲突中,应当优先保护艺术自由。

3. 这一案件何以有必要作宪法层面的考量?

这一案件并未形成诉讼,即使形成诉讼也只是一个民事案件,那么何以在这个案件中有必要考虑宪法因素,有必要考虑基本权利在民事主体之间的效力呢?

一般来说,个人不能在普通案件的审理中主张宪法权利。按照传统的理论,基本权利的冲突只能由立法机关来协调解决。也就是说,立法机关通过把相互冲突的基本权利的各自范围协调好了,具体操作的时候适用法律就行。按照这种理论,这个案件就很简单了。按照《著作权法》的规定,如果胡戈的行为是侵权,那就是侵权;如果胡戈的行为属于"合理使用",那就是"合理使用"。

这种解决模式就是前文分析的"抽象模式",抽象模式的弊端在于无法充分考虑一切基本权利冲突的具体情形,所以难免有失公正。所以,有必要在具体案件中,由法官对基本权利冲突做进一步的衡量。法官在具体案件中考虑宪法因素,是法官的宪法义务的要求。

法官作为公权力主体,有维护宪法和贯彻宪法精神的义务。在我国《宪法》"序言"规定一切国家机关都必须以宪法为根本活动准则的情况下,不应该有自外于宪法的法官,也不应该有对宪法漠不关心的法律思维。现代宪法中的基本权利除了排除国家的干预,还具备了要求国家积极"保护"的功能。法院作为国家权力机关,在运作中考虑宪法,时刻以基本权利的保障为依归责无旁贷。

这种义务表现在法学方法上,就是"法律的合宪性解释"。"法律的合宪性解释",是指当法律有多种解释的可能性时,如果其中一种解释可能性是与宪法相一致的,法官应当选择这种合乎宪法的解释。同时,在对法律中的"概括条款""不确定性概念"进行解释时,考虑宪法的精神。概括条款和不确定性概念在某种意义上是立法者赋予司法者的裁量空间,但法官裁量权的运用要受到很多规则的限制,其中一个就是法官不能作违背宪法精神的裁量。在这种情况下,法官应该充分考虑宪法的相关规定对于自己要处理的案件的意义,从而将宪法的精神纳入普通法律的解释。

附录 “近亲属证人免于强制出庭”之合宪性限缩*

一、问题的提出

2018 年修正后的《刑事诉讼法》第 193 条第 1 款规定：

“经人民法院通知,证人没有正当理由不出庭作证的,人民法院可以强制其到庭,但是被告人的配偶、父母、子女除外。”

在刑事诉讼法解释中,一般认为这一款包含两个层次:(1)人民法院可以强制证人到庭;(2)对被告人的配偶、父母、子女不得强制出庭作证。① 从宪法学角度来看,这两个层次亦对应两项宪法保护的法益。全国人民代表大会在刑事诉讼法修改中新增这一条款,可以看作国家立法机关在落实“宪法委托”。该款的前半句规定证人可被强制出庭,是在履行《宪法》第 130 条中“被告人有权获得辩护”的规定所课以立法机关的立法义务,而后半句的但书条款则是在履行《宪法》第 49 条第 1 款“婚姻、家庭、母亲和儿童受国家的保护”所课以立法者的立

---

* 本文发表于《华东政法大学学报》2016 年第 1 期。

① 参见陈光中主编:《〈中华人民共和国刑事诉讼法〉修改条文释义与点评》,人民法院出版社 2012 年版,第 270 ~ 272 页;朗胜主编:《中华人民共和国刑事诉讼法释义》(最新修订版),法律出版社 2012 年版,第 409 页。

法义务。

这一条款是对我国刑事诉讼证据制度的完善,贯彻了“尊重和保障人权”的宪法精神(“尊重和保障人权”也见于新《刑事诉讼法》第2条),其进步意义不容否认。但是,其中两种宪法法益之间的紧张关系也显而易见,而相关的实践争议也已出现。

笔者秉持“法教义学是法学的学科根本”的观念,认为在法律的文义解释出现问题时,首先应考虑的是通过法律解释方法修补其缺陷,而径行主张修法则有损成文法权威。此外,出于宪法的根本法、最高法的地位,以及法律应贯彻宪法精神的现代法治原理,法律人在解释适用法律时,有义务秉持宪法意志作成解释,使得下位法的适用能够落实宪法价值。这就是所谓的“法律的合宪性解释”。在《刑事诉讼法》第193条第1款中,存在两个宪法层次法益的保护问题,因此,对这一条款的解释,必须以合宪性作为重要的考虑因素。

基于以上的认识,本文尝试对《刑事诉讼法》第193条作合宪性的限定解释,以解决“被告人的配偶、父母、子女”在作为针对被告人的不利证人时,是否得被强制出庭的法律争议。本文的分析,将从第193条第1款所涉及的“辩护权”和“婚姻家庭保护”两项宪法法益的地位与内容入手,确定解释该条款的宪法规范背景,最终以合宪性解释、个案衡量、目的性限缩等方法,针对具体个案给出解决方案。最后,本文还将一般性探讨宪法与部门法的相互影响,探讨宪法与部门法的学术如何相向而行,以实现法学的学科融贯。

二、《宪法》第130条规定的“获得辩护权”是否基本权利?

首先需要解决的问题是,规定在《宪法》第三章“国家机构”部分的“被告人有权获得辩护”是否与《宪法》第二章规定的“公民的基本权利和义务”具有相同的性质或者位阶,从而可以与第49条规定的“婚姻、家庭受国家的保护”置于同等的地位而进行衡量。对此问题,学理上并非没有争论。

有趣的是,我国的刑事诉讼法学者,大都不假思索地认为辩护权是基本权利。顾永忠教授认为:“辩护权是公民的基本权利”,

“辩护权首先表现为法治社会人人平等享有的基本公民权利”。[①]龙宗智教授认为:“(对质)涉及当事人的一种基本权利即对质权。”[②]阅读我国刑事诉讼法学界关于辩护权的研究,几乎都将“辩护权是基本权利”作为论证基础,并经常会引出美国宪法第六修正案、《德国基本法》第103条、《日本国宪法》第34条等作为论据。然而,我们毕竟不能以外国的宪法文本作为讨论本国问题的基础,而应将论证建基于我国的宪法规范。因此,评价刑事诉讼法学者的观点,必须解决这样一个问题:“被告人有权获得辩护”规定在我国宪法第三章“国家机构”部分的第八节“人民法院和人民检察院”,并非如日本等国宪法是明确规定在基本权利章中,那么,非列于基本权利章中的辩护权,是否是基本权利?

根据此文本因素,周伟教授认为:“由于‘被告人有权获得辩护’并不是宪法第二章‘公民的基本权利和义务’中的内容,因此,还算不上是公民的基本权利”,“从辩护权条款在宪法中的位置看,‘被告人有权获得辩护’的规定……是作为司法机关运行中应当遵循的一项原则来对待的。可见立宪者并不认为辩护权是公民基本权利和义务中的有机组成部分,而是一种刑事司法准则。因此依照现行宪法,辩护权充其量只属于从‘审判公开’等司法原则中推导出来的权利”。[③] 周伟教授认为“被告人有权获得辩护”只是刑事司法原则,不是基本权利条款的论证,无疑是相当有力的。如果法学的讨论,不受本国法律文本之约束,而任由价值判断甚至比较法论证泛滥,不仅无助于本国法律问题的解决,还会有损于实定法下的法秩序建构。但与此种法学立场存在紧张关系的是,周伟教授在进一步的论证中,主张通过修改宪法来确认辩护权,认为应当“将被告人有权获得辩护从‘人民法院和人民检察院’那一章节删除,写入‘公民的基本权利和义务’一章中,将其明确为公民的基

---

① 顾永忠:《刑事辩护的现代法治涵义解读》,载《中国法学》2009年第6期。

② 龙宗智:《论刑事对质制度及其改革完善》,载《法学》2008年第5期。

③ 周伟:《宪法依据的缺失:侦查阶段辩护权缺位的思考》,载《政治与法律》2003年第6期。

本权利”。[①] 这里的问题在于，周伟教授的论证一方面是对缺乏宪法规范的关照的批评，但另一方面他又主张修改宪法的规范文本以达成某种价值目标，这种主张同样存在价值判断与实定法的安定性之间的紧张。

笔者曾概括过中国宪法学研究的两种思维模式：“修改宪法思维”和“解释宪法思维”，前者是批判性的，所关注的是宪法文本的缺陷与不足，并以提出修改宪法建议为主要的表现形式；而后者大体上承认或者接受宪法文本的正当性，希望通过对宪法文本的阐释，建立为实践服务的宪法规范体系。[②] 笔者倾向于后一种模式，也就是法教义学的模式，希望首先通过解释来处理宪法文本存在的问题，而避免径行修改宪法而动摇宪法秩序的稳定性，损害法律的安定性价值。基于此种认识，虽然笔者完全认同“辩护权应该是基本权利”的价值主张，但希望通过宪法解释的路径来导出“我国《宪法》第 130 条规定亦属于基本权利规范”的法学判断。

对此问题，已有学者作了非常有力的论证。尹晓红博士发现，我国的几本权威宪法学教科书都未将获得辩护权列入基本权利目录，但她认为：“‘被告人有权获得辩护’既是一项司法原则，同时也是被告人的一项基本权利。”[③]对此，尹晓红博士提示了两个重要的论证基点：第一，与我国相同，许多国家的宪法都未将辩护权规定在基本权利章中，而是在司法制度部分规定；第二，我国《宪法》第 33 条纳入“国家尊重和保障人权”作为第 3 款，加强了对公民基本权利的保护，提出了在刑事司法中加强人权保护的要求。这两点，指向体系解释和目的解释，笔者尝试就此两点做一些补充论证。

---

① 周伟：《宪法依据的缺失：侦查阶段辩护权缺位的思考》，载《政治与法律》2003 年第 6 期。

② 参见张翔：《宪法学为什么要以宪法文本为中心》，载《浙江学刊》2006 年第 3 期。

③ 尹晓红：《获得辩护权是被追诉人的基本权利——对〈宪法〉第 130 条“获得辩护”规定的法解释》，载《法学》2012 年第 3 期。

首先,从目的解释的角度出发,笔者认为,“人权条款”毫无疑问是一种新的价值注入,为基本权利的宪法解释提供了新的评价关联。在“人权条款”入宪之前,我们对于基本权利的理解具有法律实证主义的封闭性。以纯粹法律实证主义为立场,认为只有列举在《宪法》第二章中的才是基本权利,并无根本性问题。我国既有的宪法教材未将获得辩护权列入基本权利范畴,或许正是此种立场的惯性使然。但是,“人权”具有天然的开放性,人权作为人之为人所应该享有的权利,具有道德权利的性质。这意味着按照伦理与价值观念被认为是人权的权利,就应该受到宪法的保障。在宪法中纳入具有自然法性质的“人权”,可以被看作对法律实证主义与自然法的调和,在相当程度上意味基本权利体系的开放。据此,宪法未列举的生命权、健康权、迁徙自由等权利,基于严格的宪法解释与论证,都有可能被作为基本权利而得到宪法层面的保护。[①] 同时,列于宪法其他章节中的条款,也应该在人权条款的价值辐射下,作合于基本权利的解释。

其次,从体系解释的角度看,对于基本权利的理解,也不能仅限于宪法的基本权利章。宪法是一个整体,不可做割裂的观察。对于基本权利的法学思考,应该具有“整体性”和“综合性”,“在整个宪法秩序中考量基本权利的本质和功能”。[②] 应当“将基本权利与宪法其他部分的意义关联放在一个统一的理论中去研究”。[③] 实际上,宪法中“基本权利规范”与“国家机构规范”之间是相互渗透的(我国《宪法》的“总纲”部分也包含了多种性质的宪法规范),在国家机构章中可以找到基本权利规范,而在基本权利章中也可以找到

① 各国依据其宪法文本之不同,对于如何纳入宪法未明确列举的权利,各有不同的操作。关于美国纳入隐私权的宪法解释,参见屠振宇:《未列举权利研究——美国宪法的实践和经验》,中国法制出版社 2012 年版。关于德国如何将“一般行为自由”解释为“兜底基本权利”而容纳未列举权利,参见张翔:《艾尔弗斯判决》,载张翔主编:《德国宪法案例选释　第一辑　基本权利总论》,法律出版社 2012 年版。

② Peter Häberle, Die Wesengehaltgarantie des Artikel 19 Abs. 2 Grundgesetz, 1962, S. 180ff.

③ Luhmann, Grundrechte als Institution, 1965, S. 11.

国家机构规范。[1] 例如,《宪法》第 37 条第 2 款中的“非经人民检察院批准或者决定或者人民法院决定,并由公安机关执行”以及第 40 条“由公安机关或者检察机关依照法律规定的程序”的规定,就具有规定国家机关的权限及其行使程序的性质,也可看作组织规范。前述尹晓红博士主张“获得辩护权是司法原则也是基本权利”,正是此种体系解释的结果。从比较法上看,这种基本权利并非都列于宪法的基本权利章的情形,在各国宪法中非常常见。(尹晓红博士也基于各国宪法文本的统计指出,多国宪法都将获得辩护权规定在司法权部分[2])以德国为例,《德国基本法》的第一章是“基本权利”,包括第 1 ~ 19 条,但通说认为,第二章“联邦和州”中的第 20 条第 4 款的“抵抗权”、第 33 条“担任公职权”,第三章“联邦议院”中的第 38 条“选举权”,第九章“司法”中的第 101 条“获得法官审判权”、第 103 条“诉讼中的听证权”、第 104 条“剥夺人身自由的法律程序”,是“等同于基本权利的权利”(grundrechtsgeleiche Rechte)。[3] 可以看到,在各国都毫无例外地被视为基本权利的选举权,在《德国基本法》中并非规定在基本权利章,而是位于规定选举制度的章节,而此种体系安排,只是出于法律条文表述的便利和避免重复。因此,基于体系解释的方法,考虑宪法自身的整全性,就不能仅仅将列于基本权利章的权利作为基本权利,而同时应从其他章中确立基本权利。

基于以上分析,笔者认为,我国宪法学可确立“列于基本权利章内的基本权利”和“等同于基本权利的权利”一组概念。[4] “等同于

---

① 参见朱应平:《宪法中非权利条款人权保障功能研究》,法律出版社 2009 年版,第 295 页。

② 尹晓红:《获得辩护权是被追诉人的基本权利——对〈宪法〉第 130 条“获得辩护”规定的法解释》,载《法学》2012 年第 3 期。

③ Pieroth/Schlink, Grundrechte. Staatsrecht Ⅱ, 25. Aufl, 2009, S. 19f. 当然,德国宪法学的这一通说还有另一个规范依据。《德国基本法》第 93 条规定的联邦宪法法院管辖的案件中,包括第 4a 项“认为公共权力机关侵犯个人基本权利或侵犯本《德国基本法》第 20 条第 4 款、第 33 条、第 38 条、第 101 条、第 103 条和第 104 条规定的权利时,任何人所提起的宪法诉愿”,这一条款被认为赋予了这些权利以基本权利的地位。

④ 参见张翔:《基本权利的体系思维》,载《清华法学》2012 年第 4 期。

基本权利的权利"这一概念，可以用来涵盖位于宪法总纲中的财产权（第13条）[①]、经济活动自由（第16条、第17条）、获得辩护权（第130条）等权利条款（也可用来涵盖我国学者关注较多的"宪法未列举权利"）。具体就我国《宪法》第130条的获得辩护权来说，虽然是规定在司法制度部分，但是，考虑个人对抗国家公权力的犯罪指控是个人与国家关系中重要的部分，仍然应该基于前述的目的解释和体系解释，赋予其宪法基本权利的地位。至少也应该认为，获得辩护权是与其他基本权利价值位阶相同的权利。

三、对质权作为辩护权的内容：刑事诉讼法对宪法的具体化

上文已说明，辩护权也属于我国宪法确立的基本权利。但还有必要进一步追问宪法中的辩护权与刑事诉讼法中的证人出庭之间的关系问题：作为基本权利的辩护权，其"保护范围"是什么，其规范内涵是否包括证人出庭乃至强制证人出庭？明确《宪法》规定的辩护权与《刑事诉讼法》规定的证人出庭之间的规范关系，是在宪法层面分析《刑事诉讼法》第193条的前提。

宪法上的基本权利规范，用语大多简略抽象，因而，基本权利被认为经常是"有待立法形成"的。也就是说，宪法基本权利的具体内涵，首先需要立法者在建构相关法律制度时加以认识和形塑。同样，宪法学上对辩护权条款的解释，也首先要了解刑事诉讼法学者的认识和理论建构。

根据笔者的观察，我国刑事诉讼法学者很早就将辩护权的内涵实质化解读为"获得有效辩护权"，而在此认识下，与证人出庭直接相关的被告人的"对质权"也被认为是我国刑事诉讼法应当确立的权利。陈卫东教授很早就认为，基于国际标准，被告人在刑事诉讼

---

① 对于2004年《宪法》修改之后的第13条"公民合法的私有财产不受侵犯"是否是基本权利条款，不无争议。王广辉教授就曾设问，考虑到财产权规定在总纲部分，"宪法关于财产的规定，到底是财产权利还是财产制度？"，认为"宪法确认的是公有制为主体的多种所有制并存的经济制度，公民对财产的私有在最基本的性质上不是基本权利的问题，而是作为所有制中的一种表现形式即私人所有制的问题"。但笔者认为，基于正文中关于宪法目的解释和体系解释的理由，第13条作为财产权条款应无问题。当然，不能因此忽视其作为所有制的内涵。

中所享有的最低限度的权利之一是辩护权，辩护权是“法律赋予被告人针对指控进行辩解，以维护自己合法权益的一种诉讼权利，这是被告人所享有的诉讼权利的核心”，关于辩护权的内容，陈卫东教授突出强调包括“享有获得有效辩护的权利”。[①] 那么，何为“获得有效辩护”？基于国际标准，包括“调查案件的权利”“享有充足时间与便利条件以准备辩护的权利”“询问证人时控辩双方力量平衡的权利”“免费获得口笔译的权利”，[②]其中“询问证人时控辩双方力量平衡的权利”就包含“若证人不愿意出庭作证，控方或辩方可以向法院申请发传票传唤证人出庭”[③]的内容。据此，基于“获得有效辩护”的要求，我国刑事诉讼法学者深入探讨了被告人的“对质权”的功能。龙宗智教授认为：“让事实陈述有矛盾的双方或多方当面质询，有利于发现错误、揭穿谎言，有利于查明情况、发现真实，这是对质及对质制度的基本意义和价值。”[④]易延友教授认为：“（对质权的）功能主要在于防止无辜者遭受错误追究，保证审判程序的公正和加强裁判的正当性。”[⑤]不难看出，被告人享有对质权，是保障其获得有效辩护的应有之义。而作为被告人对质权的对立义务面，就包含了证人的出庭义务，特别是对被告人不利的证人的出庭义务。“所谓证人出庭问题，实际上应当替换为必要证人出庭问题……所谓证人出庭问题，基本上可以替换为被告人对质权的保障问题。”[⑥]对质权天然要求“必要证人”“关键证人”“不利证人”的出庭。“从对质权的角度观之，对于不利于被告人的证人，被告人有权要求其

---

① 参见陈卫东、郝银钟：《被告人诉讼权利与程序救济论纲——基于国际标准的分析》，载《中外法学》1999年第3期。

② 《欧洲四国有效刑事辩护研究——人权的视角》，丁鹏等编译，法律出版社2012年版，第79～85页、第154～162页、第231～242页。

③ 《欧洲四国有效刑事辩护研究——人权的视角》，丁鹏等编译，法律出版社2012年版，第82页。

④ 龙宗智：《论刑事对质制度及其改革完善》，载《法学》2008年第5期。

⑤ 易延友：《证人出庭与刑事被告人对质权的保障》，载《中国社会科学》2010年第2期。

⑥ 易延友：《证人出庭与刑事被告人对质权的保障》，载《中国社会科学》2010年第2期。

出庭作证",[①]"(对质权)主要指向对象是不利证人"。[②]

笔者并非刑事诉讼法学者,上述的脉络梳理或许欠全面和精准。但总体可以认为,刑事诉讼法学者的论述中,存在"辩护权——获得有效辩护权——对质权——不利证人出庭"的逻辑推演,而且也体现了从比较法视角到本土化的思考过程。[③] 而我国刑事诉讼法最终规定证人出庭,正是在这种认识背景下实现的。《刑事诉讼法》第 192 条第 1 款规定:"公诉人、当事人或者辩护人、诉讼代理人对证人证言有异议,且该证人证言对案件定罪量刑有重大影响,人民法院认为证人有必要出庭作证的,证人应当出庭作证。"这一规定虽然只是赋予了当事人或者辩护人、诉讼代理人以证人出庭的请求权,而将决定权赋予法院,但总体上仍然体现了"有效辩护"的要求,可以说向完整的对质权前进了一大步。

从宪法与部门法的关系来看,立法机关拥有"具体化宪法"的优先权,立法机关基于对宪法的理解而设计相关制度,是立法机关在落实"宪法委托",在履行基本权利作为客观价值秩序所课以国家的客观法义务。在此意义上,《刑事诉讼法》纳入第 192 条、第 193 条,正是立法者具体化宪法的体现,是对"辩护权"这一宪法基本权利所提供的"制度性保障"或者"程序保障"。同时,刑事诉讼法学者对于《宪法》第 130 条辩护权的解释,也可以被接受为宪法学上的解释方案,[④]由此也可沟通宪法教义学与刑事诉讼法教义学。(宪法与部门法关系的另一层面,"对法律的合宪性控制",笔者将在下文说明)

---

① 熊秋红:《刑事证人作证制度之反思——以对质权为中心的分析》,载《中国政法大学学报》2009 年第 3 期。

② 郭天武:《论我国刑事被告人的对质权》,载《政治与法律》2010 年第 7 期。

③ 参见陈兴良:《为辩护权而辩护——刑事法治视野中的辩护权》,载《法学》2004 年第 1 期。

④ 尹晓红博士在另一篇论文中也指出获得有效辩护是辩护权的核心,参见尹晓红:《获得律师的有效辩护是获得辩护权的核心——对宪法第 130 条获得辩护条款的法解释》,载《河北法学》2013 年第 5 期。此外,对于《宪法》第 130 条"被告人有权获得辩护"的宪法解释的完善,还需要考虑其他问题。比如,"被告人"的范围可否在"人权条款"笼罩下被扩大解释为所有"被指控人",从而解决刑事侦查阶段的辩护人介入问题。

四、婚姻家庭保护作为宪法确立的“客观价值”

(一)《宪法》第49条作为《刑事诉讼法》第188条例外条款的立法依据

如果说《刑事诉讼法》第192条和第193条前半句是在对质权层面对作为基本权利的辩护权的具体化,那么第193条的例外条款,就是《宪法》第49条“婚姻、家庭受国家的保护”在刑事诉讼法中的具体化。《刑事诉讼法》第193条例外条款的内容是“但是被告人的配偶、父母、子女除外”,全国人大常委会王兆国副委员长在关于刑诉法修正案草案的说明中,说明了这一但书的立法目的:“同时,考虑到强制配偶、父母、子女在法庭上对被告人进行指证,不利于家庭关系的维系,规定被告人的配偶、父母、子女除外。”关于这一条款的诸多释义著作也都认为,强制这些特殊身份的人出庭作证,“不利于家庭关系的维系和社会和谐的建构”[①]“有悖于我国传统的伦理道德要求和人性的基本价值取向”。[②] 从这些解释中,不难看出其与《宪法》第49条婚姻家庭保护之间的关联性。

这一例外条款的价值源头,可以回溯到久远的“亲亲相隐”的文化传统,[③]有论者直接将这一例外条款视为“亲亲相隐制度的理性回归”。[④] 但若论该条款在实证法体系中的直接依据,则当然是《宪法》第49条。对此,已有学者指出。张龑博士提出了“家价值”的概念,认为我国《宪法》第49条“对家价值给出了基础而翔实的规定”,并认为“亲属拒证在刑诉中的重新发现”“隐含着对家价值的承认”,“若是为了惩罚犯罪,保护受害人的生命、自由或财产,反而破坏了‘家作为整体的权益’,就成了拆了东墙补西墙。新刑诉法显

---

① 朗胜主编:《中华人民共和国刑事诉讼法释义》(最新修订版),法律出版社2012年版,第409页。

② 陈光中主编:《〈中华人民共和国刑事诉讼法〉修改条文释义与点评》,人民法院出版社2012年版,第271页。

③ 参见范忠信:《中西法律传统中的“亲亲相隐”》,载《中国社会科学》1997年第3期。

④ 余福明:《论亲亲相隐制度的理性回归——以强制证人出庭的例外情形为视角》,载《人民司法·应用》2013年第9期。

然认为,家价值可优先于其他刑法所保护的价值,当然并非没有条件,即仅限于家庭成员和近亲属”。[①] 张龑博士将这一但书解读为“亲属拒证”稍欠准确(该条款只是免除了近亲属出庭的义务,并没有免除作证义务),但他的确指出了这一条款在宪法规范上的基础。

(二)“婚姻家庭保护”的客观价值秩序功能

对于《宪法》第49条规定的“婚姻家庭受国家保护”,我国宪法学界也已有学者进行了教义学建构。王锴博士借用德国的“制度性保障”理论分析了《宪法》第49条的规范内涵。[②] 卡尔·施密特在其1928年出版的《宪法学说》中提出,应将基本权利与“制度性保障”(institutionelle Garantie)进行区分,认为某些在宪法之前就已经存在的制度,是由宪法所确认的,因此,应该受到特别的保护而不能允许立法机关通过法律而予以废弃。[③] 被施密特认定为“制度性保障”,从而不能由立法机关废弃的制度包括:(1)接受法官审判的制度;(2)婚姻家庭制度;(3)星期天的休息制度;(4)民法上的财产权制度;(5)公务员制度;(6)乡镇的自治制度。德国战后制定的《德国基本法》在第6条第1款规定“婚姻和家庭受国家特别保护”,而在德国联邦宪法法院的基本权利“客观价值秩序理论”[④]之下,婚姻、家庭的“制度性保障”理论也得到了更新。联邦宪法法院认为:“基本权利首先是公民对抗国家的防御权;但基本法中的基本权利规定同时也体现为一种客观的价值秩序(objektive Wertordnung),而其作为宪法上的基本决定而对所有法领域发生效力。”[⑤]按照这一理论,基本权利作为客观价值秩序构成立法机关建构各种制度的原则,也构成行政权和司法权在执行和解释法律时的指导原则,基本权利构成整个社会共同体的价值基础,国家应该为基本权利的实

---

① 张龑:《论我国法律体系中的家与个体自由原则》,载《中外法学》2013年第4期。

② 参见王锴:《婚姻、家庭的宪法保障——以我国宪法第49条为中心》,载《法学评论》2013年第2期。

③ Carl Schmitt, Verfassungslehre, neunte Ausflage, Berlin, 2003, S. 170ff.

④ 参见张翔:《基本权利的双重性质》,载《法学研究》2005年第3期。

⑤ BVerfGE 7, 198(198).

现提供实质性的前提条件。[①] 然而,此种抽象的要求毕竟是难以操作的,因此,联邦宪法法院也在诸多层面上尝试对这一"客观价值秩序"进行具体化。实际上,在最终确立"客观价值秩序理论"的"吕特判决"之前,德国联邦宪法法院就已经开始了对《德国基本法》第6条规定的婚姻家庭保护的规范建构,最重要的案件是1957年"夫妻共同课税案"。此案基本案情是:按照德国1952年的所得税法,夫妻应该合并申报所得税。有夫妻对此提出异议,因为按照新的合并纳税的规定,他们夫妻二人要缴纳的个人所得税,超过了他们分别纳税的总额。也就是说,合并纳税要交得更多。德国联邦宪法法院审查认为,这种税收政策构成了"对婚姻的惩罚",违背了"婚姻家庭保护"作为客观价值秩序课以立法者的保护义务,基于此,宪法法院宣布1952年个人所得税法因为抵触《德国基本法》第6条第1款而违宪,并要求个人所得税的制度建构必须考虑婚姻家庭的制度性保障。[②] 德国宪法学的通说认为,《德国基本法》第6条第1款将婚姻与家庭列入国家秩序的特别保护,使其成为涉及婚姻家庭的全部公法与私法制度的一个原则性规范。一方面,国家不得侵犯婚姻与家庭;另一方面,国家还负有积极的任务,去以适当的措施支持和帮助家庭。[③] 这意味着在各部门法的制度建构涉及婚姻家庭问题时,立法者负有义务去保护婚姻家庭利益。

(三)《刑事诉讼法》第193条例外条款在婚姻家庭保护上的进步与不足

我国《刑事诉讼法》第193条第1款的例外条款,应该也被看作立法者受婚姻家庭作为"客观价值秩序"的约束而做制度建构的表现。[④] 然而,在证人作证的制度建构上,立法者是否充分尽到了保护婚姻家庭之义务,却不无疑问。

---

① Robert Alexy, Gundrechte als subjektive Recht und objektive Normen, Der Staat 29/1990. S. 49.

② BVerfGE 6, 55.

③ 参见[德]康拉德·黑塞:《联邦德国宪法纲要》,李辉译,商务印书馆2007年版,第359页。

④ 关于客观价值秩序理论何以可以借鉴而作为处理中国宪法下的基本权利问题,笔者有初步的论证,参见张翔:《基本权利的双重性质》,载《法学研究》2005年第3期。

针对第193条第1款的例外条款的解释,一般只是认为免除了被告人的配偶、父母、子女的出庭义务,而非作证义务。《刑事诉讼法》第62条第1款规定:“凡是知道案件情况的人,都有作证的义务。”这一条款一般性地课以了所有知道案件情况的人以作证义务。因此,对于第193条第1款的例外条款,通常认为:“规定的是免于强制出庭,不是拒证权”,[①]“新《刑事诉讼法》规定不得强制被告人的配偶、父母和子女出庭作证,与证人拒绝作证特权不同”。[②] 对于刑事诉讼法仅仅规定近亲属免于出庭,而非免于作证,刑事诉讼法学者多有批评。这些批评所体现的,正是《宪法》第49条“婚姻、家庭受国家保护”的价值理念。万毅教授在《刑事诉讼法修正案(草案)》出台后曾上书全国人大常委会法工委,建议将第193条中的“但是被告人的配偶、父母、子女除外”这一但书规定,移至第59条第1款,即“凡是知道案件情况的人,都有作证的义务。但是犯罪嫌疑人、被告人的配偶、父母、子女、兄弟姐妹除外”,由此构建起真正意义上的近亲属拒绝作证权。在《刑事诉讼法》颁布之后,万毅教授又批评认为:“既然本条立法之目的在于尊重和维护‘亲亲相隐不为罪’的文化传统以及家庭成员之间的人伦亲情,那么,被告人的近亲属不仅有权免于在审判中向法官作证,亦应当免于在侦查中接受警察调查,更不得将其询问笔录作为证据在法庭上出示……立法者在立法思想上顾虑重重,既想革新传统的‘大义灭亲’式作证条款、推动我国刑事诉讼制度的文明化进程,又想维护打击犯罪的实效性,权衡折中之下,遂出现了这种既免于近亲属在庭审阶段强制出庭作证,又要求其在侦查阶段接受调查、询问这样不伦不类的立法。”[③] 批评不可谓不尖锐。此外,柯葛壮在肯定这一条款“维护家庭关系的稳定和睦”“具有人文精神”之外,认为这一条款范围过窄,认为

---

① 朗胜主编:《中华人民共和国刑事诉讼法释义》(最新修订版),法律出版社2012年版,第409页。

② 陈光中主编:《〈中华人民共和国刑事诉讼法〉修改条文释义与点评》,人民法院出版社2012年版,第271页。

③ 万毅:《新刑诉法证人出庭制度的若干法解释问题》,载《甘肃政法学院学报》2013年第6期。

应当将(外)祖父母、(外)孙子女、岳父母、公婆、亲兄弟姐妹、未婚恋人等都纳入免于出庭作证的范围。[①] 这些观点,应该说都是基于婚姻家庭保护的价值。在此意义上,第193条第1款的例外条款,在"婚姻家庭保护"这一宪法价值的贯彻上,是有进步的,但在很多学者看来,亦尚有不足。

五、宪法法益冲突与刑事诉讼法学者的解决方案

至此,新《刑事诉讼法》第193条中存在的宪法疑虑已经清晰了。首先,这一条款在落实"辩护权"和"婚姻家庭保护"两项宪法法益上都有不足:一方面,仅仅规定配偶、父母、子女"免于强制出庭"而非"免于强制作证"乃至"免于作证",无法为婚姻家庭法益提供充足、彻底的保障;另一方面,在被告人的配偶、父母、子女提供证言的情况下,又不令其出庭接受质证,有损于被告人的对质权(作为基本权利的"辩护权"的内容)。其次,在这一条款中两相对立的"获得辩护权"和"婚姻家庭保护"法益,因为方向相反,也基本没有同时获得充分实现之可能性。在某些具体案件中,配偶、父母、子女对被告人而言是"不利证人",如果被强制出庭,则婚姻家庭法益受损;如果不被强制出庭,则被告人获得辩护权受损。顾此则失彼,实为两难。

对此困难,李奋飞博士从刑事诉讼法教义学的视角,提出了解决方案。他认为,应当从目的解释的角度,将第193条第1款解释为"免于强制作证的权利"而非"作证却免于强制出庭的权利","具体而言就是,如果亲属证人在审前未向控方作证,那么法庭不得强制其到庭作证。如果其已在审前作证,且应当出庭作证,经人民法院通知没有正当理由不出庭作证的,法院固然不能强制其出庭,但其审前书面证言也不应再作为定案的根据"。[②] 李奋飞博士的解释方案,应该说相当充分地考虑了"获得辩护权"和"婚姻家庭保护"

---

① 其他的批评,还包括认为该条规定的亲属范围过窄,参见柯葛壮:《我国〈刑事诉讼法〉修正三论》,载《政治与法律》2012年第1期。

② 李奋飞:《"作证却免于强制出庭"抑或"免于强制作证"?——〈刑事诉讼法〉第193条第1款的法教义学分析》,载《中外法学》2015年第2期。

两项宪法法益(虽然其行文中几乎未提及宪法),也考虑了“查明案件的事实真相”等《刑事诉讼法》的立法目的。[①] 同时,李奋飞博士还相当谨慎地避免解释导致明显的“体系违反”,他将第193条第1款仅仅解释为“免于强制作证的权利”,而没有更进一步解释为“免于作证的权利”,因为后者会直接抵触《刑事诉讼法》第62条第1款“凡是知道案件情况的人,都有作证的义务”的明确文义。可以推论,李奋飞博士的意思是:将第193条第1款解释为“免于强制作证的权利”后,配偶、父母、子女仍然是有作证义务的,其自愿提供证人证言仍然是履行作证义务的方式。毫无疑问,李奋飞博士的解释方案相当精致,也有很强的说服力。

但是,笔者对此解决方案有以下几点疑问:

(一)对“例外条款”作扩大解释?

法解释有一个基本规则:对于例外条款、但书条款,应作狭义解释,而且避免类推适用。《刑事诉讼法》第193条第1款的“但是被告人的配偶、父母、子女除外”显然是一个但书条款、例外条款。李奋飞博士将其含义,从字面的“作证却免于强制出庭”扩大解释为“免于强制作证”,有违反解释规则之虞。例外之所以是例外,乃是因为立法者希望一般规则被尽可能广泛适用。如果例外被宽泛解释,则一般规则就被釜底抽薪,立法者本欲达到的一般性目的就会被最终摧毁。所以,对于例外条款的扩张解释,会造成南辕北辙、背道而驰的效果。尽管拉伦茨对于“例外规定应作狭义解释,而其不得为类推适用”这一规则的僵化适用提出了批评,但也阐述了其基本原理。“法律希望赋予一项规则尽可能广泛的适用范围,仅在特定(严格限制的)事例,容许突破此项规则,立法者认为,假使在此种事例亦贯彻此项规则,实际上并不可行或并不欠当,因此愿意放弃

---

① 参见李奋飞:《“作证却免于强制出庭”抑或“免于强制作证”?——〈刑事诉讼法〉第193条第1款的法教义学分析》,载《中外法学》2015年第2期。李奋飞博士认为:“对第193条第1款作出上述解释,既不是要绝对禁止亲属证人的作证行为,也不是要一律排除审前其向控方作出的书面证言。毕竟,亲属证人的证言是许多案件尤其是贪污贿赂案件的重要证据来源,如果其能积极配合控方作证,无疑有助于查明案件的事实真相。”

其适用。”[①]进一步，拉伦茨指出，如果要对“例外规定”作扩大解释乃至类推适用，必须获得立法理由的支持，而于此“参与立法程序者的规范想法可以提供一些咨询”。但如果从立法理由上看，“其确仅针对此类事例，则不得将其他事例引入其中”。[②]

考诸《刑事诉讼法》的立法资料，即使是李奋飞博士也无法认为有资料能支持他的扩大解释，因为“参与立法程序者”(全国人大常委会法工委刑法室、全国人大常委会法工委副主任朗胜等)的解释并不支持将第193条第1款解释为“免于强制作证的权利”。[③] 李奋飞博士的扩大解释，依据的是“刑事诉讼法的整体目的”，强调“个别目的与整体目的的循环互动”。但总体上，他的解释有欠个别目的的论证，而是以整体目的来扩张个别条款(并且是例外条款)的含义，存在可质疑之处。[④]

(二)基于目的解释而超越文义？

李奋飞博士所作的是“第193条第1款的目的解释”，认为“亲属证人免于强制作证才能实现立法目的”。[⑤] 然而，需要注意的是，即使是目的解释，也要遵循法解释的边界。我们知道，解释之所以为“解释”，乃在于其受文本含义的约束。具体而言，就是法律解释应以文义的可能范围，或者“文义射程”为边界。“法律解释不得超越文义范围”这一解释规则，乃是民主原则、法治国原则、法的安定性等诸多原则之推导，限于主题，这里不展开说明。拉伦茨引述迈耶-海兹(Meier-Hayoz)的论述“字义具有双重任务：它是法官探寻

① [德]拉伦茨：《法学方法论》，陈爱娥译，台北，五南图书出版股份有限公司1996年版，第257页。

② [德]拉伦茨：《法学方法论》，陈爱娥译，台北，五南图书出版股份有限公司1996年版，第257页。

③ 参见李奋飞博士对全国人大常委会法工委刑法室所编《关于修改中华人民共和国刑事诉讼法的决定——条文说明、立法理由及相关规定》和法工委副主任朗胜所编《中华人民共和国刑事诉讼法释义》的引述。

④ 基于例外条款应狭义解释的规则，前述柯葛壮认为应当将(外)祖父母、(外)孙子女、岳父母、公婆、亲兄弟姐妹、热恋中的未婚夫妻等都纳入免于出庭作证范围的主张在法解释上也是无法成立的。当然，不妨碍其作为一种“立法论”主张。

⑤ 李奋飞：《“作证却免于强制出庭”抑或“免于强制作证”？——〈刑事诉讼法〉第193条第1款的法教义学分析》，载《中外法学》2015年第2期。

意义的出发点,也是划定其解释活动的界限”并指出,“字义可能范围外的说明,已经不再是阐明,而是改变其意义。这不是说,法官始终都不能逾越字义范围;然而,其只有在特定要件下始被容许,而且已属于‘公开的法续造的领域’”。[①] 也就是说,如果认为目的应优先于明确的字义,那么所谓的“解释”已经不再是解释了,而是漏洞补充、类推适用等法的续造活动。让我们再次引用第 193 条第 1 款的规定:“经人民法院通知,证人没有正当理由不出庭作证的,人民法院可以强制其到庭,但是被告人的配偶、父母、子女除外。”应该说,其文义是清楚的。此外,这一条款的体系位置也有助于理解这一条的文义。如前所述,万毅教授在刑事诉讼法起草过程中曾建议将这一例外条款作为“证人作证义务”的例外条款,但《刑事诉讼法》仍将这一条款作为“证人强制出庭”条款的例外条款,这充分说明将其解释为“免于强制作证”是超越文义的。以目的解释超越文义,亦为解释规则所不允许。[②] (当然,这里依然存在合目的性限缩的可能性,下文将会讨论。)

(三)“亲属证人拒不出庭则证言无效”的判断是否过于仓促?

李奋飞博士认为,“如果(亲属证人)已在审前作证,且应当出庭作证,经人民法院通知没有正当理由不出庭作证的,法院固然不能强制其出庭,但其审前书面证言也不应再作为定案的根据”。这一构想非常巧妙,据此,婚姻家庭法益固然得到了保护,而对被告人不利的证言也失去效力,被告人的“获得有效辩护权”因此也得以实现。两项相互冲突的法益,于此都得到完美保护。以一方案而两难自解,皆大欢喜。

然而,这一皆大欢喜的方案,细究之,却不无疑问。按照前述李奋飞博士的论述,将第 193 条第 1 款解释为“免于强制作证的权利”

---

① [德]拉伦茨:《法学方法论》,陈爱娥译,台北,五南图书出版股份有限公司 1996 年版,第 227 页。

② 值得注意的是,《刑事诉讼法》第 192 条第 3 款规定了鉴定人应当出庭而不出庭,鉴定意见不得作为定案依据。这一规定可否被理解为刑诉法已经一般性地确立了“传闻证据排除规则”,从而可以类推适用于证人证言呢?笔者认为答案是否定的。原因在于,根据刑事诉讼法的条文,针对鉴定意见和证人证言,在不出庭是否导致无效问题上,立法者显然已经作了分殊的处理,文义清楚,不能超越。

并不导致《刑事诉讼法》第 62 条规定的包括亲属在内的所有人都负有的“作证义务”的免除，亲属自愿作证也是在履行作证义务。这一论述是在小心避免第 193 条第 1 款的解释方案抵触第 62 条，避免体系违反。但是，如果认为“亲属证人拒不出庭则证言无效”，却会发现这实际上免除了亲属的作证义务。这意味，亲属如果在审前已经自愿作证了，但如果他(她)改变主意不想作证了，只要其拒绝出庭，其前面所做证言就归于无效。这种法效果，已经使得《刑事诉讼法》第 62 条的一般性作证义务条款归于无效。与此，李奋飞博士所言“法院固然不能强制其出庭”的判断似乎过于仓促了。

(四)是否忽视了立法者的规范意图

法律解释，存在解释目标的“主观论”与“客观论”两种不同取向。主观论将解释的目标确定为探究历史上立法者的心理意愿。这种观点被批评为过于僵化，因为时移世易，仍以历史上立法者的心理意愿为解释准则，难免有刻舟求剑、胶柱鼓瑟之弊。而客观论，也就是以确定法律“客观上”表现出来的意义为目标，被认为更正确。然而，并不能因此而认为历史上立法者的规范意图毫无意义。特别是，当一部法律刚刚制定的时候，就轻易超越立法者的规范设定，而以解释者的价值判断为所谓解释的依据，无疑是欠妥当的。这种思维，不利于法秩序的稳定。就《刑事诉讼法》第 193 条第 1 款而言，尽管存在争议，甚至被万毅教授批评为“不伦不类”，但其规整意图明确指向“仅仅免除亲属出庭之义务”而非“免除亲属作证之义务”应该说是非常明确的。在现代的民主法治国家，立法者在创制规范上具有优先的地位，虽然这并不排除法律解释者参与创制规范的可能性，但完全忽略立法者的意图也是难以接受的。

笔者整体上认同李奋飞博士更好地协调婚姻家庭保护和对质权两项法益的目标，①但在具体方案上存在不同看法。下面，笔者将尝试提出自己的解决方案。

---

① 此外，对于李奋飞博士“刑事诉讼法教义学之倡导”，笔者非常认同。笔者认为，这在刑事诉讼法学科的方法论自觉上，具有开拓性的意义。

六、合宪性解释与个案中基本权利冲突的“实践调和”

(一)刑事诉讼法的合宪性解释

李奋飞博士称其解释是基于刑事诉讼法的“整体目的”,这是非常正确的解释方向。但尚须更开放地思考,也就是考虑“整体法秩序”。这里涉及刑事诉讼法与宪法关系的第二个层面(第一个层面是前述的“刑事诉讼法对宪法的具体化”):“法律的合宪性解释。”① 如前所述,《刑事诉讼法》第193条第1款,涉及落实两项宪法法益:“获得辩护权”和“婚姻家庭保护”,但在两个方向上都嫌不足。因此,单纯依靠刑事诉讼法解释已经无法完全解决问题,而须作宪法层次的考虑。“为了说明这两个规范在哪些适用范围有所冲突,以及为了重建法律的和谐,有人尝试通过解释让低位阶规范的文义不再与高位阶规范有所冲突。也就是说,人们将低位阶规范的适用范围限缩在高位阶规范可适用的情形。这种方式,在实践上最为重要者,就是我们对于单纯法律所为的‘合宪解释’(verfassungskonforme Auslegung)”。② 李奋飞博士的解释,也包括前述张龑博士的论述,实际上是将价值因素引入法律解释。然而,需要注意的是:“从价值取向的角度来观察法律,便必须取向于宪法。”③部门法解释所需要的价值补充,应该首先从宪法中寻找,而不能轻易超越实证法秩序而诉诸伦理观、政治哲学或者比较法。在现代法治之中,宪法具有整个法秩序的价值基础的性质。法律解释,正如其他在宪法价值笼罩下的法律活动一样,都应该以宪法作为修正法秩序的缺漏、补充漏洞的规范来源。“来自合宪法秩序的意义整体,对法律可以发挥补正功能的规范;发现它,并将之实现于裁判中,这正是司法的任

---

① 关于中国语境下的合宪性解释,参见张翔:《两种宪法案件:从合宪性解释看宪法对司法的可能影响》,载《中国法学》2008年第3期。关于近年来我国对于合宪性解释的研究的综述,参见黄卉:《合宪性解释及其理论检讨》,载《中国法学》2014年第1期。

② [德]英格博格·普珀:《法律思维小学堂》,蔡圣伟译,北京大学出版社2011年版,第58页。

③ 黄茂荣:《法学方法与现代民法》,中国政法大学出版社2001年版,第286页。

务。”[①]对于《刑事诉讼法》第193条第1款的解释而言，既然其涉及宪法上的基本权利，就应当避免仅作刑诉法层次的解释，而应将宪法规范作为“控制性”乃至“补充性”因素而纳入思考。

合宪性解释，是对法律的合宪性解释。作为解释，其仍然不能超越法律的可能文义的边界，也不能因为考虑宪法价值层面，而对法律的目的置之不理。但是，在合宪性解释之外，还有“合宪性法律续造”的层面。“假使立法者追求的影响作用超越宪法容许的范围，可以将法律限缩解释至‘合宪的’范围。因此，立法者所选择的准则，在以宪法能维持的程度内，也被维持。此处涉及的不再是解释，毋宁是一种目的论的限缩。一种合宪的法的续造。”[②]换言之，如果立法者所制定的规范，超越了宪法所能允许的边界，则可以依据宪法对法律作限缩解释。这种限缩，是以法律外的目的考量（作为上位法的宪法）为基础的，因而是一种目的性限缩。在此意义上，已经不再是在文义范围内的“解释”，而是超越文义的“法的续造”。

“合宪性法律续造”提示我们，对于部门法的理解，存在一种可以超越文义的法的续造，其依据，是居于上位法、最高法地位的，作为整个法秩序价值基础的宪法。其方式，是对法律的“目的性限缩”。这意味着，在一般情形下，应当尊重立法者对宪法的具体化，但如果立法者逾越宪法所设定的边界而谋求某种抵触宪法的立法效果时，就可以对该当法律规范进行限缩的解释。并且，即使这种目的性限缩是有违文义的，也可允许，因为这在整体上是趋向于宪法秩序的。

（二）个案衡量、“实践调和”与目的性限缩

就本文所处理的问题而言，对《刑事诉讼法》第193条第1款进行“合宪的”塑造的前提，是要明确宪法规范的含义。这里必须面对非常困难的“基本权利冲突”。如前所述，第193条第1款中存在“获得辩护权”和“婚姻家庭保护”两个基本权利位阶的法益之间的

---

① ［德］拉伦茨：《法学方法论》，陈爱娥译，台北，五南图书出版股份有限公司1996年版，第279页。

② ［德］拉伦茨：《法学方法论》，陈爱娥译，台北，五南图书出版股份有限公司1996年版，第243页。

冲突。如何协调？宪法所保护的基本权利，其重要性无须多言，而相互之间并无当然的高低先后之顺位关系。例如，言论自由与人格尊严，二者在诽谤案件的认定中恒常冲突，但绝无一般性地给出孰优孰劣判断的可能性。在某些情形下，人格尊严优先，而在另外的情形下，则是言论自由优先。当两项基本权利冲突时，“手心手背都是肉”“世间难得两全法”，舍此取彼还是舍彼取此，实费思量。宪法学理论在经过艰难探索后，最终明确了“个案衡量”“实践调和”的解决思路。①

对于相互冲突的法益，通常的认识会认为权衡的结果只能是牺牲一方，而保护另一方。但是，现代的宪法学理论要求不能对此匆忙草率地进行抽象的“价值权衡”，而是要让两种法益都能发挥最佳的功效。“在不确定的情况下选择能够使基本权利规范发挥最大法律效力的解释。”②联邦德国宪法法院在处理艺术作品的传播自由与为保护青少年而禁止猥亵物品自由销售的规范冲突的案件时，作出了这样的论证：“艺术自由不仅只是会和他人的基本权相冲突，也可能会和其他宪法所承认并且保护的价值相冲突。在这种情形中，应该在这些方向相反，但同样都是受宪法保护的利益之间，以达成这些利益的最佳化为目标，谋求一个合乎比例的平衡、协调。在艺术自由与其他的宪法利益相冲突时，便是通过各种利益的个案衡量来达成。”③这里，宪法法院提出了在个案中进行“实践调和”(prktische Konkordanz)的原则。实践调和原则的基本内涵是，尽管立法者拥有具体化宪法上的“形成自由”和作出评价的权力，但不能将某种宪法法益置于绝对的优先位置，并使其毫无例外地、自始至终地相对于别的法益享有绝对的保障。相反地，面对相互冲突的法益，立法者应通过充分对比冲突法益的在具体情境中的各自权重，

---

① 关于如何处理基本权利冲突的学理发展，参见张翔：《基本权利冲突的规范结构与解决模式》，载《法商研究》2006 年第 4 期。

② BVerfGE 32,54 (71);BVerfGE 6,55 (72).

③ 转引自[德]英格博格·普珀：《法律思维小学堂》，蔡圣伟译，北京大学出版社 2011 年版，第 60 页。

而使所有的法益价值都能获得最妥善的衡平。[①] 而且，这种“实践调和”，不仅是对立法者的要求，也是对司法过程中解释适用法律的要求，而司法者在个案中调和基本权利冲突，运用的正是“个案中之法益衡量”的方法。[②]

就本文所处理的问题而言，立法者在制定《刑事诉讼法》相关条款，处理“对质权”与“婚姻家庭保护”两种法益的冲突时，既没有赋予“婚姻家庭保护”以绝对的优先性而规定绝对的亲属免证权，也没有完全倒向“对质权”而规定包括近亲属在内的所有证人都可被强制出庭，应该说思虑尚属充分。万毅教授批评“立法者在立法思想上顾虑重重”“既想革新，又想维护”，但也说立法者在“权衡折中”。其实，对各种价值目标衡量协调，正是立法的常态。即使立法水平大幅度提高，要求立法者对所有案件中的具体情形都预先作出衡量，也属苛责。笔者认为，针对这一规范，更为重要而可行的是，在个案中针对具体情形，考量两相冲突法益的各自权重，比较衡量，以作出最后的权衡判断。

七、结语：宪法与部门法的交互影响

这里，关于宪法与部门法的关系，笔者还想做一些补充说明。在处理宪法与部门法关系上，我们似乎应该避免“部门法学者的漠视”与“宪法学者的傲慢”。根据笔者的观察，一些部门法学者似乎有漠视宪法基本决定的倾向，在立法第一条写入“根据宪法，制定本法”后，宪法问题就几乎不再被提起。而宪法学者又有一种基于宪法作为最高法的傲慢，动辄指称某某法律违宪，而无视部门法的规范与法理的严整体系。那么，宪法与部门法究竟应是一种怎样的关系？

在前文中，笔者已经描述了宪法与部门法关系的两个层面：“法律对宪法的具体化”和“法律的合宪性解释”。首先是“法律对宪法

---

① 参见[德]康拉德·黑塞：《联邦德国宪法纲要》，李辉译，商务印书馆 2007 年版，第 49 ~ 51 页。

② 参见[德]拉伦茨：《法学方法论》，陈爱娥译，台北，五南图书出版股份有限公司 1996 年版，第 312 页。

的具体化”。宪法措辞简介、意涵抽象，立法者负有将宪法的规范意旨进一步形成的义务，也就是具体化宪法的义务。前述的“辩护权——获得有效辩护权——对质权——不利证人出庭”的脉络，也就是从《宪法》第130条“被告人有权获得辩护”到刑事诉讼法相关条文的规范生长过程，就是这种具体化的范例。其次是“法律的合宪性解释”，也就是要求对法律的具体解释和适用，必须时刻关照宪法价值的落实，将宪法作为法律解释的“补充性”和“控制性”因素，使法律的具体操作合于宪法的整体秩序。此外，还有宪法与部门法关系的第三个层面，也就是“法律的合宪性审查”层面。这个层面最受学术界关注，而在我国尚无有效制度支撑。相关论说甚多，此处不赘述。

对于宪法与部门法之关系，宪法学上著名的“交互影响说”是对二者关系要点的精练概括。德国联邦宪法法院在吕特判决中，针对“一般性法律可以限制言论自由”的规范，提出了“交互影响”的论证(交互效果、相互影响)(Wechselwirkung)，认为法律固然可以对基本权利作出限制，但在自由民主的体制下，法律要依据基本权利的价值来解释。不能仅仅认为基本权利受到了法律的单方限制，而要同时认识到，基本权利在自由民主国家是宪法所追求的客观价值所在，对于法律的解释必须本于此项认识而进行，这意味着法律本身也受着基本权利的限制。[①] 稍做推导：宪法要依赖部门法去落实和实践，要看到立法者构建部门法秩序的过程也是宪法具体化的过程，要尊重立法者对于宪法的理解和规范展开。同时，对于法律的解释又必须以宪法精神笼罩和控制。对于法学的学术而言，这意味着，宪法学者必须重视立法机关依据宪法而对宪法的发展，[②]不要轻率否定立法者对社会规整的设想，并有选择地将立法者对宪法的理解吸收和接受为对宪法规范的解释，以及充分理解部门法学的学理。同时，部门法学者在解释法律时，出于维护

---

① 参见张红：《吕特案》，载张翔主编：《德国宪法案例选释　第一辑　基本权利总论》，法律出版社2012年版。

② 关于我国立法机关通过立法发展宪法的实证研究，参见林彦：《通过立法发展宪法——兼论宪法发展程序间的制度竞争》，载《清华法学》2013年第2期。

宪法价值，实现宪法之下法秩序的和谐之目标，应该对法律作合宪性的解释乃至合宪性的续造。宪法学与部门法学不可相互漠视，也不可以傲慢地认为“本学科可以自足”。这里，援引两位青年宪法学者的精彩论证（他们所处理的共同问题，是刑法里的“涉户犯罪”与宪法中“住宅自由”的规范整合），来说明宪法学者在此问题上的自觉：

杜强强博士主张“宪法规范与刑法规范之诠释循环”“宪法和部门法的相互动态调适”，他说：“一国法律秩序本是一个动态的规范体系，对法律的解释需要考虑到宪法的规定，而对宪法的解释岂能无视普通法律的规定？法律解释者负有义务将宪法与下位阶法律规范互为动态调整而维持法律体系的和谐。”①

杜强强博士还描述了由部门法入手探讨宪法规范的内涵的“以宪就法”与通过合宪性解释而使宪法价值理念注入部门法的“以法就宪”之间的往返流连，并且批评了实践中不允许法院援引宪法，而导致法官绕过实定法体系而诉诸于虚无缥缈的“法感”的荒谬。

白斌博士近年来一直致力于沟通宪法与刑法，他有这样的论述：“作为宪法规范的具体化，刑法规范承担着实践宪法中基本权利之核心价值的重任。故而，刑法教义学就特定刑法规范开展解释时，不应局限于从刑法文本与规范框架中寻找依据，也应重视从宪法教义学的高度，着眼于从宪法规范与基本权利价值的层面为刑法解释寻找理论资源，而不宜对后者完全视而不见，甚或作出有违立宪主义精神的判断。此条基准无论对于刑事立法，抑或刑事司法裁判活动，都是适用的。”②他主张在涉及宪法问题的部门法适用中，要有“思虑周全、反复衡量的苦心”。

《中共中央关于全面推进依法治国若干重大问题的决定》提出：“坚持依法治国首先要坚持依宪治国，坚持依法执政首先要坚持依宪执政”“要使每一项立法都符合宪法精神。”并特别强调“坚持立

---

① 杜强强：《论宪法规范与刑法规范之诠释循环——以入户抢劫与住宅自由概念为例》，载《法学家》2015年第2期。

② 白斌：《宪法价值视域中的涉户犯罪》，载《法学研究》2013年第6期。

改废释并举”,强调法律解释在完善以宪法为核心的中国特色社会主义法律体系中的重要作用。对于法律学者而言,这也意味着,要有对宪法与部门关联性的自觉意识,要理解宪法与部门法之间的“交互影响”,要互相尊重和理解对方学科的知识,通过运用具体化宪法和合宪性解释的法律技艺,向着宪法教义学与部门法教义学的体系整合,相互融通、相向而行。

参考文献

一、中文著作

[1]蔡震荣:《行政法理论与基本人权之保障》,台北,五南图书出版股份有限公司1999年版。

[2]常健:《人权的理想·悖论·现实》,四川人民出版社1992年版。

[3]陈慈阳:《人权保障与权力制衡》,唐山出版社2002年版。

[4]陈宝音编著:《国外社会主义宪法论》,中国人民公安大学出版社1998年版。

[5]陈新民:《宪法基本权利之基本理论》,台北,元照出版有限公司1999年版。

[6]陈新民:《行政法学总论》,台北,三民书局1997年版。

[7]陈新民:《德国公法学基础理论》,山东人民出版社2001年版。

[8]陈洪捷:《德国古典大学观及其对中国大学的影响》,北京大学出版社2002年版。

[9]杜钢建:《基本人权论》,台北,洪叶文化事业公司1997年版。

[10]凯普等编:《欧洲四国有效刑事辩护研究——人权的视角》,丁鹏等译,法律出版社2012年版。

[11]法治斌:《人权保障与释宪法制》,台北,月

旦出版股份有限公司 1993 年版。

[12]冯军:《刑事责任论》,法律出版社 1996 年版。

[13]姜明安:《行政法与行政诉讼法》,北京大学出版社、高等教育出版社 1999 年版。

[14]韩大元:《比较行政法》,中国人民大学出版社 1998 年版。

[15]韩大元主编:《比较宪法学》,高等教育出版社 2003 年版。

[16]韩大元、林来梵、郑贤君:《宪法学专题研究》,中国人民大学出版社 2004 年版。

[17]韩大元、胡锦光:《当代人权保障制度》,中国政法大学出版社 1998 年版。

[18]韩德培总主编:《人权的理论与实践》,武汉大学出版社 1995 年版。

[19]何怀宏:《西方公民不服从的传统》,吉林人民出版社 2001 年版。

[20]胡锦光:《中国宪法问题研究》,新华出版社 1998 年版。

[21]黄茂荣:《法学方法与现代民法》,中国政法大学出版社 2001 年版。

[22]黄枬森、沈宗灵:《西方人权学说》,四川人民出版社 1994 年版。

[23]梁启超:《清代学术概论》,东方出版社 1996 年版。

[24]黎国智:《马克思主义人权理论概要》,四川大学出版社 1992 年版。

[25]李步云:《宪法比较研究》,法律出版社 1998 年版。

[26]李惠宗:《宪法要义》,台北,元照出版有限公司 2002 年版。

[27]李惠宗:《权力分立与基本权保障》,台北,韦伯文化事业出版社 1999 年版。

[28]李震山:《人性尊严与人权保障》,台北,元照出版有限公司 2000 年版。

[29]林嘉:《社会保障法的理念、实践与创新》,中国人民大学出版社 2002 年版。

[30]林来梵:《从宪法规范到规范宪法——规范宪法学的一种

前言》,法律出版社 2001 年版。

[31]刘海年主编:《〈经济、社会和文化权利国际公约〉研究》,中国法制出版社 2000 年版。

[32]罗玉中、万其刚:《人权与法制》,北京大学出版社 2001 年版。

[33]马岭:《宪法权利解读》,中国人民公安大学出版社 2010 年版。

[34]戚渊:《论立法权》,中国法制出版社 2002 年版。

[35]秦奥蕾:《基本权利体系研究》,山东人民出版社 2009 年版。

[36]苏永钦:《合宪性控制的理论与实际》,台北,月旦出版股份有限公司 1994 年版。

[37]苏永钦:《走入新世纪的私法自治》,中国政法大学出版社 2002 年版。

[38]屠振宇:《未列举权利研究——美国宪法的实践和经验》,中国法制出版社 2012 年版。

[39]王家福:《人权与 21 世纪》,中国法制出版社 2000 年版。

[40]王磊:《宪法的司法化》,中国政法大学出版社 2000 年版。

[41]王磊:《选择宪法》,北京大学出版社 2003 年版。

[42]王启富、刘金国主编:《人权问题的法理学研究》,中国政法大学出版社 2003 年版。

[43]王泽鉴:《法律思维与民法实例——请求权基础理论体系》,中国政法大学出版社 2001 年版。

[44]汪习根:《法治社会的基本人权》,中国人民公安大学出版社 2002 年版。

[45]温辉:《受教育权入宪研究》,北京大学出版社 2003 年版。

[46]翁岳生:《行政法》,中国法制出版社 2002 年版。

[47]吴惕安:《当代西方国家理论评析》,陕西人民出版社 1994 年版。

[48]吴家麟编著:《宪法基本知识讲话》,中国青年出版社 1954 年版。

[49]夏勇:《人权概念起源》,中国政法大学出版社2001年版。
[50]夏勇:《中国民权哲学》,生活·读书·新知三联书店2004年版。
[51]许崇德:《人权思想与人权立法》,中国人民大学出版社1992年版。
[52]许崇德:《中国宪法》,中国人民大学出版社1996年版。
[53]许育典:《宪法》,台北,元照出版有限公司2006年版。
[54]徐显明:《公民权利义务通论》,群众出版社1991年版。
[55]颜厥安:《规范、论证与行动》,台北,元照出版有限公司2004年版。
[56]肖蔚云编:《我国现行宪法的诞生》,北京大学出版社1986年版。
[57]肖蔚云:《论宪法》,北京大学出版社2004年版。
[58]肖蔚云、魏定仁、宝音胡日雅克琪:《宪法学概论》,北京大学出版社2002年版。
[59]杨建顺:《日本行政法通论》,中国法制出版社1998年版。
[60]杨仁寿:《法学方法论》,中国政法大学出版社1999年版。
[61]曾康繁:《比较宪法》,台北,三民书局1978年版。
[62]张恒山:《义务先定论》,山东人民出版社1999年版。
[63]张文显:《法学基本范畴研究》,中国政法大学出版社1993年版。
[64]张贤明:《论政治责任——民主理论的一个视角》,吉林大学出版社2000年版。
[65]郑杭生:《人权新论》,中国青年出版社1993年版。
[66]郑贤君:《基本权利研究》,中国民主法制出版社2007年版。
[67]郑贤君:《基本权利原理》,法律出版社2010年版。
[68]周伟:《宪法基本权利司法救济研究》,中国人民公安大学出版社2003年版。
[69]邹永贤:《现代西方国家学说》,福建人民出版社1993年版。
[70]邹永贤主编:《国家学说史》,福建人民出版社1999年版。
[71]朱应平:《宪法中非权利条款人权保障功能研究》,法律出

版社 2009 年版。

[72][挪]艾德:《经济、社会和文化的权利》,黄列译,中国社会科学出版社 2003 年版。

[73][美]爱德华·S. 考文:《美国宪法的“高级法”背景》,强世功译,生活·读书·新知三联书店 1996 年版。

[74][美]埃里克·方纳:《美国自由的故事》,王希译,商务印书馆 2002 年版。

[75][德]奥特弗利德·赫费:《政治的正义性——法和国家的批判哲学之基础》,庞学铨等译,上海译文出版社 1998 年版。

[76][德]阿图尔·考夫曼、[德]温弗里德·哈斯默尔主编:《当代法哲学和法律理论导论》,郑永流译,法律出版社 2002 年版。

[77][法]邦雅曼·贡斯当:《古代人的自由与现代人的自由》,阎克文等译,商务印书馆 1999 年版。

[78][英]鲍桑葵:《关于国家的哲学理论》,汪淑均译,商务印书馆 1995 年版。

[79][美]贝思·J. 辛格:《实用主义、权利和民主》,王守昌等译,上海译文出版社 2001 年版。

[80][德]卡尔·施密特:《宪法学说》,刘锋译,世纪出版集团、上海人民出版社 2005 年版。

[81][日]大须贺明:《生存权论》,林浩译,法律出版社 2001 年版。

[82][美]罗纳德·M. 德沃金:《认真对待权利》,信春鹰、吴玉章译,中国大百科全书出版社 1998 年版。

[83][美]罗纳德·M. 德沃金:《至上的美德——平等的理论与实践》,冯克利译,江苏人民出版社 2003 年版。

[84][美]范伯格:《自由、权利和社会正义》,王守昌等译,贵州人民出版社 1998 年版。

[85][澳]菲利普·佩迪特:《共和主义——一种关于自由与政府的理论》,刘训练译,江苏人民出版社 2006 年版。

[86][美]格尔哈斯·伦斯基:《权力与特权——社会分层理论》,关信平等译,浙江人民出版社 1988 年版。

[87][日]宫泽俊义:《日本国宪法精解》,董璠舆译,中国民主法制出版社1990年版。

[88][德]哈贝马斯:《在事实与规范之间——关于法律和民主法治国的商谈理论》,童世骏译,生活·读书·新知三联书店2003年版。

[89][德]哈特穆特:《行政法》,高家伟译,法律出版社2000年版。

[90][英]哈耶克:《个人主义与经济秩序》,邓正来译,生活·读书·新知三联书店2003年版。

[91][英]赫伯特·斯宾塞:《国家权力与个人自由》,谭小勤等译,华夏出版社2000年版。

[92][德]何梦笔:《德国秩序政策理论与实践》,庞健等译,上海人民出版社2000年版。

[93][德]黑格尔:《法哲学原理》,范扬、张企泰译,商务印书馆1982年版。

[94][英]霍布斯:《利维坦》,黎思复等译,商务印书馆1985年版。

[95][美]加里·沃塞曼:《美国政治基础》,陆震纶等译,中国社会科学出版社1994年版。

[96][德]康拉德·黑塞:《联邦德国宪法纲要》,李辉译,商务印书馆2007年版。

[97][美]杰克·唐纳利:《普遍人权的理论与实践》,王浦劬等译,中国社会科学出版社2001年版。

[98][德]科殷:《法哲学》,林荣远译,华夏出版社2002年版。

[99][美]肯尼思·W.汤普森:《宪法的政治理论》,张志铭译,生活·读书·新知三联书店1997年版。

[100][德]拉伦茨:《法学方法论》,陈爱娥译,台北,五南图书出版股份有限公司1996年版。

[101][法]莱昂·狄骥:《宪法学教程》,王文利等译,春风文艺出版社、辽海出版社1999年版。

[102][美]莱斯利·里普森:《政治学的重大问题》,刘晓等译,

华夏出版社2001年版。

[103][德]列奥·施特劳斯:《自然权利与历史》,彭刚译,生活·读书·新知三联书店2003年版。

[104][日]芦部信喜:《宪法》,李鸿禧译,台北,元照出版有限公司2001年版。

[105][日]芦部信喜:《宪法》(第3版),林来梵、凌维慈、龙绚丽译,北京大学出版社2006年版。

[106][法]卢梭:《社会契约论》,何兆武译,商务印书馆1980年版。

[107][美]路易斯·亨金:《权利的时代》,信春鹰等译,知识出版社1997年版。

[108][英]洛克:《政府论(下篇)》,叶启芳等译,商务印书馆1964年版。

[109][德]罗尔夫·斯特博:《德国经济行政法》,苏颖霞、陈少康译,中国政法大学出版社1999年版。

[110][英]米尔恩:《人的权利与人的多样性——人权哲学》,夏勇、张志铭译,中国大百科全书出版社1995年版。

[111][日]室井力主编:《日本现代行政法》,吴微译,中国政法大学出版社1995年版。

[112][美]约翰·罗尔斯:《正义论》,何怀宏等译,中国社会科学出版社1988年版。

[113][法]孟德斯鸠:《论法的精神》,张雁深译,商务印书馆1961年版。

[114][苏]涅尔谢相茨:《古希腊政治学说》,蔡拓译,商务印书馆1991年版。

[115][法]让-马克·夸克:《合法性与政治》,佟心平等译,中央编译出版社2002年版。

[116][日]杉原泰雄:《宪法的历史——比较宪法学新论》,吕昶等译,社会科学文献出版社2000年版。

[117][德]萨维尼:《萨维尼法学方法论讲义与格林笔记》,杨代雄译,法律出版社2008年版。

[118][美]托马斯·伯根索尔:《国际人权法概论》,潘维煌等译,中国社会科学出版社1995年版。

[119][瑞士]托马斯·弗莱纳:《人权是什么》,谢鹏程译,中国社会科学出版社1999年版。

[120][美]托马斯·潘恩:《潘恩选集》,马清槐译,商务印书馆1981年版。

[121][美]托马斯·雅诺斯基:《公民与文明社会》,柯雄译,辽宁教育出版社2002年版。

[122][德]威廉·冯·洪堡:《论国家的作用》,林荣远译,中国社会科学出版社1998年版。

[123][德]马克斯·韦伯:《学术与政治》,钱永祥译,广西师范大学出版社2004年版。

[124][德]伯恩·魏德士:《法理学》,丁晓春译,法律出版社2005年版。

[125][英]亚当·斯密:《国民财富的性质和原因的研究》,商务印书馆1974年版。

[126][古希腊]亚里士多德:《政治学》,吴寿彭译,商务印书馆1965年版。

[127][美]约翰·罗尔斯:《正义论》,何怀宏等译,中国社会科学出版社1988年版。

[128][美]列奥·施特劳斯、[美]约瑟夫·克罗波西:《政治哲学史》,李天然等译,河北人民出版社1998年版。

[129][英]约翰·斯图尔特·密尔:《代议制政府》,汪瑄译,商务印书馆1997年版。

[130][德]英格博格·普珀:《法律思维小学堂》,蔡圣伟译,北京大学出版社2011年版。

[131][德]耶林:《法学的概念天国》,柯伟才、于庆生译,中国法制出版社2009年版。

[132][美]史蒂芬·霍尔姆斯、[美]凯斯·桑斯坦:《权利的成本——为什么自由依赖于税》,毕竟悦译,北京大学出版社2004年版。

二、外文著作

[1] Ackerman, Bruce A. *We the People: Foundation.* Cambridge, MA: Harvard University Press, 1991.

[2] Alexander, Larry. *Constitutionalism*, Cambridge: Cambridge University Press, 1998.

[3] Alexy, Robert. *A Theory of Constitutional Rights*, trans. by Julian Rivers, New York: Oxford University Press, 2002.

[4] Arkes, Hadley. *Natural Rights and the Rights to Choose*, New York: Cambridge University Press, 2002.

[5] Caldwell, Peter C. *Popular Sovereignty and the Crisis of German Constitutional Law: The Theory & Practice of Weimar Constitutionalism*, Durham and London: Duke University Press, 1997.

[6] Clapham, Andrew. *Human Right in Private Sphere*, Oxford: Clarendon Press, 1993.

[7] Coing. Grundzüge der Rechtsphilosophie, 5. Aufl.

[8] Claus-Wilhelm Canaris. Systemdenken und Szstembegriff in der Jurisprudenz, 2. Aufl.

[9] Carl Schmitt. Verfassungslehre, 1. Aufl, Berlin 1928.

[10] Carl Schmitt. Verfassungslehre, neunte Ausflage, Berlin, 2003.

[11] Epping, Volker. Grundrechte, Berlin u. a: Springer, 2005.

[12] Gröschner, Rolf. Rechts-und Staatsphilosopie: Ein dogmenphilosophischer Dialog, Berlin u. a: Springer, 2000.

[13] F. Müller. Juristische Methodik, 8. Aufl, 2002.

[14] Gerald Gunther. Constitutional Law 12ed. Foundation Press, 1991 & Supplement 1996.

[15] Hohfeld, Wesley Newcomb. *Fundamental Legal Conceptions*, Edited by Walter Whefler Cook, New Haven: Yale University Press, 1919.

[16] Ides, Allan. *Constitutional Law: Individual Rights*, Beijing:

CITIC Publishing House,2003.

[17]Karpen,Ulrich,ed. *The Constitution of the Federal Republic of Germany*,Baden-Baden：Nomos Verlagsgesellschaf,1988.

[18]Kelly,Alfred H. *The American Constitution：Its Origins and Development*, 6th edition, New York： W. W. Norton & Company, 1983.

[19] Kennedy, Ellen. *Constitutional Failure：Carl Schmitt in Weimar*,Durham and London：Duke University Press,2004.

[20]Kommers,Donald P. *The Constitutional Jurisprudence of the Federal Republic of Germany*,Durham and London：Duke University Press,1997.

[21] Konrad Hesse. Grundzüge des Verfassungsrechts der Bundesrepublik Deutschland,20 Aufl.

[22]Karl Larenz. Methodenlehre der Rechtswissenschaft,6. Aufl. 1991.

[23]Kelsen. Allgemeine Staatslehre,1993.

[24]Levy,Leonard W. *Origins of the Bill of Rights*,New Haven：Yale University Press,1999.

[25]Levy,Leonard W,ed. *Encyclopedia of the American Constitution*, New York：Macmillan Reference USA,2000.

[26]Leiser, Burton M. *Human Rights in Philosophy and Practice*,Aldershot,Hants,England ;Burlington,VT：Ashgate,2001.

[27] Licht, Robert A. *The Framers and Fundamental Rights*, Washinton DC:AEI Press,1991.

[28] Laurence H. Tribe. *American Constitutional Law* 2nd ed. 1988.

[29] Laband. Das Staatrecht des Deutschen Reiches, BD. Ⅰ, S. Ⅸ(Vorwort zur 2. Aufl).

[30] Maunz-Dürig. Grundgesetzkommentar, BD. Ⅱ, 2010, Art. 14:1 -5.

[31]Michael Kloepfer. Grundrechte als Entstehenssicherung und

Bestandsschutz,1970.

[32]Michalowski,Sabine. *German Constitutional Law*: *The Protection of Civil Liberties*,Aldershot: Ashgate Publishing Ltd. and Darmouth Publishing Ltd. ,1999.

[33]McWhirter,Darien A. *Equal Protection*,Phoenix,Az. : Oryx Press,1995.

[34] Pieroth, Bodo. Grundrechte: StaatsrechtII, Heidelberg: Müller Juristischer Verlag,1990.

[35]Peter Häberle. Die Wesengehaltgarantie des Artikel 19 Abs. 2 Grundgesetz,1962.

[36]Pieroth/Schlink. Grundrechte. Staatsrecht Ⅱ,25. Aufl,2009.

[37]Robert Alexy. Gundrechte als subjektive Recht und objektive Normen,Der Staat (29)1990.

[38]Rudolf von Jhering. Der Geist des römischen Rechts auf den verfschiedenen Stufen seiner Entwicklung,erster Teil,1907.

[39]Sachs,Michael. Verfassungsrecht II Grundrechte,Berlin u. a: Springer,2000.

[40]Scalia,Antonin. *A Matter of Interpretation*: *Federal Courts and the Law*,New Jersey: Princeton University Press,1997.

[41]Stein,Ekkehart Staatsrecht,18 Aufl,Tübingen: Mohr Siebeck,2002.

[42]Sunstein,Cass R. *One Case at a Time*: *Judicial Minimalism on the Supreme Court*,Cambridge: Harvard University Press,1999.

[43] Sunstein, Cass R. *The Partial Constitution*, Cambridge, MA: Harvard University Press,1993.

[44]Symonides,Janusz. *Human Rights*: *Concept and Standards*, London: Unesco Publishing,2000.

[45]Vgl. Robert Alexy. Theorie der Juristischen Argumentation, 1991.

[46]Vgl. Georg Wilhelm Friedrich Hegel: Grundlinien der Philosophie des Rechts,Berlin 1982.

[47] Vgl. Pieroth/Schlink. Grundrechte. Staatsrecht Ⅱ, 25. Aufl, 2009.

[48] Waldron, Jermy, ed. *Theories of Rights*, New York: Oxford University Press, 1984.

[49] Weber-Fas, Rudolf. Der Verfassungsstaat des Grundgesetzes: Entstehung-Prinzipien-Gestalt, Tübingen: Mohr Siebeck, 2002.

[50] Wellman, Carl. *Rights and Duties*, Volume 1 – 6, New York: Roudledge, 2000.

[51] Wellman Carl. *Welfare Rights*, Totowa, New Jersey: Rowman and Littlefield Press, 1982.

[52] Whittington, Keith E. *Constitutional Interpretation: Textual Meaning, Original Intent, and Judicial Review*, Lawrence: University Press of Kansas, 1999.

三、中文论文

[1]白钢等:《论政治的合法性原理》,载《天津社会科学》2002年第2期。

[2]白斌:《论法教义学:源流、特征及其功能》,载《环球法律评论》2010年第3期。

[3]白斌:《宪法价值视域中的涉户犯罪》,载《法学研究》2013年第6期。

[4]陈兴良:《刑法教义学方法论》,载《法学研究》2005年第2期。

[5]陈爱娥:《宪法对未出生胎儿的保护——作为基本权保护义务的一例来观察》,载《政大法学评论》1997年第58期。

[6]陈爱娥:《自由—平等—博爱:社会国原则与法治国原则的交互作用》,载《台大法学论丛》1996年第2期。

[7]陈醇:《论国家的义务》,载《法学》2002年第8期。

[8]陈征:《国家从事经济活动的宪法界限——以私营企业家的基本权利为视角》,载《中国法学》2011年第1期。

[9]杜承铭:《论结社自由权的宪法权利属性、价值及其限制》,

载《河北法学》2002 年第 6 期。

[10]杜承铭:《论作为法学范畴的自由》,载《法商研究》2000 年第 1 期。

[11]杜强强:《基本权利的规范领域和保护程度——对我国宪法第 35 条和第 41 条的规范比较》,载《法学研究》2011 年第 1 期。

[12]杜强强:《论宪法规范与刑法规范之诠释循环——以入户抢劫与住宅自由概念为例》,载《法学家》2015 年第 2 期。

[13]范忠信:《中西法律传统中的“亲亲相隐”》,载《中国社会科学》1997 年第 3 期。

[14]葛克昌:《国家与社会二元论及其宪法意义》,载《台大法学论丛》1994 年第 1 期。

[15]关今华:《权利冲突的制约、均衡和言论自由优先配置质疑》,载《法学研究》2000 年第 3 期。

[16]韩大元:《论基本权利的效力》,载《判解研究》2003 年第 1 期。

[17]韩大元:《宪法文本中“人权条款”的规范分析》,载《法学家》2004 年第 4 期。

[18]郝铁川:《权利冲突——一个不成问题的问题》,载《法学》2004 年第 9 期。

[19]胡锦光:《论宪法规范的基本特点》,载《中国人民大学学报》1996 年第 2 期。

[20]黄镕:《试论行政相对人权利》,载《杭州商学院学报》2002 年第 6 期。

[21]黄卉:《宪法经济制度条款的法律适用——从德国经济宪法之争谈起》,载《中外法学》2009 年第 4 期。

[22]黄卉:《合宪性解释及其理论检讨》,载《中国法学》2014 年第 1 期。

[23]姜峰:《权利宪法化的隐忧——以社会权为中心的思考》,载《清华法学》2010 年第 5 期。

[24]李建良:《基本权利理论体系之构成及其思考层次》,载李建良:《宪法理论与实践》,台北,学林文化实业有限公司 1999 年版。

[25]李忠夏:《宪法学的教义化——德国国家法学方法论的发展》,载《法学家》2009 年第 5 期。

[26]李龙:《论宪法规范》,载《法学评论》1994 年第 6 期。

[27]李琦:《论法律上的防卫权》,载《中国社会科学》2002 年第 1 期。

[28]李昕:《公共服务理念下现代行政的特征》,载《行政法学研究》2002 年第 4 期。

[29]林彦:《通过立法发展宪法——兼论宪法发展程序间的制度竞争》,载《清华法学》2013 年第 2 期。

[30]林来梵:《针对国家享有的财产权——从比较法角度的一个考察》,载《法商研究》2003 年第 1 期。

[31]林来梵、张卓明等:《论权利冲突中的权利位阶——规范法学视角下的透视》,载《浙江大学学报》2003 年第 6 期。

[32]林来梵、郑磊:《基于法教义学概念的质疑——评〈中国法学向何处去〉》,载《河北法学》2007 年第 10 期。

[33]林来梵:《人的尊严与人格尊严——兼论中国宪法第 38 条的解释方案》,载《浙江社会科学》2008 年第 3 期。

[34]林昱梅:《艺术自由与嘲讽性模仿之著作权侵害判断》,载《成大法学》2004 年第 7 期。

[35]刘东亮:《行政法的国家理念》,载《浙江省政府管理干部学院学报》1999 年第 4 期。

[36]刘连泰:《确定"管制性征收"的坐标系》,载《法治研究》2014 年第 3 期。

[37]刘作翔:《权利冲突的几个理论问题》,载《中国法学》2002 年第 2 期。

[38]刘飞:《宪法解释的规则综合模式与结果取向——以德国联邦宪法法院为中心的宪法解释考察》,载《中国法学》2011 年第 2 期。

[39]梁迎修:《方法论视野中的法律体系与体系思维》,载《政法论坛》2008 年第 1 期。

[40]马长山:《西方法治产生的深层次历史根源、当代挑战及

其启示——对国家与市民社会关系视角的重新审视》，载《法律科学》2001 年第 6 期。

[41]莫纪宏：《两个国际人权公约下缔约国的义务与中国》，载《世界政治与经济》2002 年第 8 期。

[42][美]弗兰克·米歇尔曼：《宪法解释的分歧问题："适用商谈"于事有补吗》，载应奇、刘训练：《公民共和主义》，东方出版社 2006 年版。

[43]单希岩：《公民行政受益权初探》，载《法学论坛》2002 年第 5 期。

[44]苏力：《〈秋菊打官司〉案、邱氏鼠药和言论自由》，载《法学研究》1996 年第 3 期。

[45]孙世彦：《论国际人权法下国家的义务》，载《法学评论》2001 年第 2 期。

[46]舒国滢：《寻访法学的问题立场——兼谈"论题学法学"的思考方式》，载《法学研究》2005 年第 3 期。

[47]舒国滢：《法律原则适用中的难题何在》，载《苏州大学学报》2004 年第 6 期。

[48]唐士其：《"市民社会"、现代国家以及中国的国家与社会的关系》，载《北京大学学报》1996 年第 2 期。

[49]许宗力：《基本权的功能与司法审查》，载许宗力：《宪法与法治国行政》，台北，元照出版有限公司 1999 年版。

[50]王冠玺、李晓苹等：《知识产权法律与基本权冲突的法理研究》，载《知识产权》2005 年第 4 期。

[51]王鹏翔：《论涵摄的逻辑结构》，载《成大法学》2005 年第 9 期。

[52]汪太贤：《论法律权利的构造》，载《政治与法律》1999 年第 5 期。

[53]王振民：《我国宪法可否进入诉讼》，载《法商研究》1995 年第 5 期。

[54]王锴：《婚姻、家庭的宪法保障——以我国宪法第 49 条为中心》，载《法学评论》2013 年第 2 期。

[55]武秀英、焦宝乾:《法教义学基本问题初探》,载《河北法学》2006 年第 10 期。

[56]肖蔚云:《宪法是审判工作的根本法律依据》,载《法学杂志》2002 年第 3 期。

[57]谢海定:《作为法律权利的学术自由权》,载《中国法学》2005 年第 6 期。

[58]谢立斌:《论宪法财产权的保护范围》,载《中国法学》2014 年第 4 期。

[59]许德风:《论法教义学与价值判断:以民法方法为中心》,载《中外法学》2008 年第 2 期。

[60]俞可平:《政府:不应该做什么,应该做什么》,载《政治学研究》1998 年第 1 期。

[61]俞可:《德国:基于学术自由的高校自治》,载《上海教育》2010 年第 4 期。

[62]杨代雄:《萨维尼法学方法论中体系化方法》,载《法制与社会发展》2006 年第 6 期。

[63]张翔:《分权制衡原则与宪法解释——司法审查与宪法法院制度下的经验与理论》,载《法商研究》2002 年第 6 期。

[64]张翔:《基本权利在私法上效力的展开——以当代中国为背景》,载《中外法学》2003 年第 5 期。

[65]张翔:《宪法学为什么要以宪法文本为中心》,载《浙江学刊》2006 年第 3 期。

[66]张翔:《财产权的社会义务》,载《中国社会科学》2012 年第 9 期。

[67]张翔:《两种宪法案件:从合宪性解释看宪法对司法的可能影响》,载《中国法学》2008 年第 3 期。

[68]张志华:《基本权利冲突及其协调方法》,载陈金钊、谢晖:《法律方法》第 1 卷,山东人民出版社 2002 年版。

[69]张龑:《论人权与基本权利的关系——以德国法和一般法学理论为背景》,载《法学家》2010 年第 6 期。

[70]张龑:《论我国法律体系中的家与个体自由原则》,载《中

外法学》2013 年第 4 期。

[71]赵梅:《“选择权”与“生命权”——美国有关堕胎问题的论争》,载《美国研究》1997 年第 4 期。

[72]赵友崎:《公民权利和义务的一致性》,载《〈中华人民共和国宪法〉讲话》,人民日报出版社 1983 年版。

[73]赵宏:《限制的限制:德国基本权利限制模式的内在机理》,载《法学家》2011 年第 2 期。

[74]郑贤君:《社会权利的司法救济》,载《法制与社会发展》2003 年第 2 期。

[75]朱福惠:《公民基本权利宪法保护观解析》,载《中国法学》2002 年第 6 期。

[76]左卫民:《公民诉讼权——宪法与司法保障研究》,载《法学》2001 年第 4 期。

[77]朱虎:《萨维尼的法学方法论述评》,载《环球法律评论》2010 年第 1 期。

四、外文论文

[1] Aiken, William. The Right to Be Saved from Starvation // Aiken, William. World Hunger and Moral Obligation, Englewood, Cliffs, NJ: Prentice-Hall, 1977: 85 – 102.

[2] Aleinikoff, T. Alexander. Constitutional Law in the Age of Balancing. Yale Law Journal, 1987, 96: 943 – 1005.

[3] Andries, Edward M. Jacques Maritain and the 1949 Basic Law. Emory International Law Review, 1999, 13: 1 – 75.

[4] Currie, David P. Positive and Negative Constitutional Rights. Chicago Law Review, 1986, 53: 864 – 890.

[5] Ernst-Wolfgang Böckenförde. Grundrechtstheorie und Grundrechtsinterpretation. NJW35, 1529 (1529).

[6] Fallon, Richard H. A Constructive Coherence Theory of Constitutional Interpretation. Harvard Law Review, 1987, 100: 1189 – 1286.

[7] Günter Dürig. Zurück zum Klassischen Enteignungsbegrigg. JZ,1954: 9.

[8] Günter Dürig. Der Grundrechtssatz von der Menschenwürde. AöR,1956:119.

[9] Maunz-Dürig. Grundgesetzkommentar, BD. Ⅱ, 2010 (Art. 14):1 -5.

[10] Gardbaum, Stephen. The "Horizontal Effect" of Consitutional Rights. Michigan Law Review,2003,102: 387 -459.

[11] Garbaum, Stephen. Liberalism, Autonomy, and Moral Conflict. Stanford Law Review,1996,48: 385 -417.

[12] Gerber, Scott D. The Republican Revival in American Constitutional theory. Political Research Quarterly,1994,47: 985 -997.

[13] Goedan, Juergen Christoph. The Influence of the West German Constitution on the Legal System of the Country. International Journal of Legal Information,1989,17:111 -122.

[14] Hans Stödter. Über den Enteigungsbegriff, DÖV,1953:136.

[15] Hans Carl Nippedey. Gleicher Lohn der Frau bei gleicher Leistung, RdA,1950:125.

[16] Josef Isensee. Die verdrängten Grundphlichten des Bürgers. DÖV,1982: 609.

[17] Konrad Hesse. Bedeutung der Grundrechte//E. Benda W. Maihofer, H. -J. Vogel (hg.). Handbuch des Verfassungsrechtes der Bundesrepublik Deutschland. 2Aufl,1995(43).

[18] Lewan, Kenneth M. The Significance of Constitutional Rights for Private Law: Theory and Practice in West Germany. International and Comparative Law Quarterly,1968,17: 571 -601.

[19] Luhmann. Grundrechte als Institution. 1965:59.

[20] Neuman, Gerald L. Casey in the Mirror: Abortion, Abuse and the Right to Protection in the United.

[21] Peter Unruh. Weimarer Staatslehre und Grundgesetz. 2004: 47.

[22] Quint, Peter E. Free Speech and Private Law in German Constitutional Theory. Maryland Law Review, 1989, 48:247 - 283.

[23] Rommen, Heinrich. Natural Law in Decisions of the Federal Supreme Court and of the Consttutional Courts in Germany. Natural Law Forum, 1959, 4:1 - 25.

[24] Robert Alexy. Gundrechte als subjektive Recht und objektive Normen, Der Staat (29) 1990:49.

[25] Shue, Henry. Rights in the Light of Duties // Peter G. Brown, Douglas Maclean. Human Rights and U. S. foreign Policy, Lexington MA: lexintong Books, 1979: 65 - 81.

[26] Klaus Stern. Idee und Elemente eines Systems der Grundrechte. HStR, Bd. Ⅴ:52.

[27] Underkuffler-Freund, Laura S. Property: A Special Right. Notre Dame Law Review, 1996, 71:1033 - 1047.

[28] Ulrich Scheuner. Pressfreiheit. VVDStRL. (22) 1965:44.

[29] Vgl. Hans D. Jarass, Grundrechte als Wertenscheidung bzw. Objektiverechtliche Prinzipie in der Rechtsprechung des Bundesverfassungsrichts. AöR(20) 1985:385.

[30] Wolfgang Martens. Grundrechte im Leistungsstaat. VVDStRL30(1972):7(21).

初版后记

一

在我看来,每个作者应该都有义务说明自己创作的由来。往大了说,这是一种学术史的自觉意识;往小了说,不过是让写书的人不要云山雾罩、故作高深,把自己想干什么说清楚。基于这样的想法,我写下这个后记,说说自己从开始学习法律到现在的思想历程,也说说这本书的旨趣。

在进入法学院学习的最初几年,我曾经坚信自己入错了行。我在法律专业的学习中感到了一股浓浓的“匠气”。我们被训练来把本来参差多态的生活削足适履地塞入“法律关系”“法律行为”“构成要件”等固定的框框,虽然其中也不乏智力的挑战和逻辑推演的乐趣,但这种法度森严的思维方式与我散漫疏阔的性格大相径庭。而在进行案例分析时,我又会想:“这都是些别人的琐事,与我的人生意义有什么关系。”所以,那时候我经常怀疑自己是否有勇气一辈子面对这样的琐碎呆板。年轻人总是思想上天生的浪漫派吧。虽然我没胆量退学或者换专业,但在应付法学专业的课程之外,我读的更多的是文史哲的著作。读周作人肯定比读史尚宽有趣,就算翻翻其实看不懂的《逻辑哲学论》,也比看一本《以案说法》带劲儿。后来跟法学圈里的学友们交流才发现,像我这样的其实大有人在,大家的理由也差不多:法学里不大有对人与社会的终极性的追问与回答,法学的规范与严谨有时候简直等于盲目与短视。

这样的想法当然影响了我的选择。在准备考研的时候,我觉得可以考虑的无非有法理、法史、宪法三个方向。最终我选择了宪法,因为在宪法学里充满了自由、民主、国家、社会、文化、尊严、平等、宗教、分权、战争、和平、福祉、利益、个人、集体、公民、人民、共和、主义等宝相庄严的大词,这与我那个时候追求格局宏大、不耐烦琐碎刻板的意识正好符合。

但在进入研究生学习后,我的观念却受到了第一次的冲击。我的导师韩大元教授指导我进行宪法解释的研究。法解释学正是法学最核心的部分,法律解释的方法与技艺正是法学区别于其他学科的独门武功。但是,宪法解释无非是从宪法文本中建构出宪法规范,以形成宪法问题(案件)判断的大前提,这不又回到了我所不喜欢的法学的刻板因循上了吗?不过,当时我做的是相当抽象的方法论层面的研究,与我当时迂阔的理念还没有太大的冲突。与韩老师在一些问题上的讨论却开始改变我对法学的理解。我当时认为,宪法解释是主观的,在宪法解释中起作用的不过是法官所秉持的政治哲学甚至伦理观念,法律的规范与逻辑不过是包装甚至幌子。而韩老师一直坚持宪法解释的客观性(当然不是概念法学那个层面的客观性)。尽管当时我并没有被完全说服,但在思想上也开始重新思考法律解释方法背后的法的安定性价值。法学似乎不那么因为缺乏意义追问而显得无趣了,这也促使我去加强自己在法律方法上的训练。

研究生三年一晃而过,我考入北京大学跟随肖蔚云先生攻读博士。刚开始,我还是坚持从政治哲学出发研究宪法问题的思路,因为我总觉得避免法学的短视和幼稚的办法之一就是回到法律之后的"背景规范",不要只是去解释法律文本的含义,而是去追问法律为什么是这样的。这种思路的表现之一就是我一度想把人民主权原则作为自己博士学位论文的选题。然而,这个思路很快发生了转变。

转变源于2001年的齐玉苓案。我们呼唤了多少年的"宪法司法化”,然而当一个依据宪法判的案子真的来了的时候,我们却发现自己是那么的慌乱。尽管受教育权的条文赫然列于宪法的文本,尽管也可以从抽象的价值和原理的层面作出判断,但我们无法气定神闲、胸有成竹地进行严格的法律论证和三段论推理。齐玉苓案之后,又有很多事件被作为宪法案件或者事例去分析,而我们的法律论证有时候甚至连我们自己都无法说服。这时候我开始明白,宪法学最缺乏的可能并不是理念和价值,而是宪法解释和规范分析的方法与技艺。

一旦明确了这一点,我们就会发现中国宪法实践中的很多问题都与此相关。例如,很多本该是宪法判断的问题最终却是用政治判断来解决。这种政治判断有时候显得是那么的粗暴简单,即便是支持这个政治判断的人也会觉得生硬和唐突。而学者们在解读各种争议问题的时候,也总是忙不迭地去寻找问题背后隐藏的政治力量,然后得意地说:“原来如此呀。”又如,学者们总是不断地批评宪法和提出修改宪法的建议,而不去谋求推动宪法明确规定的宪法解释制度来因应政治、经济、社会的变迁。在这种背景下,我相信,虽然宪法学永远不能停止政治层面、价值层面的追问,但对法律方法和法律技术的关照也同样不能停止。即使接受某个政治判断,我们也要用法律技艺将其落实为无可辩驳的法律话语,让法律同人接受,也让政治家和人民接受并且服从。就算宪法解释不过是政治过程的一个环节,我们也不能忽略这个环节而让政治观念恣意损害宪法威严与法治主义。

这当然不是我个人的发现,相反,这几乎已经成为宪法学界的普遍共识。在我接触较多的学者中,除韩大元教授的一贯坚持外,至少林来梵、郑贤君、陈端洪、范亚峰几位老师都非常肯定宪法解释学这一研究进路(虽然陈、范二位被认为更多倾向政治哲学的进路),而在年轻宪法学人当中更是有着普遍的法解释学的方法论自觉。

行文至此,我想我可以解释一下这本书的旨趣了。我所谋求的是建立一个解释和分析基本权利条款的框架,通过这个框架我们可以去确定基本权利的规范内涵,并据此对基本权利的案例或事例进行法度森严的分析。我又回到了“法度森严”,但这一次不再去鄙薄法律方法,而是坚信:法律论证上的谨严本身就意味着法律秩序的安定和法治主义的实现。在中国这样一个缺乏法治传统而不乏革命传统的国度,用法治主义去消解价值的狂热似乎也是件要紧的事情。

当然,我对本书研究进路的确信并不等于对本书内容的确信,因为我深知本书在资料和论证等方面的薄弱和不足,自己所主张的方法运用得也并不纯熟。而且,这本书的出版也耽误了很久,一些曾经可能有点新鲜的东西现在看来可能已经平淡无奇。囿于个人的能力和客观的环境,自己的研究是否真能推进中国宪法学于万一,我心里是不自信的。曾经看到过一句震撼人心的警句,“个人是历史的人质”。伟大的人物可以用这句话来喟叹命运之不济,但小人物也可以用这句话来掩饰自己的浅陋。我是后者。

二

在拿出这本书的时候,我还要感谢这些年来教育、指导过我的师长和关心、帮助过我的亲友。

首先要感谢恩师肖蔚云先生。

肖蔚云先生是我的博士导师,他指导我完成的博士学位论文《论国家对公民基本权利的义务》(北京大学法学院,2004 年)是我这本书的一个起点,这本书里也倾注了肖老师的心血。然而,在我毕业后刚刚半年,肖老师竟于澳门溘然长逝。虽然先生身后备极哀荣,但于我这学生心中一直留有遗憾。先生早年留学苏联,回国后经历了多次的宪法修改,并且成为 1982 年宪法的起草人之一,这种特殊的知识背景和亲身体验,使得先生对于中国宪法的观察和解释是非常深刻而独到的。而且,就我的观察,先生这些独到的见解并没有都形成文字。如今先生逝矣,许多对于建构中国的宪法学术极有价值的思想可能就此而绝。我虽然忝列先生之门墙,然而求学时间既短,而自己的兴趣又颇狭隘,对于先生思想的领悟也很有限。先生逝世前不久,曾提起想编写一部“中华人民共和国宪法史”,要我也承担一些工作。我当时想这可是一个加深自己对宪法的中国问题的理解的好机会,然而,现在只能感到无尽的遗憾。

在完成了北大的学业之后，我来到中国人民大学法学院从事博士后研究，重入韩大元教授门下。说“重入”，是因为韩老师是我的硕士导师。是他引导我进入了宪法学术，他指导我进行的宪法解释的研究是我以后研究的最初依凭。当我确定要以学术为志业，决定考博时，令人吃惊的是韩老师却让我考北大。我当时很不解，要知道那个时候，自己的导师是博导而去考别的导师的博士，都是藏着掖着的。韩老师却告诉我：“将来你会明白，不同的学术环境对于学术发展是有利的。”后来考入北大，确知斯言不谬，也让我更多体会到了韩老师所秉持的宽容的学术理念。在回到人大做博士后研究后，韩老师对我以法解释学方法研究基本权利的进路表示赞同，并为我提供了许多的指导和批评建议。

在博士后研究阶段，胡锦光教授也给予了我很多的指导和帮助。胡老师是我的第一位宪法老师，我之所以会选择宪法学，与大学一年级时他为我们讲授的精彩的中国宪法课有很大的关系。他把握问题要害的眼光和清晰严谨的思维方式都让我深感佩服，而他又是那么风趣，与他切磋探讨宪法问题总是件让人愉快的事。还要感谢人民大学宪法行政法教研室的许崇德、张正钊、杨建顺、莫于川、李元起等教授，感谢他们多年来对我在学业上的教导，在生活上的关心与爱护。

在我拿出我的第一本书的时候，要感谢的人还有很多。

感谢参加我的博士学位论文开题、预答辩、答辩以及博士后出站报告评审会的各位委员：张庆福、魏定仁、廉希圣、陈宝音、吴新平、焦洪昌、陈端洪、王磊、郑贤君、王锡锌。感谢他们的批评、质疑、建议和赞赏。

感谢莫纪宏、林来梵、王人博、刘茂林、董和平、于安、陈斯喜、王振民、冯军、陈小文、赫兴旺、甘超英、强世功、范进学等许多老师对我的帮助。

感谢范亚峰、程洁、刘松山、王禹、李洪雷、史大晓、侯猛、汪再祥、汪庆华、杜强强、屠振宇、夏正林、翟小波、王贵松、郑磊、柳建龙等诸多学友、同窗和同门。

本书的一些前期成果曾发表于《中国法学》《法学研究》《中外

法学》《法学家》《法商研究》《政法论坛》《中国社会科学文摘》等刊物,要感谢各位编辑的提携和辛勤工作。

要感谢教育部首届哲学社会科学后期资助项目的支持。要感谢高等教育出版社的王卫权、李海风二位编辑,没有他们的大力襄助,这本书也不会这么顺利地出版。

还要感谢我的父母和家人,感谢他们的理解和支持。

谢谢你们!

张　翔

2008 年春谨志于京西空傍斋

增订版后记

《基本权利的规范建构》初版于 2008 年，出版时已经有修订计划。按照当时的想法，在“基本权利功能”和“基本权利的相互关系”之外，还需要补充“基本权利的政治理论”和“基本权利主体”两个部分，才构成完整的基本权利的理论体系。这个想法，在书的导论部分也有交代。然而，我的想法很快发生了变化。

2009 年 10 月，我开始在德国柏林洪堡大学进行为期一年的访学。我报给留学基金委的研修题目是“基本权利的基础理论”，按照计划，我开始系统地听取基本权利的相关课程（包括大课、练习课和研讨课等），并着手梳理基本权利领域重要的论文、著作和判决。尽管我们可以假设，比较法研习可以是纯粹的知识汲取和思维训练，但实际上我总被刺激着反思中国的基本权利理论。在此过程中，时时有今是而昨非的感觉。感觉自己过去所见非广，有限的资料和孤独的思考导致了众多理论上的不完善甚至明显错误。我开始慢慢放弃修订《基本权利的规范建构》的想法，而代之以重新写一本“基本权利总论”著作的雄心，并开始着手准备。那段每天早上九点到晚上九点的图书馆生活，至今回想起来，都是充实幸福的。2010 年回国时，我的电脑里除了大量编了目录、写了节略的论文和著作外，还有关于如何借鉴德国宪法学的方法和体系，建构基于中国宪法文本的基本权利教义学的初步思考。

这些准备工作很快就以一篇题为《基本权利的体系思维》的论文表现出来。在论文的导论部分，我提出必须克服基本权利研究的“破碎”与“稗贩”二弊，作“基于规范文本的体系化思考”，“以《中华人民共和国宪法》这一规范文本为基础和界限，对基本权利篇章（经常也需要参考其他条款）从总体上进行分析与把握，协调不同的规范条文，从中概括出适合此文本的分析框架和理论模型，并在不断的学术批评和实践检验中达成共识”。文章的核心内容，是以我国宪法基本权利章的两个概括条款——第 33 条和第 51 条为中心，构建一个初步的体系化解释方案。这篇论文有近 4 万字，学友杜强强兄读过后跟我说：“太长了，你这是要写本书啊！”我回答：“是的。”（我必须感谢《清华法学》接受刊发这篇长文）我就是把它当作一本书的纲要去写的：确定体系框架、厘定研究方法和分析进路。同时，我也认识到，此种教义学的、体系化的和实践指向的学术作业，需要一些支撑条件，包括比较法资源上的，方法论反思上的，以及实践检验上的。为此，我也做了一些准备。

首先，在比较法资源上，我开始主编《德国宪法案例选释》丛书，第一本就以“基本权利总论”为主题，选择了德国联邦宪法法院涉及基本权利基础理论的 12 个重要案例，邀请青年学者进行翻译和介绍。其次，在方法论上，我也写了几篇关于法教义学和宪法教义学的文章，参与了近期法学界关于方法论的讨论。此外，我还针对财产权、学术自由、人身自由、辩护权、婚姻家庭保护等单项基本权利领域的实践争议，尝试对基本权利理论进行检验和反思。

按照当初的想法，完成了这本关于基本权利总论的专著，我就可以拿着它去评教授了，就好像德国学者的教授资格论文（Habilitation）一样。但是，形势比人强。国内的法学学术评价体系还是更看重期刊论文而非专著，为了应对职称压力，我也把更多的精力放在了论文上，并且把与法学方法论相关的若干论文集结后形成了一本专著，并幸运地评上了教授。而基本权利总论专著的撰写却一直未能动笔，相关的准备工作似乎也永远在进行中。

在此期间，《基本权利的规范建构》却有点慢热地引起了更多人的关注。尽管初版后我已经买了300本送人并且早已送完,但还是不断有学友和学生跟我联系,说书已经买不到了,问能不能赠书或者什么时候会再版。写了书有人想看,是莫大的鼓励。2015年,《基本权利的规范建构》还获评钱端升法学研究成果奖,也让我感受到了学界前辈的奖掖支持。因此也萌生了“何妨再版一下”的想法,这个想法得到了法律出版社高山编辑的积极支持,因此也就有了这个增订版。

名曰“增订”,表明本书并非大修,而只是对原作中显著错误和明显缺漏的内容进行修改和补充,基本的体系框架和观点结论并未作大的调整。此外,增补了2011年以来我发表的几篇与本书各章节直接相关的论文,包括针对研究方法的《形式法治与法教义学》,针对基本权利教义学框架搭建的《基本权利的体系思维》,补充阐释基本权利的防御权功能和基本权利限制的《纪念鲁道夫·赫斯集会案》,补充阐释基本权利的客观价值秩序功能的《学术自由的组织保障》,以及分析基本权利冲突争议的《“近亲属证人免于强制出庭”之合宪性限缩》。这几篇文章虽别有所旨,未必能剀切融贯于本书既有体系,但都包含我在基本权利基础理论层面的探索,愿读者识之。

说了许多,其实只是想说明,这个增订版是留有遗憾甚至聊胜于无的。唐德刚先生调侃他的老师胡适大师“摸鱼捉虾,误了庄稼”。其实何止胡适。古今学者,或汲汲事功,或任情恣性,不能专注于学问而“误了庄稼”者,夥矣!而不能专注于一个主题,东张西望,好博而不务精,恐怕也是“误了庄稼”,或者至少是误了主粮吧。行文至此,汗出如浆。

张　翔

2017年5月4日

第三版后记

《基本权利的规范建构》(增订版)在 2017 年 12 月出版后很快售罄,多有师友和学生询问是否会加印,遂有此“第三版”之议。此次修订,删除了增订版中部分章节后的一些附录,并对若干术语和文字进行了必要的修改。基本权利基础理论领域是我持续耕作的田地,近期的一些新探索,如基本权利案件的审查框架及其应用,由于尚不成熟和完整,此次修订也未及纳入,但也欢迎读者关注。

感谢法律出版社编辑同人辛勤地工作。

张　翔

2023 年 4 月 21 日于北大陈明楼